# 企业-城市空间邻近
## 对企业社会责任的影响机制研究

王 腾　周海炜 ◎ 著

河海大学出版社
HOHAI UNIVERSITY PRESS
·南京·

图书在版编目(CIP)数据

企业-城市空间邻近对企业社会责任的影响机制研究 / 王腾,周海炜著. -- 南京：河海大学出版社,2023.3
 ISBN 978-7-5630-8208-7

Ⅰ.①企… Ⅱ.①王… ②周… Ⅲ.①企业责任-社会责任-研究 Ⅳ.①F272-05

中国国家版本馆 CIP 数据核字(2023)第 050789 号

| 书　　名 | 企业-城市空间邻近对企业社会责任的影响机制研究 |
|---|---|
| 书　　号 | ISBN 978-7-5630-8208-7 |
| 责任编辑 | 彭志诚 |
| 特约编辑 | 王春兰 |
| 特约校对 | 薛艳萍 |
| 装帧设计 | 槿容轩 |
| 出版发行 | 河海大学出版社 |
| 地　　址 | 南京市西康路 1 号(邮编:210098) |
| 电　　话 | (025)83737852(总编室)　(025)83722833(营销部) |
| 经　　销 | 江苏省新华发行集团有限公司 |
| 排　　版 | 南京布克文化发展有限公司 |
| 印　　刷 | 广东虎彩云印刷有限公司 |
| 开　　本 | 710 毫米×1000 毫米　1/16 |
| 印　　张 | 12.25 |
| 字　　数 | 233 千字 |
| 版　　次 | 2023 年 3 月第 1 版 |
| 印　　次 | 2023 年 3 月第 1 次印刷 |
| 定　　价 | 72.00 元 |

# 前 言 PREFACE

随着全球化、可持续发展以及各种社会问题不断出现,中国企业在发展同时愈发重视自身的社会责任并将其纳入企业战略。哈佛商学院 Christopher Marquis 教授认为,企业社会责任水平与当地社会经济发展水平密切联系,社会经济发展水平对促进企业社会责任水平的提升具有一定推动力,客观要求企业的成长也必须有与之相适应的社会责任水平。然而,社会经济发展的空间不平衡性是否会造成企业社会责任水平的空间不平衡性,例如东部与西部之间的差异,城市群与非城市群之间的差异,大城市企业与小城市企业的差异等等,即地理空间与企业社会责任之间是否存在较为紧密的联系性,这对有针对性地提出中国企业社会责任提升路径和策略来说具有重要的参考价值。

企业社会责任发展实践表明,大城市、中心城市对企业社会责任的空间影响较为明显。以美国为例,纽约、芝加哥等主要城市中心及周边地区的企业社会责任表现明显较好,而其他地区的企业社会责任表现则相对一般。在我国,北京、上海、深圳等主要城市,当地许多企业不仅在"中国企业社会责任排行榜"上常年位居前列,部分企业的社会责任表现甚至已达到国际领先水平;而不少远离主要城市的企业社会责任确实存在相对落后现象,如食品安全、环境污染、劳工保障等社会责任缺失问题屡见报端,且多集中在一些小城镇。可以看出,企业与主要城市和城市中心之间的空间关系构成了一种重要的环境因素,对企业自身的战略制定会产生重要影响,而理解这种影响的内部逻辑对于宏观上提升企业社会责任水平也非常有价值。在此背景下,如何厘清企业与主要城中心位置关系对社会责任表现的影响机制,正确识别影响企业社会责任的本地化要素,将具有重要的理论与实践价值。

鉴于此,本研究通过 ArcGIS 软件和空间分析方法考察我国企业社会责任水平的空间分布规律,并据此提出利益相关者聚居的主要城市及中心是企业社会责任的重要影响源。在新制度理论、知识溢出理论和利益相关者理论的基础上,首先考察企业-城市空间邻近对企业社会责任的直接影响,在此基础上分别考察制度压力与知识溢出的中介作用。研究从制度和知识两个方面挖掘主要城市及城市中心对企业社会责任的影响机制,不仅较为全面地发掘影响企业社会责任的本地化要素,同时也为落后地区企业社会责任水平的提升提供了理论依据和政策抓手。

本书由江苏高校协同创新中心:"世界水谷"与水生态文明资助出版。

# 目 录 CONTENTS

第1章　绪论 ······················································································ 001
　1.1　研究背景与问题提出 ······························································· 001
　　　1.1.1　研究背景 ···································································· 001
　　　1.1.2　研究问题 ···································································· 003
　1.2　研究意义 ················································································ 004
　　　1.2.1　理论意义 ···································································· 004
　　　1.2.2　实践意义 ···································································· 005
　1.3　文献综述 ················································································ 006
　　　1.3.1　企业社会责任的动因研究 ·············································· 006
　　　1.3.2　空间邻近对企业的影响研究 ·········································· 016
　　　1.3.3　空间视角下的企业行为研究 ·········································· 018
　　　1.3.4　空间视角下的企业社会责任研究 ···································· 024
　　　1.3.5　研究评述 ···································································· 025
　1.4　研究内容、方法及技术路线 ····················································· 027
　　　1.4.1　研究内容 ···································································· 027
　　　1.4.2　研究方法 ···································································· 028
　　　1.4.3　技术路线 ···································································· 029

第2章　企业-城市空间邻近影响企业社会责任的理论框架 ············· 031
　2.1　企业地理位置与企业行为的关系分析 ······································· 031
　　　2.1.1　企业地理位置与企业行为研究的空间视角 ····················· 031
　　　2.1.2　外生空间视角下企业地理位置对企业行为的影响 ··········· 032
　　　2.1.3　内生空间视角下企业地理位置对企业行为的影响 ··········· 032
　　　2.1.4　企业地理位置对企业行为的制度影响与资源影响 ··········· 033
　2.2　企业-城市空间邻近与企业社会责任的关系分析 ······················ 034
　　　2.2.1　企业-城市空间邻近的内涵 ·········································· 034
　　　2.2.2　企业社会责任的内涵与维度 ········································· 038
　　　2.2.3　企业-城市空间邻近对企业社会责任的制度环境影响 ······ 042
　　　2.2.4　企业-城市空间邻近对企业社会责任的知识资源影响 ······ 043
　2.3　企业-城市空间邻近影响企业社会责任的制度压力机制分析 ······ 045

  2.3.1 企业社会责任制度压力的内涵与维度 …………………… 045
  2.3.2 外生空间视角下的企业社会责任制度压力 ……………… 049
  2.3.3 内生空间视角下的企业社会责任制度压力 ……………… 051
  2.3.4 企业社会责任制度压力的中介作用机制模型 …………… 053
 2.4 企业-城市空间邻近影响企业社会责任的知识溢出机制分析 …… 054
  2.4.1 企业社会责任知识溢出的内涵与维度 …………………… 055
  2.4.2 外生空间视角下的企业社会责任知识溢出 ……………… 059
  2.4.3 内生空间视角下的企业社会责任知识溢出 ……………… 061
  2.4.4 企业社会责任知识溢出的中介作用机制模型 …………… 062
 2.5 本章小结 ……………………………………………………………… 064

## 第3章 企业-城市空间邻近对企业社会责任直接影响的实证分析 …… 065
 3.1 基于GIS的企业社会责任水平差异性和集聚性特征分析 ………… 065
  3.1.1 地域差异性的可视化分析 ………………………………… 065
  3.1.2 空间集聚性的自相关分析 ………………………………… 068
  3.1.3 企业社会责任水平的地域差异性和空间集聚性特征总结 … 071
 3.2 基于GIS的企业社会责任水平围绕主要城市邻近分布特征分析 …… 071
  3.2.1 主要城市邻近分布特征的点密度分析 …………………… 072
  3.2.2 主要城市中心邻近分布特征的可视化分析 ……………… 073
  3.2.3 企业社会责任水平围绕主要城市及中心的邻近性特征总结 … 075
 3.3 企业-城市空间邻近影响企业社会责任主效应的回归分析 ……… 075
  3.3.1 企业-城市空间邻近对企业社会责任直接影响的假设及模型 … 075
  3.3.2 研究设计 …………………………………………………… 077
  3.3.3 实证分析及结果 …………………………………………… 084
 3.4 本章小结 ……………………………………………………………… 090

## 第4章 企业社会责任制度压力中介效应的实证分析 …………………… 091
 4.1 企业-城市空间邻近对制度压力影响的假设 ……………………… 091
  4.1.1 企业-城市空间邻近与规制压力 ………………………… 091
  4.1.2 企业-城市空间邻近与规范压力 ………………………… 092
  4.1.3 企业-城市空间邻近与认知压力 ………………………… 094
 4.2 制度压力对企业社会责任影响的假设 ……………………………… 095
  4.2.1 规制压力与企业社会责任 ………………………………… 095
  4.2.2 规范压力与企业社会责任 ………………………………… 096
  4.2.3 认知压力与企业社会责任 ………………………………… 097
 4.3 制度压力中介效应的假设 …………………………………………… 097

  4.3.1 规制压力的中介效应 …………………………………… 097
  4.3.2 规范压力的中介效应 …………………………………… 099
  4.3.3 认知压力的中介效应 …………………………………… 101
 4.4 企业社会责任制度压力中介效应的概念模型 ……………… 102
 4.5 研究设计 ………………………………………………………… 104
  4.5.1 制度压力变量的测量 …………………………………… 104
  4.5.2 数据收集 ………………………………………………… 105
  4.5.3 实证模型 ………………………………………………… 105
 4.6 实证分析及结果 ………………………………………………… 106
  4.6.1 信度和效度检验 ………………………………………… 106
  4.6.2 描述性统计 ……………………………………………… 108
  4.6.3 相关分析 ………………………………………………… 108
  4.6.4 结构方程模型分析 ……………………………………… 109
  4.6.5 分析结果汇报 …………………………………………… 112
 4.7 本章小结 ………………………………………………………… 112

## 第5章 企业社会责任知识溢出中介效应的实证分析 …………… 114
 5.1 企业-城市空间邻近对知识溢出影响的假设 ………………… 114
  5.1.1 企业-城市空间邻近与知识转移 ……………………… 114
  5.1.2 企业-城市空间邻近与知识转化 ……………………… 116
 5.2 知识溢出对企业社会责任影响的假设 ………………………… 117
  5.2.1 知识转移与企业社会责任 ……………………………… 117
  5.2.2 知识转化与企业社会责任 ……………………………… 118
 5.3 知识溢出中介效应的假设 ……………………………………… 119
  5.3.1 知识转移的中介效应 …………………………………… 119
  5.3.2 知识转化的中介效应 …………………………………… 120
 5.4 企业社会责任知识溢出中介效应的概念模型 ………………… 120
 5.5 研究设计 ………………………………………………………… 122
  5.5.1 知识溢出变量的测量 …………………………………… 122
  5.5.2 数据收集 ………………………………………………… 123
  5.5.3 实证模型 ………………………………………………… 124
 5.6 实证分析 ………………………………………………………… 125
  5.6.1 信度和效度检验 ………………………………………… 125
  5.6.2 描述性统计 ……………………………………………… 126
  5.6.3 相关分析 ………………………………………………… 126
  5.6.4 结构方程模型分析 ……………………………………… 127

  5.6.5 分析结果汇报 ········································· 129
 5.7 本章小结 ················································· 130
**第6章 结果讨论与管理建议** ········································· 132
 6.1 实证结果讨论 ············································· 132
  6.1.1 企业-城市空间邻近对企业社会责任直接影响的讨论 ··· 132
  6.1.2 企业社会责任制度压力的中介作用的讨论 ··········· 133
  6.1.3 企业社会责任知识溢出的中介作用的讨论 ··········· 136
 6.2 基于理论层面对实证结果的进一步讨论 ····················· 138
  6.2.1 企业社会责任行为空间分析的价值与理论方法探索 ··· 138
  6.2.2 企业社会责任行为制度因素影响的空间属性研究与探索 ··· 140
  6.2.3 知识溢出与企业社会责任的理论结合及其空间视角研究 ··· 142
 6.3 基于实践层面对实证结果的进一步讨论 ····················· 144
  6.3.1 主要城市的制度供给和知识供给双重角色 ··········· 144
  6.3.2 我国主要城市在企业社会责任制度建设中的内容与重点 ··· 146
  6.3.3 我国主要城市的企业社会责任知识溢出机制建设 ····· 148
 6.4 政府层面的政策建议 ······································· 150
  6.4.1 基于主要城市的成功经验完善本地社会责任制度体系 ··· 150
  6.4.2 构建共享机制和平台以推广主要城市的社会责任知识 ··· 152
  6.4.3 调整优化主要城市内部的产业空间布局 ············· 154
 6.5 企业层面的管理建议 ······································· 155
  6.5.1 积极响应主要城市本地性的企业社会责任制度性要求 ··· 155
  6.5.2 企业与所在主要城市中利益相关者的知识互动学习 ··· 156
 6.6 本章小结 ················································· 158

**参考文献** ··························································· 159
**附录:调查问卷** ····················································· 183

# 第 1 章　绪论

## 1.1　研究背景与问题提出

### 1.1.1　研究背景

随着全球化、可持续发展以及各种社会问题不断出现,中国企业在发展的同时愈发重视社会责任并将其作为企业战略的一部分,在过去十多年中,企业的社会责任水平快速提升。从全球角度看,企业社会责任水平与社会经济发展水平有着密切联系,社会经济发展水平的提升同样会促进企业社会责任水平的提升,而企业的成长也必须有与之相适应的社会责任水平,这体现了企业的战略需要与社会经济环境匹配的基本要求。然而,全球的社会经济发展存在着空间不平衡性,相应的企业社会责任水平的空间不平衡性也很突出。类似地,中国企业的社会责任水平分布通常也具有空间不平衡性,例如东部地区强于西部地区、沿海地区强于非沿海地区、城市群强于非城市群,等等。

这种企业社会责任水平的空间不平衡性有两个重要特征:一是不同企业的社会责任表现在不同地区呈现出较明显的空间集聚现象,即社会责任水平高的企业往往集聚在同一空间范围,例如具有较高社会责任水平的企业会在产业园区集聚,这往往与企业的空间集聚密切联系;二是企业社会责任水平围绕主要城市及中心产生集聚并且形成空间分布的差异性,这往往是与城市的政治社会与经济格局密切联系在一起的。相对于第一种空间集聚特征,企业与主要城市和城市中心之间的空间关系构成了一种重要的战略环境因素,对企业自身战略的制定会产生重要的影响,而理解这背后的影响机制对于宏观上推动企业社会责任水平提升也非常有价值。

以美国为例,纽约、芝加哥等主要城市中心及周边地区的企业社会责任表现明显较好,而其他地区的企业社会责任表现则相对一般[1]。与其类似,在我国北京、上海、深圳等主要城市,当地许多企业不仅在"中国企业社会责任排行榜"上常年位居前列,部分企业的社会责任表现甚至已达到国际领先水平;但与此同时,也有不少远离主要城市及中心企业的社会责任表现相对落后,有关食品安全、环境污染、劳工保障等社会责任缺失问题屡见报端。从中国企业社会责任水平的空间分布可以看出[①]，在北京、上海、广州、深圳和福州等主要城市中心及周边区域，其企业社会责任水平密度明显高于其他地区。国内外的现状和相关研究表明，以主要城市中心为代表的地理要素[②]对企业社会责任表现具有重要影响[2]，而这种影响与企业和主要城市及中心的空间邻近程度紧密关联（数据来源中国大陆，未包含港澳台地区）。

从空间视角对企业社会责任水平分布特征的研究不同于从传统的社会经济发展阶段的或企业发展阶段的时间角度研究。空间视角的研究有助于进一步了解企业社会责任发展的战略环境，因为主要城市及其社会经济发展的空间格局是企业成长以及与环境交互作用的基本战略空间，企业制定战略需要了解这一与自己生存发展非常贴近的基本环境。企业与主要城市的空间邻近会对其社会责任的表现产生何种影响，为什么会产生影响？如何正确识别影响企业社会责任的本地化要素，厘清主要城市对企业社会责任的作用机制？这些成为学者们进一步关注的问题。

目前，有一些国内外学者围绕企业社会责任空间不平衡性以及空间集聚的内部机制问题已经开展了研究，从现有的研究成果看，学者们主要从制度和资源两种视角入手进行研究。制度视角依托组织社会学的新制度主义理论，提出制度压力是企业地理位置影响企业社会责任表现的关键。与行业相关的组织场域相似[3]，政府、居民、NGO及企业等利益相关者，会在一定范围的区域形成空间相关的地理场域（Geographic field）。为了在场域内获取合法化地位，企业会引导、调整其社会责任表现，从而迎合当地利益相关者的合法性要求[1,4]。由于不同地理场域中的合法性要求常有差异，因此不同位置企业的社会责任表现也相应不同[5,6]。资源视角主要从经济地理学及集聚理论入手，认为企业地理位置决定了当地技术劳工、新闻媒体、信息知识等社会责任活动所需的必要资源。这些资源要素可以帮助企业提高其社会责任活动的成本效率，在原有基础上获得更好收益，从而推动企业更积极地参与社会责任活动[7]。

企业围绕主要城市产生集聚主要与企业对于投资环境、生产与运营成本、市场等各种因素的选择有关，由于工业化进程与城市化进程的相互作用，我国企业在各主要城市的集聚现象十分明显。企业一旦形成了这样的空间集聚和分布状态，企业主要城市之间的关系就成为非常重要的外部环境。作为利益相关者的主要聚集地，以主要城市中心为代表的社会经济地理要素在制度或资源方面对

---

[①] 基于润灵环球数据库的企业社会责任数据和GIS软件绘制，详见3.2部分。
[②] 地理要素是存在于地球表面的各种自然和社会经济现象，以及它们的分布、联系和时间变化等，是地图的主体内容，分为自然地理要素和社会经济地理要素两大类。

企业都具有更强影响[8, 9]。因此,如何在企业与主要城市的空间关系的范畴内研究制度与资源对于企业社会责任的影响机制,还需要将企业与城市的空间邻近要素纳入理论框架,结合企业社会责任水平分布的具体空间特征做出进一步考察和研究。

### 1.1.2 研究问题

将企业与城市空间邻近要素与社会责任水平分布联系在一起,考察制度因素和资源因素对企业社会责任分布的影响,需要关注目前研究的局限性。首先,制度视角下的相关研究主要集中探讨地理场域中制度压力对企业社会责任的影响,然而对地理场域中制度压力的空间特征缺乏应有关注。目前关于主要城市对企业社会责任的影响研究多将主要城市视为整体进行分析,假定城市中心和边缘区域企业所受影响均等,即假定地理场域内企业所受制度压力均等,而忽视了场域内制度压力分布的空间异质性及其作用的空间衰减性[10]。显然,这种前提假设与地理场域实际并不相符,只有充分考虑地理场域的空间特征,才能更全面客观地了解制度压力在主要城市与企业社会责任间的作用。其次,在资源视角方面,虽然一些学者注意到了主要城市中知识资源对企业社会责任的影响[11, 12],然而对涉及的主体、要素与机制缺少相应的理论与实证研究,因此对主要城市如何通过知识要素来影响企业社会责任水平的问题还缺乏有力的解释。

综上所述,从空间视角开展对企业社会责任影响机制的研究,可以引入企业与城市空间邻近这一要素,探讨企业与城市空间邻近如何影响企业社会责任的问题,这对于研究企业社会责任机制的形成、企业如何适应贴近自己的外部环境而构建社会责任战略都具有重要意义。对此,可以将研究的关键性问题界定为:企业与主要城市中心的空间邻近(以下简称企业-城市空间邻近)对企业社会责任具有怎样的影响? 企业-城市空间邻近如何影响企业的社会责任表现?

这一研究问题可以进一步分解为以下几个具体问题:

(1) 企业与主要城市的空间邻近,对企业社会责任具有怎样的影响?

现有研究虽然注意到了主要城市对企业社会责任的影响,但普遍假定这种影响是均衡的,城市中心与边缘区域企业所受的影响等同,忽视了位于城市内不同位置企业之间可能存在的差异。对此,需要将企业与主要城市中心的空间关系纳入研究范畴,选择企业与主要城市中心的空间邻近(企业-城市空间邻近)这一要素,进一步考察企业-城市空间邻近对企业社会责任的影响。

(2) 在上述影响关系中,制度因素具有怎样的作用?

制度因素是许多企业社会责任研究文献中最重要的研究议题,企业所在的城市空间构成了一个系统的制度环境。关于制度对于企业社会责任水平的影响在主要城市社区对企业社会责任的影响研究中,尽管不少学者认识到了当地制度的重要作用,但是对制度因素的空间特征缺乏足够认识,一座城市通常会存在社会经济与政治中心,制度因素在城市中心和边缘地带是否具有同样的影响作用?需要将空间因素考虑进去构建一个更加贴近实际的理论模型。为解决此问题,需要以利益相关者聚集的主要城市中心为切入点,对制度因素在企业-城市空间邻近与企业社会责任关系间的作用进行研究。

(3) 在上述影响关系中,知识因素具有怎样的作用?

相关资源视角的研究中,虽然有少数学者注意到了主要城市中知识因素对企业社会责任的影响,然而对其影响过程中涉及的要素、机制和空间特征的研究还比较少。一个城市的知识资源也会有空间分布特征,因此也可以选择引入企业-城市空间邻近这一要素,从空间视角来研究它是如何通过知识因素来影响企业社会责任水平的,这样可以更进一步理解知识因素对企业社会责任水平的影响机制。鉴于此,需要对上述知识因素所涉及构念的内涵、维度和空间特征进行深入研究,从而进一步发掘知识因素在企业-城市空间邻近与企业社会责任间的作用。

## 1.2 研究意义

### 1.2.1 理论意义

首先,空间视角的企业社会责任影响机制研究具有拓展传统研究的理论价值。传统的企业社会责任水平影响机制研究主要集中在内在影响因素研究,形成了两个基本理论框架,即制度理论框架和资源基础理论框架。企业社会责任战略研究主要集中在基于时序的社会责任发展与变化研究方面,实际上,对企业社会责任水平的空间分布和变化特征的认识是理解企业社会责任战略环境的重要前提。企业社会责任水平反映了企业对于社会环境的适应、对各种社会利益的遵守和贡献,而社会环境总是与空间紧密联系。在长期的工业化和城市化进程中,企业围绕城市形成的集聚构成了一个企业与城市空间关系体系。因此,引入空间视角开展企业社会责任研究就成为一个重要的理论研究方向。在空间视角的研究中,企业与城市的空间邻近是较为常用的因素,引入此因素对发展企业社会责任水平及其影响机制研究具有理论探索的价值,可以丰富企业社会责任研究。

其次,无论是制度因素还是资源因素,都存在空间分布的不均衡性,将企业与城市邻近因素纳入考量,考察这两类因素对企业社会责任的影响,可以完善现有影响机制理论的成果。对于制度因素,发掘制度压力分布及影响的空间特征,可以完善地理制度场域理论。现有研究虽然发掘了本土化制度压力对企业社会责任的影响,然而大多假设主要城市等地理社区内企业承受的制度压力等同,对本地制度压力分布的空间异质性及其作用的空间衰减性缺乏研究[10]。对此,需要以利益相关者聚居的主要城市中心为切入点,将主要城市中心作为重要的制度压力源,提出企业与主要城市中心的空间距离会影响其所受制度压力,并对两者间关系进行理论与实证研究。

最后,对于知识因素,考察知识溢出在主要城市与企业社会责任间的作用。随着企业参与社会活动的形式从单一慈善捐赠逐渐变得丰富多元,企业履行社会责任的知识和能力也变得愈发重要,但目前学者们对知识因素作用的研究仍有不足。因此,需要在利益相关者理论和知识溢出理论的基础上,对相关概念进行深入的内涵和维度分析,并对知识溢出在企业-城市空间邻近与企业社会责任间的中介作用进行理论与实证分析。

### 1.2.2 实践意义

引入企业与城市空间邻近因素,研究企业社会责任的影响机制,是从空间视角开展企业社会责任研究的重要方向和内容,一方面可以进一步了解企业社会责任水平的空间分布规律,另一方面可以帮助企业了解其生存与发展的现实战略环境,因此具有重要的实践意义。主要体现在如下几点:

首先,基于空间视角的社会责任影响机制研究可以使企业密切关注城市空间环境下的各种制度压力源,从而更有效制定符合本地化特征的企业社会责任战略。参与社会责任活动是企业获取合法性并建立竞争优势的常用手段之一,作为合法性的主要来源之一,当地利益相关者及其所构成的本地制度环境对企业有直接且重要的影响。而由于本地性制度环境的地理局限性,不同地理位置企业面临的合法性要求往往有所差异。企业必须时刻关注当地利益相关者的合法性要求,并据此调整企业社会责任行为,才能从当地利益相关者获取更多的认可和支持。

其次,基于空间视角的社会责任影响机制研究可以使企业发掘城市空间环境中的知识资源,从而有效提高自己的社会责任能力并达到自己的战略目标。由于缺乏相应的企业社会责任知识,许多企业的社会责任实践不仅存在资源错配和浪费现象,也难以获得当地社会的支持和认可。通过考察知识溢出在企业地理位置与企业社会责任间的中介作用,发掘知识溢出的本地化特征以及对企业社会责任的效率机制,提出企业应关注来自当地的社会责任知识,为企业制定社会责任战略和增强社会责任能力提供了新的切入点。

最后,我国企业的社会责任水平正处于一个转变与发展过程,越来越多的企业认识到社会责任的重要性,而社会对企业的期待也越来越强烈。因此,就社会责任发展环境建设而言,如何通过政策引导当地企业积极参与社会活动,通过社会舆论和公众参与提升企业社会责任水平,始终是各级政府的工作重点之一。通过考察地理位置对企业社会责任的影响机制,可以针对社会责任水平的空间差异,提出有针对性地开展企业社会责任制度体系和知识平台的建设,对当地企业施加相应压力的同时,帮助其提升社会责任能力,可以有效推动当地企业积极参与社会责任活动,为相关政策制定提供了理论依据和抓手。

## 1.3 文献综述

### 1.3.1 企业社会责任的动因研究

企业社会责任行为研究在 20 世纪后期蓬勃发展,随着 60 年代美国维权运动的兴起和 70 年代一系列美国大公司丑闻的曝光,社会各界对企业只顾经济利益不讲社会道德的行为进行了批判。与此同时,理论界有关企业社会责任范围的大讨论也以广义阵营的获胜逐渐收尾,学者们开始立足于对企业社会责任概念进行更深层次的研究[13]。在此背景下,企业社会责任的研究焦点从管理者的伦理认知等思想层面逐渐转向企业社会表现等实践层面,着重关注企业在社会责任方面的具体行为[14],这部分研究可以大致分为两个方向:企业社会责任行为的影响研究和企业社会责任行为的影响因素研究。相对前者而言,后者主要将企业社会责任行为的逻辑链条向前拓展,重点关注哪些因素影响了企业社会责任行为。然而,企业社会责任行为的影响因素以动因为基础——很显然,影响因素无法在缺少动因的情况下单独驱动企业行为。鉴于此,下文将对企业社会责任行为动因的相关研究进行回顾。

对于企业社会责任行为的动因,国内外已经有不少学者进行了归纳和总结。例如,Aguilera 等提出企业社会责任行为受个体、组织、国际等不同层级的行动者(actor)驱使,这些行动者驱使企业履行社会责任的动机可分为三种:工具动机(instrumental)、关系动机(relational)和道德动机(moral)[15]。其中组织层面也就是企业自身的动机中,工具动机是指为股东谋求利益,关系动机是指增加利益相关者的利益、合法化和集体认同,而道德动机则是更高次序的动机。Muller 和 Kolk 将企业社会表现的驱动因素分为外部动因和内部动因,外部动因主要是指外来压力迫使企业履行社会责任,包括利益相关者示威、市场竞争压力(对绿色产品的需求)或权力机构的管制压力(环境法规),内部动因是指源自管理者道德的"行善"动机,指在没有明显收益(对企业或管理者个人而言)情况下的社会责任行为[16]。Muller 和 Kolk 在管理者视角下区分了动因的"内"和"外",而其他学者则在企业的立场上进行划分,认为企业社会责任行为的外因包括获取合法性、显著利益相关者的支持和关键资源等,内因包括获取有价值的非市场资源和满足管理者私人需求等。在此基础上,有学者对企业社会责任动因做出更细致的分解,沈奇泰松提出企业社会责任动机问题的研究存在三个不同的视角,包括竞争优势、企业伦理和制度规范[17]。薛天山认为企业社会责任行为主要出于经济驱动和制度推进两种动力机制。综合现有文献,认为企业社会责任行为动因可分为三类:组织利益动因、制度压力动因和管理者偏好动因[18]。

(1) 组织利益动因

在企业社会责任行为的动因研究中,最早出现的就是组织利益动因①。在组织利益视角下,企业履行社会责任的主要动机是获取利益,包括金钱利益或非金钱利益、长期利益或短期利益等。企业社会责任的概念萌芽于二十世纪五十年代,在六七十年代逐渐盛行,然而当时正值"股东至上"主义的盛行期,以诺贝尔经济学奖得主 Friedman 为代表的学者严厉批评了企业应履行"社会责任"的观点,认为企业不该对社会负有任何责任——"如果要有,那也只能是经济责任"[19]。为了说服反对者接纳企业社会责任的观点,学者们开始在企业社会表现与企业财务绩效间建立联系,意图证明企业将资源配置于社会责任行为也可获取利润。在"行善能赚钱"思想的基础上,有学者开始进一步探索企业社会表现与财务绩效的内在联系,提出二者间有更为细分的中介机制和利益动因。综合现有研究,将组织利益动因划分为顾客认同、员工认同、企业声誉和可持续竞争优势。

顾客认同动因的基本思想是,企业履行社会责任可以获得消费者认同并在产品销售时更具优势,主要形式包括广告效应、顾客满意度等。例如,Burt 提出企业社会责任行为具有广告效应(Akin to advertising),有利于增加企业销售[20]。Webb 和 Farmer 也提出企业的慈善捐赠类似于广告支出,能够对企业的形象和利润产生长期效果[21]。McWilliams 提出两家企业产品相同的情况下,为产品添加额外"社会"属性的企业将获得部分消费者的青睐[22]。Barnett 和 Salomon 考察了美国共同基金的社会责任投资(SRI)行为,发现投资社会负责企业的基金通常具有更好的长期绩效,作者认为社会负责的企业具有更好的声誉和利益相关者关联,因此抗风险能力也较强[23]。Brown 等考察了美国企业的慈善捐赠行为,发现投放广告较密集的企业往往也捐款更多[24]。Lev 等提出企业的慈善捐赠可以增加企业的品牌认知度和声誉,提升顾客满意度和忠诚度并最终改善绩效[25]。Servaes 和 Tamayo 考察了顾客意识(顾客察觉、感知公司行为的程度)对企业社会责任与公司价值关系的调节作用,发现顾客意识较高的企业

---

① 除组织利益动因外,管理者偏好下的管理者自利动因也会驱动企业社会责任行为,下文详解。

的社会责任行为与公司价值为正相关,而顾客意识较低的企业中二者关系为负相关或不显著。此外,对于先前声誉较差的公司来说,顾客意识反而会负向调节企业社会责任与公司价值的关系[26]。Homburg 等以组织客户为研究对象考察了企业社会责任行为对客户忠诚的影响机理,基于 200 个跨行业供应商—客户样本,发现商业实践社会责任通过顾客信任机制加强顾客忠诚,而慈善性社会责任则通过客户认同机制加强顾客忠诚。对于旨在获取顾客认同的企业社会责任行为,最重要的就是消费者对企业社会责任行为的感知[27]。Henisz 等以美国矿业上市公司为研究对象,考察了利益相关者关系在企业社会责任与企业市值间的中介作用,发现企业社会责任行为可以获得利益相关者的支持从而增加企业市值[28]。Chernev 和 Blair 提出企业社会责任带来的顾客认同具有光圈效应,不仅能提高顾客对企业自身的认同,还能提高顾客对企业产品性能的认同。即使在顾客能直接观察和体验产品的情况下,这种好感溢出作用仍然存在。据此作者提出,企业行善(doing good)确实可以获益(doing well)[29]。Saeidi 等考察了竞争优势、企业声誉和顾客满意度在企业社会责任与财务绩效间的中介作用,研究发现,竞争优势和企业声誉在企业社会责任与财务绩效间起中介作用,而顾客满意度在企业社会责任与企业声誉间起中介作用[30]。Kang 等研究了企业社会责任行为与企业社会不负责行为(Corporate Social Irresponsibility,CSI)的关系,发现企业通过履行社会责任可以弥补过往 CSI 的负面影响,同时对未来 CSI 具有类似保险的作用,可以一定程度上抵消未来 CSI 的不利影响[31]。Marin 等考察了顾客对企业社会责任归因的影响因素,发现公司能力、善因契合度、良好人际信任会促使消费者将企业社会责任行为归为正向动机,而低信任度和公司虚伪形象则会促使顾客负向归因,认为企业的社会责任行为是出于讨好利益相关者等利己动机[32]。基于中国和越南企业的样本数据,Xie 等考察了顾客满意度和制度环境对 CSP - CFP 关系的影响,企业社会责任通过顾客满意度的完全中介作用促进企业财务绩效,而好的制度环境正向调节企业社会责任对顾客满意度的影响。此外制度环境的调节作用在中越两国间有显著差异,在中国企业样本中,制度环境正向调节企业社会责任对顾客满意度的影响;在越南企业样本中,制度环境正向调节企业社会责任对销售利润率的影响[33]。Hildebrand 等考察顾客对企业不同贡献形式的反应(金钱或实物),并检验了感知问题可控性(Perceived Issue Controllability)的调节作用。研究发现,在感知可控性较低的社会问题中,顾客对企业物资捐献的评价更高;相反在感知可控性较高的社会问题中,顾客更倾向于企业以金钱形式捐赠[34]。

员工认同是指企业通过社会责任行为可以积累人力资源或增强人力资本,例如社会负责的企业更容易吸引并留住优秀员工[35,36],而对现有员工来说,感知企业社会责任可以增强其认同感并提高工作满意度[37]。Surroca 等在资源基础视角下考察了企业社会责任对财务绩效的影响机理,将创新、人力资本、企业声誉和文化等视作企业的无形资源,研究发现企业社会责任并不能直接影响企业财务绩效,而是必须通过企业无形资源间接产生影响[38]。基于社会认同理论和组织认同理论,Glavas 和 Godwin 考察了员工感知企业社会责任对组织认同的影响,作者提出员工的感知企业社会责任比企业的实际社会责任行为更重要[39]。Korschun 考察了经理对企业社会责任支持与企业一线员工组织认同的关系,发现管理者比较支持社会责任的企业,其一线员工的组织承诺通常也较高[40]。Glavas 和 Kelley 发现员工感知企业社会责任通过工作意义和感知组织支持部分促进员工组织承诺,此外员工感知企业社会责任通过工作意义部分提高员工的工作满意度[41]。Flammer 和 Luo 发现国家失业保险福利与企业的员工责任行为呈正相关,认为企业为了抵消失业保险福利对员工积极性的影响,不得不更多地履行员工责任,对此作者提出企业将员工责任作为一种战略管理工具,用以提高员工参与程度和减少员工旷工、偷懒等负面行为[42]。Farooq 等考察了企业外部社会责任行为和内部社会责任行为对员工组织认同的影响机理,提出企业对外部利益相关者的社会责任行为可以增强员工的感知声誉和自豪感,从而提升员工的组织认同;而企业聚焦员工福利的社会责任行为则可以增强员工的感知尊重,从而提升员工的组织认同[43]。Carnahan 等考察了企业社会责任对员工离职率的影响,提出企业社会责任可以增强员工的工作意义感(meaningfulness),因此挽回了部分因寻求工作意义而跳槽的员工。此外,以美国 911 事件为例,作者提出,对于那些经历生离死别的员工而言,企业社会责任行为的挽留作用更强[44]。基于归因理论和社会学习理论,Vlachos 等构建了"管理者归因—员工归因—员工支持"的多层影响模型,从而考察企业社会责任对员工支持的影响机制。研究发现,管理者的利他/利己归因(genuine/self-serving CSR attribution)均会正向影响员工的利他/利己归因,员工的利他归因会促进员工对企业社会责任行为的支持。然而员工对公司社会责任行为的利己归因并不会减弱其对组织的支持[45]。

除广告效应和员工承诺外,也有学者从企业声誉入手,考察企业声誉在企业社会责任与财务绩效间的中介作用。提出企业可以通过履行社会责任获得良好声誉,在企业遭遇危机时可以起到"保护伞"的作用[46]。相对前面两种利益动因,企业声誉更像是一种被动利益机制,只有当企业遭遇负面事件时,过去形成的好声誉才会发挥作用,减轻企业遭受的损失。

Park 等基于消费者信任视角考察企业社会责任对企业声誉的作用机制,检验了专业信任(Expertise Trust)、诚信信任(Integrity Trust)和社会关切信任(Social Benevolence Trust)的中介作用。研究发现,经济责任通过专业信任影响企业声誉,法律责任和伦理责任通过诚信信任影响企业声誉,慈善责任通过社会关切信任影响企业声誉[47]。Den Hond 等同时考察了企业社会责任和企业政治活动对企业声誉的影响,提出两者在影响企业声誉时可能具有不同类型的作用,包括对齐(alignment)、非对齐(non-alignment)和矛盾(misalignment)三种关系[48]。Shim 和 Yang 发现企业在遭遇危机时的社会责任行为会被消费者归因为公司虚伪,从而恶化对公司的态度。对此作者提出,企业应在声誉较好、没有危机的情况下履行社会责任,从而获得最佳收益[49]。基于信号理论和制度基础观,Su 等考察了不同制度环境下企业社会责任的财务收益。通过对亚洲新兴经济体企业的研究,作者发现 CSP 对 CFP 的正向影响在发展不完善和信息扩散较慢的资本市场更显著[50]。Lins 等考察了金融危机期间企业的股票收益率,发现高社会责任企业的股票回报比低社会责任企业要高出约 4 到 7 个百分点,对此作者提出企业通过社会责任行为可以积累社会资本,因此在金融危机时更加受到利益相关者和投资者的信任[51]。齐丽云等深入考察了不同社会责任行为对企业声誉的影响,以及战略选择的调节作用。研究发现,除经济责任对情感声誉、环境责任对认知声誉影响不显著外,其他责任维度对企业声誉都具有显著影响;其中多元化战略企业的经济责任对认知声誉影响较明显,专业化战略企业在劳动实践、公平运营、消费者责任、责任治理、环境责任和社区发展等方面的社会责任可以更有效地提升企业声誉[52]。

战略性企业社会责任是企业社会责任与战略管理研究融合的产物,其核心思想是企业将社会责任活动融入价值创造过程,使企业社会责任成为组织差异化战略的基石并获取可持续的竞争优势。战略性企业社会责任超越了传统社会责任观的"权衡取舍"思想,实现社会绩效和经济绩效的"帕累托最优"。

"战略性"企业社会责任(Strategic CSR,简称 SCSR)的概念最早由斯坦福大学 David Baron 教授提出,Baron 将战略性企业社会责任定义为"可以被算作社会责任的利润最大化战略",Baron 将战略性企业社会责任理解为具有社会责任属性的企业战略,例如企业的环保实践可以让当地社区变得更有吸引力并吸引工人前来工作[53]。2006 年,管理学顶级期刊《Journal of Management Studies》以"企业社会责任的战略启示"为主题举办研讨会并推出专刊。学者们在传统定义和识别 CSR 的基础上,围绕"CSR 与竞争优势的关系""战略性 CSR 与强制性 CSR 的社会期许对比"等主题各抒己见,进一步发掘了战略性企业社会责任的重要性和影响[54]。同年,Porter 和 Kramer 在《哈佛商业评论》发表文章,提出传统社会责任观之所以反生产(counterproductive)主要出于两点:一是将企业与社会割裂,而事实上两者是相互依存的关系;二是没有根据公司自身战略来制定相应的社会责任活动。以 Whole Foods 超市、Toyota 和 Volvo 为例,Porter 和 Kramer 提出相比成本、限制和慈善行为,企业社会责任更有可能成为企业创新和竞争优势的源泉[55]。McWilliams 等将战略性企业社会责任定义为

"任何能让企业获得可持续竞争优势的责任活动,不管动机如何"。通过整合资源基础理论、定价模型和私人供给公共物品经济模型,McWilliams等分析了企业社会责任在何种条件下能够提升可持续竞争优势[56]。Park和Lee考察了当地利益相关者对响应性社会责任(Responsive CSR)和战略社会责任的影响,发现顾客、员工和供应商等主要利益相关者对响应性社会责任有正向影响,对战略社会责任没有影响。同时,政府、NGO和当地社区等次要利益相关者同时影响企业的响应性企业社会责任和战略性企业社会责任,而战略性企业社会责任所受影响更大[57]。

以上为企业社会责任行为的组织利益动因,包括了顾客认同、员工认同、企业声誉和可持续竞争优势四个主要子动因。值得注意的是,组织层面的利益并非企业社会责任行为的唯一动因,而企业社会责任行为也并不总是为企业带来收益。为了探究"行善能否赚钱"的问题,学者们围绕企业社会表现(CSP)对企业财务绩效(CFP)的影响进行了大量实证研究。Margolis和Walsh利用元分析技术考察了109篇相关文献,发现近一半(54篇)研究结果为正相关,7个结果为负相关,28个不显著以及20个混合的结果[58]。考虑到早先Orlitzky等(2003)基于57篇相关文献的元分析也得出相似结论[59],Margolis和Walsh宣称"有关企业社会责任是资源错用(misappropriation)甚至错配(misallocation)的疑虑可以被减轻了"。同时,对于另一半研究的非正相关结果,作者提出组织利益动因并不能完全解释企业的社会责任行为,并呼吁学界对企业社会责任进行更全面的理论调查。

既然履行社会责任并不总是能提高财务绩效,那么企业为什么还要参与社会责任活动?对于这个问题,有些学者坚持组织利益学说,继续挖掘企业社会责任行为的利益动因和内在机理,而另一部分学者则转而寻求其他的行为动因和理论解释[60]。

(2) 制度压力动因

学者们很快意识到了利润最大化并非企业社会责任行为的唯一动因。既然履行社会责任并不总是提高财务绩效,那么企业为什么还要参与社会责任活动?对于这个问题,部分学者从制度理论入手,提出制度压力也是驱动企业履行社会责任的重要原因[59, 61]。传统的制度压力包括规制、规范和认知三个维度,规制压力指法律法规等,对企业具有"必须要这么做"的强制作用力;规范压力指社会规范和期盼等,对企业具有"怎样做才正确"的规范作用力;而认知压力指文化认知系统,对企业具有"其他人怎么做"的模仿作用力[62]。在此基础上,DiMaggio和Powell进一步提出了制度同构理论,包括强制同构、规范同构和模仿同构[3]。

① 制度动因研究的起源和发展

在企业社会责任行为的制度动因研究中,最具影响力的当属John Campbell

教授发表的《企业为何履行社会责任？基于制度理论的分析》一文。2007年，《Academy of Management Review》杂志以企业社会责任为主题推出专刊，学者们在不同的理论视角下分析了企业社会责任的行为动因，其中Campbell基于制度理论框架对制度与企业社会责任的影响关系进行了全面分析。基于制度三支柱，Campbell提出公私法规、NGO监管、制度化的规范、企业自身的联合行动以及企业和利益相关者的对话等制度条件会影响企业社会责任行为[60]。与组织利益动因研究不同，有关制度动因的实证研究其结果总体上较为一致[63]。Sharma和Henriques以加拿大林业产业为研究对象，考察并证实了不同利益相关者对企业可持续实践的影响[64]。为探究道德准则（ethics code）在企业决策中的作用，Stevens等对302位高级财务主管进行问卷调查，发现财务主管在感知到来自供应者、顾客和股东等市场利益相关者的压力时更倾向于将道德准则整合进企业的战略决策过程[65]。Christman和Taylor考察了消费者对企业社会责任的规范压力，以ISO9000认证的中国企业为研究对象进行实证研究，发现企业在实际经营中对认证标准的执行很大程度上受消费者的偏好、监管和预期制裁影响[66]。David等发现股东提案活动会降低企业社会绩效，对此作者解释股东通常会要求管理者将企业资源从社会责任实践转移至其他经营活动[67]。Marquis等提出规制、规范和认知等因素会在地理社区范围内制度化，并促使社区内企业社会责任实践在主题和对象上趋同，最终提升社区内企业的整体社会责任水平[10]。基于制度理论和利益相关者理论，Yang和Rivers分析了跨国企业海外子公司社会责任实践的影响因素，作者认为内部和外部合法性是决定企业CSR行为的关键因素[68]。Young和Makhija整合制度压力和利益驱动动机，考察企业不同经济动机对制度环境与CSR响应关系的调节作用。研究发现，规制和规范压力都会增加企业的CSR响应，而包括企业规模、顾客数量的经济可见性和包括技能劳工、顾客规模的经济脆弱性对制度压力与CSR响应的关系均有负向调节作用[69]。基于Campbell提出的"制度因素—企业社会责任"框架，Halkos和Skouloudis考察了制度条件对国家CSR水平的影响，发现公民参与、规制有效性和竞争条件都会正向影响国家CSR指数[70]。

早期研究中，学者们大多以发达国家企业为研究对象，认为发达国家的制度建构相对完善。近年来，部分学者开始将注意力转移至发展中国家，考察新兴经济体国家中制度动因对企业社会责任行为的影响。Yin和Zhang基于16家中国企业的多案例研究，提出中国企业的CSR行为主要受道德型领导、政府依赖和文化传统的影响，由于缺乏有益的社会认知、积极的同行压力等制度环境，中国企业的社会责任实践缺乏系统和制度化的方法[71]。Kim等基于案例研究考察了韩国的企业社会责任，研究发现韩国企业在社会责任上更多追求短视主义而非可持续发展，而企业的社会责任实践更多的是迫于社会规范的压力而非战略性规划[72]。Zhao 等结合制度缺失、制度创业和利益相关者理论,以中国、印度和俄国企业为样本,研究发展中国家制度导致 CSR 危机的内在机制。研究发现,制度缺失和制度复杂都会造成企业社会责任的行为不端,并导致企业的社会责任危机[73]。Khan(2015)以在巴基斯坦的国际企业为研究对象,考察了正式和非正式制度对跨国公司 CSR 营销实践的影响。研究发现,尽管东道国的正式制度相对羸弱,跨国企业仍会在东道国当地执行社会责任项目。作者提出这种行为主要受当地社会规范等非正式制度的驱使,同时也是国际企业总部制定的既定战略[74]。Beddewela 和 Fairbrass 以在斯里兰卡经营的国际企业为样本,考察制度压力对跨国公司 CSR 实践的影响。研究发现,外部制度压力对企业社会责任行为的影响主要取决于政府对行业的控制和机构施加的压力,而跨国企业则以社会责任活动为工具在当地制度环境中获取合法性[75]。

② 利益相关者视角下的制度动因研究

随着利益相关者理论被引入企业社会责任研究,学者们发现制度压力很大程度来源于不同身份的利益相关者,而这些利益相关者产生的压力在类型和程度方面有所不同[76]。对企业而言,典型的利益相关者包括董事会成员、经理人、员工、债权人、雇员、消费者、供应商、竞争者、当地社区以及政府机关等不同类型的利益主体[77],如果强行将这些利益相关者看作一个有机整体加以研究,几乎无法得出令人信服的结论[78]。此外,各利益相关者的利益诉求之间甚至会有冲突,致使企业面临多重制度逻辑的差异甚至是矛盾[79],在这种情况下企业该何去何从?循沿此研究脉络,学者们以利益相关者的身份差异为切入点,考察不同利益相关者的制度压力和对企业社会责任行为的影响。

Pedersen 和 Gwozdz 基于对北欧时尚产业的问卷调查,考察制度压力对企业战略响应的影响机制,研究发现制度压力会驱动企业的社会责任包括"抵抗—顺从—寻求机会"的战略反应,而过强的制度压力会增加企业寻求机会反应的可能性,来自利益相关者群体内和群体间的制度压力差异会减少企业的顺从反应[80]。Durand 和 Jacqueminet 考察了公司总部和当地利益相关者对海外子公司 CSR 的影响,发现外部同行对当地 CSR 规范的遵从会将子公司的注意力从总部要求转移至当地要求,内部同行的遵从会同时增加子公司对总部要求和当地要求的注意力,而注意力的增加会促使企业履行社会责任[81]。Cheung 等提出发达东道国的制度压力对新兴经济体的国际企业有逆向溢出效应,为了顺应发达国家上游企业的合法性需求,发展中国家企业在母国会更多参与社会责任活动[82]。Marano 和 Kostova 考察了复杂制度下跨国企业的社会责任实践,发现跨国企业的社会责任表现与其跨国组织场域的制度总体强度正相关,然而场域制度的差异会减弱总体强度对企业社会责任行为的影响[83]。Shnayder 等结合制度理论和利益相关者理论,考察了不同类型的利益相关者和制度压力对企业社会责任行为动因的影响程度和机制,发现 CSR 行为同时受内部动因或基于价值的外部动因驱动。此外,除法律和规范义务,社会压力也是企业社会责任行为的有效驱动因素[84]。Luo 等以中国上市公司为样本,考察了中国企业在面临中央政府和地方政府异质性要求时的 CSR 行为。中央政府出台文件要求上市公司披露 CSR 报告,然而地方政府则单方面追求 GDP,因此两级政府在要求上有所冲突。研究发现,在此情况下企业会尽量满足不同利益相关者的要求,表现为迅速发布质量较差的 CSR 报告敷衍了事[85]。

③ 国内学者对制度动因的研究

相对西方国家而言,我国对企业社会责任行为的动因研究起步较晚,不过近年来发展较快并取得了可观的学术成果。李彬等考察了制度压力对旅游企业社会责任的影响,发现规范、认知压力的影响较为显著,而规制压力的影响不显著。同时,政治关联在制度压力和企业社会责任之间起不完全中介作用[86]。晁罡等将企业社会责任行为作为中介变量,考察伦理制度对组织财务绩效的影响,研究发现伦理制度通过企业社会责任行为正向影响组织绩效,企业社会责任行为在伦理制度与组织绩效间起完全中介作用[87]。与李彬等的研究结论相反,冯臻对比了三种制度压力对企业社会责任影响的强弱,发现规制压力和规范压力是驱动企业高管做出社会责任决策的主要因素[88]。肖红军考察了制度距离对中国跨国企业在东道国社会责任表现的影响,发现经济制度距离与文化制度距离对跨国公司在东道国的社会责任表现具有消极影响,母国与东道国法律制度差异正向影响跨国企业在东道国的社会责任[89]。沈奇泰松等在组织合法性视角下构建并实证检验了"制度压力—社会战略反应—企业社会绩效"的理论模型,研究发现,规制、规范和认知压力均对社会战略反应有重要驱动作用,然而只有规制压力对企业社会绩效有显著影响,社会战略反应对在制度压力和企业社会绩效间起中介作用[90]。基于制度同构理论,杨汉明和吴丹红分析了制度动因对中国企业社会责任信息披露的影响路径,发现我国企业社会责任信息披露存在行为模仿、质量相似和设置机构相似的同构现象,而强制压力、规范压力和模仿压力是影响我国企业社会责任信息披露意愿和质量的制度根源[91]。薛天山比较分析了经济驱动和制度驱动对企业社会责任的影响效力,研究发现两种动因对企业社会责任行为均有驱动作用,不过企业的社会责任行为更多是为了应对制度环境的压力[18]。阮丽旸等在经济环境和制度环境视角下探讨小型企业社会责任的驱动因素,实证检验了竞争强度和规制压力对小型企业社会责任的作用,研究发现两者对小企业社会责任都有显著影响,不过存在替代效应[92]。李东红等提出并分析了来自国家、社区和企业总部三种并行制度逻辑对企业海外社会责任和运营的影响,基于对天津聚龙公司在印尼运营实践的分析,发现面临多重制度逻辑的海外子公司可以通过恰当地履行企业社会责任,将各类制度逻辑有机统一从而推进企业海外运营[93]。包英群等考察了制度嵌入对新创企业社会责任的影响,研究发现正式和非正式制度嵌入都会促进新创企业的公益参与,而非正式制度嵌入的影响更大[94]。

(3)管理者偏好动因

相对组织利益动因和制度压力动因而言,有关管理者偏好动因的研究起步较晚、成果较少,不过近年来逐渐受到重视。管理者偏好(Manager Preference)动因的相关研究主要从企业管理者个体层面出发,考察管理者个体特征对企业社会责任行为的影响作用。在此研究脉络中,学者们认为企业社会责任行为并非外部压力或组织利益驱使,而是企业管理者本身倾向社会责任活动的结果[95]。综合已有研究来看,管理者偏好动因大抵可分为两类:道德动因和自利动因。管理者道德动因(moral)是指企业管理者在对组织或个人没有明显利益的情况下推进企业社会责任参与,因为这种动因纯粹出于管理者内因并且不受外部压力或利益的影响,所以也被部分学者称为"内因(intrinsic)"[13,16,96]。相反,管理者自利动因则是指管理者利用组织资源参与社会责任实践以满足其自身需求,例如管理者为在当地社区中获取名声而推动企业社会责任行为等[97]。

Muller 和 Kolk 考察了国际企业社会表现的驱动因素,研究发现企业高管的伦理承诺对企业社会责任行为有正向影响,同时企业的贸易强度正向调节两者间的影响关系[16]。Chin 等考察了 CEO 政治意识形态对企业社会责任行为的影响,研究发现,相比保守派 CEO,自由派 CEO 更倾向于参与社会责任实践[98]。Lorenz 等通过问卷调查了瑞士企业参与社区社会活动(community engagement activities)的动机,结果发现被访企业参与社区责任活动的首要动机是出于管理者的个人考虑[99]。Galbreath 考察了董事性别对企业社会责任行为的影响,提出由于女性通常更善良、富有同情心以及更高道德理性水平等因素,有女性董事的企业通常更多参与社会责任活动[100]。Amaeshi 等考察了制度缺失情境下企业社会责任行为的驱动因素,通过对尼日利亚银行的案例研究作者提出企业社会责任的"适应性机制",认为当地企业管理者在个人道德因素和追求社会合法性的双重影响下推动其企业履行社会责任[101]。基于高阶理论和代理视角,Petrenko 等考察了 CEO 自恋对企业社会责任行为的影响,作者提出自恋型 CEO 为了吸引内部(员工)和外部(公众)的关注,通常会积极推动企业参与社会责任实践。实证结果表明,CEO 自恋正向影响对企业社会责任行为有推动作用,同时负向调节 CSR 对财务绩效的影响[97]。Gupta 等引入了组织政治意识形态(Organizational political ideology)的概念,分析并检验了公司员工的意识形态对企业社会责任行为的影响机理。作者提出,组织成员的集体意识形态会通过层层反馈影响公司高管的决策,从而间接促进企业的社会责任实践[95]。Hafenbrädl 等研究了管理者公平市场意识形态对企业社会责任参与的影响机理,提出并检验了 CSR 利益信心(相信企业社会责任有益财务绩效)和道德义愤(对社会问题打抱不平)之间相互矛盾的双中介作用,发现公平市场意识在增强管理者对企业社会责任利益信心的同时也会减弱其道德义愤,而利益信心和道德义愤都会促进企业参与社会责任[102]。

(4) 总结

在梳理企业社会责任的动因研究后发现,企业之所以会参与社会责任活动,主要是出于组织利益、制度压力和管理者偏好等动因。然而就其空间相关性而言,除了制度压力动因外,其他社会责任动因与空间地理因素并无显著联系。因此,可以进一步梳理"空间视角下的企业行为"文献,从企业地理位置对企业其他行为的影响研究入手,继续探寻主要城市对企业社会责任可能的作用机制。

### 1.3.2 空间邻近对企业的影响研究

空间邻近概念传统上属于地理学范畴,围绕"空间邻近对企业的影响"这一主题,近年来空间邻近在经济管理领域的应用也产出了丰硕成果[9]。从现有文献来看,空间邻近对企业的影响研究主要分布在经济地理学和空间社会学两个分支。

(1) 空间邻近对企业的经济性影响研究

在空间邻近与经济学的交叉研究中,最具代表性的就是经济地理学。早期的经济地理学者主要从运输成本、劳力供给等方面考虑空间邻近对经济活动的影响,提出企业与原材料的空间邻近可以降低生产成本并提高竞争优势。随着经济发展和基础设施建设的持续完善,原材料和基础劳力的获取成本大大降低,不再成为企业在空间上集聚的主要原因。鉴于此,学者们的研究焦点从经济外部性转移到知识外部性,提出空间邻近的组织可以更频繁地沟通、交流并产生知识溢出,而这一思想成为集聚经济和创新经济的重要理论基础。Leten 等基于意大利 101 个省份和 4 个行业的区域数据,考察了大学对邻近企业科技绩效的影响,发现大学的毕业生和科研活动对其周边一定范围的企业技术绩效具有积极影响[103]。Owoo 和 Naudé 以尼日尼亚和埃塞俄比亚的非农郊区企业为研究对象,考察了空间邻近对企业绩效的影响,发现企业的空间集聚对企业财务绩效有显著正向影响[104]。Geerts 等发现,企业科技研发和利用活动的集聚程度越高,企业的科技表现通常也越好,其中企业间的空间邻近有利于技术人员的交流,因而促进技术溢出和协同[105]。

针对空间邻近对技术创新的积极作用,部分学者认为其间包含了一系列中介机制,从而解释为什么空间邻近可以促进个体或组织间的交流、互动与合作。例如 Ganesan 等就曾对空间邻近在企业研发合作中的作用提出质疑,认为空间邻近对新产品研发的影响并不在于空间邻近本身,而是空间邻近产生的关系纽带(relational ties),如果缺少了关系纽带的中介作用,空间邻近也就不再具有影响力[106]。受 Ganesan 等的启发,Letaifa 和 Rabeau 提出空间邻近并不总是促进企业的研发合作,在敌对性较高的环境中,空间邻近反而会抑制企业间的合作行为[107]。Agrawal 等同时考察了空间邻近和社会邻近对技术创新的影响,发现两种形式的邻近在分别促进知识流动的同时还具有互补作用[108]。Hansen 考察研究了空间邻近和其他形式邻近(认知邻近、组织邻近、社会邻近和制度邻近)在影响企业创新合作中的交互关系,提出并验证了空间邻近的两种作用机制:替代机制和重叠机制。替代机制是指非空间邻近对空间邻近的替代作用,重叠机制是指空间邻近通过影响其他形式的邻近从而促进企业的创新合作[109]。

(2) 空间邻近对企业的社会性影响研究

除了被用作解释空间要素与经济活动的关系外,空间邻近概念在空间社会学领域也得到了重视,主要体现为空间邻近对社会网络和组织行为扩散的影响。Bronnenberg 和 Mela 在空间视角下考察了美国零售商采纳新品牌的空间演变模式,研究发现,新品牌的区域市场进入行为具有空间邻近效应和空间传染效应,即品牌的新进区域大多与既有区域在空间上邻近[110]。Barrot 等考察了电子产品采纳行为的空间扩散模式,发现空间邻近对新产品采用的模仿行为具有重要影响。由于电子产品可以同时向所有目标客户开放,因此不存在时滞问题。Barrot 等的研究设计排除了其他可能的情境因素,并验证了(由沟通、观察或竞争压力导致)空间传染效应的存在[111]。Lutz 等考察了德国投资者与受资者的空间邻近对投资行为的影响,德国不仅是空间密集的经济体,同时基础交通设施高度发达,因此理论上距离应该不会对投资决策产生影响。然而研究结果显示空间邻近仍是影响投资者决策的重要因素,作者认为空间邻近加强了投资双方的社会联系,因此更容易产生互信和合作[112]。Hiatt 和 Kim 研究了美国国防部的合作公司的接包情况,发现与合同管理部门距离较近的企业更容易获得国防合同,对此作者提出空间邻近的企业更容易与合同管理官员加强社会关系,因此在竞标时更有优势[113]。

(3) 总结

在对相关文献综合评述后发现,不同主体的空间邻近可以显著对企业的行为或绩效产生影响(表1.1)。尽管空间邻近的主体有所差异,但空间邻近对企业的影响基本可分为经济性影响和社会性影响两类。其中,影响类型取决于邻近主体本身对企业施加的影响,而空间邻近的主要作用是通过促进主体间的互动,增加主体对目标企业的影响程度。

表 1.1　空间邻近对企业影响的主要研究汇总

| 相关文献 | 邻近主体 | 主要发现 |
| --- | --- | --- |
| Leten 等,2014 | 大学;企业 | 大学通过输出毕业生和科研活动对附近企业产生知识溢出 |
| Owoo 和 Naudé,2016 | 非农郊区企业 | 空间集聚的企业可以获得附近企业的经济外部性和竞争优势 |
| Geerts 等,2017 | 科技型企业 | 空间邻近有利于技术人员的交流,因而促进技术溢出和协同 |
| Hansen,2014 | 科技型企业 | 空间邻近通过替代机制和重叠机制影响企业的研发合作 |
| Barrot 等,2008 | 企业;企业 | 企业通过沟通、观察或竞争压力等途径模仿空间邻近企业对新产品的采纳行为 |
| Lutz 等,2013 | 投资者;被投资者 | 空间邻近加强了投资双方的社会联系,因此更容易产生互信和合作 |
| Hiatt 和 Kim,2016 | 发包机构;接包企业 | 空间邻近使企业更容易与发包机构官员加强社会联系,因此在竞标时更有优势。 |

资料来源:研究整理

## 1.3.3 空间视角下的企业行为研究

(1) 空间视角下的企业行为研究:起源和发展

在企业行为研究中,空间视角是较为特殊的研究视角,主要从空间地理层面来审视企业行为的发生机制。一般来说研究视角大抵可分为两种:一是理论视角,主要从学科、学派或理论的角度研究事物;二是思维视角(或关系视角、分类视角),是指通过给事物划分类型并寻找其内在关系的思维形式[114]。空间视角(或空间地理视角)实质上是一种理论视角,其核心思想是个体企业的行为或绩效会受其地理位置的影响、塑造和制约,在此思想基础上,根据企业与周边环境的交互关系可继续分解为外生空间视角和内生空间视角[9]。

在人类早期的经济活动中,由于交通运输和通信成本,企业在选址时往往都尽量靠近生产要素丰富的地区,从而降低生产成本、获取竞争优势。从更为宏观的区域和国家层面来看,自然资源丰富、劳动成本低廉的地区通常在经济发展中更具有优势。基于此观点,Adam Smith 曾在《国富论》一书中解释了为什么有些国家比其他国家更繁荣的问题,Michael Porter 在其著作《国家竞争优势》中提出的"钻石模型"也阐述了相似的区位优势观点。以德国鲁尔区为例,由于丰富的煤炭资源,鲁尔区吸引了大量钢铁企业落户于此并且繁荣一时,此外英国伯明翰工业区、美国东北部工业区以及中国老东北工业区等传统工业区也都属于此列。然而进入21世纪后，信息技术和交通工具的快速发展使人员、物资和信息的流动变得更具时间效益（time-efficient）和成本效益（cost-efficient），缩减运输与沟通成本的同时似乎也缩减了地理距离，《经济学人》杂志的高级主编John Cairncross甚至宣称"距离已死（Death of distance）"[9]。"世界是平的""地球村"等观点盛行一时，似乎企业位置已经变得无足轻重。

然而，随着研究工作的持续推进，学者们很快意识到空间地理对企业仍具有显著影响，地理距离的重要性并没有随着技术发展而减弱。例如，以诺贝尔经济学奖得主Paul R. Krugman为代表的新经济地理学者认为，企业在空间上的共同定位（co-location）可以使其吸收其邻近企业的知识外部性，企业的地理集聚不再是因为区域自然资源等"基本要素"，而是为了接触到当地的高端劳力供给和知识溢出等可持续竞争优势的源泉[115]。与此同时，企业地理位置的作用在社会学研究中也获得了重视，此方向的研究大多从社会网络入手，探究地理位置与企业决策、行为和绩效间的关系。例如Kono等提出公司的连锁董事受到三种空间结构的影响：公司总部与其他公司总部或上层俱乐部的距离远近，公司生产设施的空间分布以及公司所有权关系的空间配置[116]。在不同的学科视角下，学者们证实了地理位置仍然是影响企业行为和绩效的重要因素之一。从经济地理学来看，既然经济活动的分布具有一定的空间规律，那么作为经济活动的微观构成，企业的活动应该同样受其地理位置的影响；而就组织社会学而言，组织间的交流、互动和模仿，以及知识、信息和经验在社会网络间的流动等，同样需要跨越地理距离来实现。

2003年，《战略管理进展》丛书推出"地理与战略"专辑，针对"空间视角下的战略管理"主题，不同领域的学者们进行了大量研究。时任主编为耶鲁大学的Olav Sorenson教授和多伦多大学的Joel Baum教授发表了总结性文章《地理与战略：地方与空间的战略管理》，文中提出空间视角下的战略管理研究可分为"地方的战略管理（strategic management of place）"和"空间的战略管理（strategic management of space）"，作者认为，地方的战略管理属于外生空间视角，而空间的战略管理则属于内生空间视角[9]。受Sorenson和Baum的启发，学者们逐渐注意到了空间地理对企业行为和绩效的影响，并以企业位置为切入点进行研究，产出了很多颇具影响的研究成果[117-119]。下文将依据Sorenson和Baum提出的"外生—内生"分类框架，综合选取近年来比较有代表性和影响力的相关文献进行评述，从而对空间视角下战略管理的研究脉络进行梳理。

(2) 外生空间视角下的企业行为研究

外生空间视角（exogenous）将企业行为或绩效的差异归结于企业所在地（place）的特征差异，其核心思想是地理位置决定企业周边环境进而影响其行为和绩效。正所谓"橘生淮南则为橘,生于淮北则为枳。所以然者何？水土异也",企业的地理位置决定了其周边"水土",而周边"水土"又在一定程度上决定了企业为"橘"还是为"枳"。

对于外生空间视角中的地方(place)概念,Audretsch认为其包含了多层级的空间区域,例如社区、乡镇、城市、区域、州乃至国家等不同空间粒度或地理范围的区域[120]。一家企业可以同时被不同层级的"地方"所影响,例如企业的研发活动可能同时受国家或超国家、次国家或区域以及"当地"的影响[121]。"当地"是一个相对模糊的概念,部分学者认为"当地可以非常当地(the local could be very local)",例如半径5公里的地理范围等[122, 123]。至此,外生空间视角的基本逻辑可以被进一步说明:企业的行为和绩效之所以因地而异,主要是源于企业位置所嵌套的多层级区位所施加的共同影响。在此基础上,学者们提出了一个更深层的问题:这些区位如何影响企业？综合现有研究,发现企业所受影响主要源于企业所处区位的资源禀赋和环境因素,虽然不同区位的地理范围跨度较大,不过影响企业的区位要素大多可以归为以下两类。

① 区位资源对企业的影响

早期研究中,企业所在地的自然资源禀赋常被视为影响企业经营的重要因素。例如煤炭和铁矿等重金属,其原材料的运输成本远高于制成品的运输成本,因此相关企业大多在靠近原材料的地点选址以获得成本优势。需要指出的是,除了那些垄断经营的企业外,依靠自然资源禀赋取得的竞争优势大多难以维系——换言之,无法成为核心竞争力,因而Michael Porter将其称为"低端投入要素"。Porter认为,建立在低端要素的区位优势很容易受到社会发展和科技进步的冲击,而智力资源等高端要素往往可以赋予企业可持续的竞争优势[124]。

受Porter的影响,很多学者都将区位的知识、科技等智力资源视为影响企业行为和绩效的重要因素。例如,生物科技企业的选址大多围绕区域内明星科学家所在位置,主要是为了增加与明星科学家的交流机会并提高企业成功概率[125]。Chacar和Lieberman在空间视角下考察了研发机构对高科技企业创新的影响,基于美国医药公司和医药实验室地理位置的对比研究,发现区域内的专业知识储备是一种重要的资源禀赋,能够促进当地企业的创新产出[126]。Singh考察了企业研发活动的地理分布与创新质量的关系,发现研发活动的地理分布不仅无法提高公司的创新质量反而具有负面影响。作者认为分散的研发活动虽然可以接触不同地区的知识和智力资源,但是整合各地区知识资源的难度也随之倍增[117]。作为重要的区位资源禀赋,知识资源大多具有区位特定和空间异质的特征,Tether等认为区域知识基础通常会影响企业的区位选择和后续表现。基于对英国建筑实践企业和工程咨询企业的对比研究,Tether等提出,区位知识基础的空间异质性不仅影响了企业的空间分布形态,同时还影响企业最终的财务绩效[119]。Lejpras考察了区位智力资源对企业国际化决策的影响,发现地理上邻近研发机构的企业更倾向于进行国际化。作者认为,企业所在区位的研发能力可以在海外市场中赋予企业竞争优势,使其更有信心进行国际扩张[127]。Suzuki等发现跨国企业在东道国的研发活动与东道国的高校科研实力有很大关系。在高校科研力量较强的东道国,跨国企业更倾向开展基础研究,而在校企合作较紧密的东道国企业则更倾向于应用研究[128]。

除了智力资源外,区域内的社会资本也是影响企业行为和绩效的重要区位禀赋。Dahl和Sorenson考察了创业者的区位选择偏好以及对所创企业绩效的后续影响,发现位于创业者"家乡区域(home region)"的新创企业通常表现更好,例如生存时间更长、产生更多利润等。作者提出创业者在家乡区域往往拥有更丰富的社会资本禀赋,因此可以帮助创业者获得成功[129]。在空间视角下的战略管理研究中,空间邻近是一个非常重要的概念。对企业而言,无论是影响还是被影响,都需要跨越一定地理距离而实现。例如,空间地理上靠近资源的企业大多也更占优势,而距离目标资源较远的企业则往往处于相对劣势。对于后者,Chakrabarti和Mitchell提出可以通过直接学习、情境学习和替代学习等缓冲机制,来部分克服地理距离对企业搜寻资源的负面影响[130]。Hernandez在企业国际化背景下检验了区域社会资本对企业的影响,作者认为本田汽车在美国市场取得的成果很大程度上要归功于当地的日本移民社区,日本移民社区所提供的庞大社会资本在帮助本田汽车拓展市场等方面具有重要作用[131]。

在外生空间视角下,地理位置常被视为一般性资源的来源,换言之,地区内企业所能获取的资源是相同的,因此相同的地理位置不应该导致企业特定的优势。对此,Zaheer和Nachum提出了区位能力(location capability)的概念,即企业识别和利用区位资源进而为自身创造价值的能力。作者提出,因为区位能力存在差异,导致相同位置企业在利用区位资源的效率和程度上也有所不同,进而导致了相同区位企业在绩效上的差异[118]。

② 区位环境对企业的影响

除了资源禀赋外,企业所在地的市场环境和制度环境等地方环境因素同样也会影响企业的行为和绩效,其基本逻辑是企业区位中直接的制度环境或社会情境,会通过强制或潜移默化的约束作用影响企业行为和绩效[132]。例如,国家层面的文化和制度环境为企业提供了一种特殊的资源,North认为正式和非正式的"游戏规则"为经济活动提供了重要情境,特定类型的文化和制度基础可以为企业的生存发展提供肥沃的土壤[133]。Fransen认为国家制度安排的变更会影响企业的社会责任实践[134]。Filatotchev等提出,公司治理的结果很大程度上受国家的法律系统和制度特征影响,同时制度环境对公司治理机制的交互作用也会产生影响[132]。

国家层面的区位制度是一种相对宏观的空间视角,因而无法解释国家内部的区域发展失衡和企业竞争力的空间分异等问题。同时,相比国家层面"天高皇帝远"的制度压力而言,当地的直接制度环境对企业行为的影响则更加显著[135]。鉴于此,很多学者在区域、城市和社区等相对微观的空间层面上研究地方制度对企业的影响。例如,Saxenian 将硅谷和波士顿 128 号公路的区域创新差异归因于当地文化对企业合作的推动作用:波士顿附近的电脑制造企业竞争激烈并且对企业研发活动秘而不宣,相反硅谷企业的交流更为频繁而信息的流动更为通畅[136]。基于对美国制药企业的研究,Furman 发现当地制度文化对企业的研发战略有决定性影响[121]。

在微观层面的地方制度研究中,企业所处的当地地理社区(local geographic community)是一类非常重要和常见的空间分析单位[5],通常指企业总部所在的都会统计区(metropolitan statistical area)。以 Marquis 为代表的学者认为,作为最直接的制度环境,当地社区是影响企业行为和决策的重要制度压力来源[10]。Marquis 和 Battilana 在全球化背景下分析了当地社区对企业的影响,提出地理社区会通过市场、法规、社会和文化等作用机制持续影响企业,这种影响在全球化的趋势下甚至更加明显和突出[1]。Gao 等考察了公司总部位置对企业资本结构决策的影响,提出企业当地文化等非市场因素是影响企业财务政策的重要因素[137]。Almandoz 考察了社区制度逻辑对银行企业的影响,发现嵌入社区逻辑的创业团队有较强的社区承诺,同时能够获得更多的当地支持[138]。Vermeulen 等提出组织合法性的空间维度与所在地的区域特征紧密相关,研究发现,当地的移民规模会削弱组织合法性,而年轻群体则可以增强组织合法性[139]。

(3) 内生空间视角下的企业行为研究

除了外生空间视角,内生(endogenous)空间视角也是解释企业位置与行为、绩效关系的重要理论视角,其相关研究的主要切入点为企业在空间地理上的相互影响或内生互动,因而被称为"内生"空间视角。依据内生空间视角中"企业间相互作用"的特征,新经济地理中的企业间知识溢出、组织生态学中的企业群落演化和企业实践的空间扩散等均可被划归此类[9]。

就空间视角下的组织研究而言,组织生态学最早涉及空间地理与组织的研究,特别是组织社群(organization community,亦作组织共同体)的思想。Hawley 和 Warren 等组织生态学者引入场域(field)的概念来研究组织在一定地理范围内的活动,认为企业的生产发展高度依赖其周边环境[62]。基于此,Cattani 等考察了影响行业异质性的时间和空间因素,发现新创企业出生率的分布具有一定空间规律,主要表现为沿"中心-外围"从高到低分布,新企业的诞生受社会传染(social contagion)模式的直接影响[140]。组织生态学者认为,由于同时受合法化效应和竞争效应的影响,一定地域内企业的群落规模与新企业出生率大多呈倒 U 型关系[141]。不过当区域内企业与外界建立非空间联系时,空间密度对企业的影响通常会被减弱。在面临区位决策的企业中,连锁服务企业受地理位置的影响最为显著,区位的好坏对企业绩效有决定性影响。Liarte 和 Forgues 提出两种截然相反的空间战略:在靠近竞争对手的地方选址以获取正向的集聚外部性,或者落户在远离对手位置,通过空间差异化战略获取地方垄断地位。通过对快餐连锁店区位选择的对比研究,作者发现,市场领先企业大多倾向于空间差异化战略以抢占有利区位,而市场跟随企业则多在领先企业附近选址以获取集聚的经济外部性[142]。基于对美国生物科技产业的实证研究,Bae 等发现,行业内合作等跨区域联结(cross-cutting ties)在促进区域内新创企业形成的同时,也会负向调节区域组织密度对新创企业形成的影响[143]。

作为组织社会学的研究流派之一,组织生态学主要关注企业等组织在空间地理范围内的出生、成长与消亡等活动。而经济集聚视角下的企业研究则主要从经济地理学演化而来,既然经济活动的分布具有空间规律,那么作为经济活动的基本构成——企业,其生存发展自然也受空间因素的推动或制约。依据集聚理论中的收益递增(increasing returns)思想,Folta 等考察了集聚规模对企业绩效的影响,基于对生物科技产业集聚的实证研究,作者发现产业集聚的规模正向影响集聚内企业的平均绩效,不过当集聚超过一定规模后由于拥挤效应反而会产生负面影响[144]。在企业能够从集聚获益的基础上,McCann 和 Folta 提出企业获益的渠道存在差异。例如,有些企业通过专业化劳力、专业化投入以及知识溢出等供给外部性机制获取集聚的经济外部性,而部分企业则通过减小消费者搜寻成本等需求扩张机制获取收益[145]。基于产业生命周期理论,Wang 等构建企业集聚的动态模型,以时间为轴线考察了地理集聚对企业的外部性作用。研究发现,产业集聚通常只在成长阶段吸引新进企业,而成熟的地理集聚则大多有助于现有企业的生存[146]。

除了组织生态和经济集聚外,企业在空间地理层面的模仿同构也是内生空间视角下的重要理论解释。作为方兴未艾的理论视角,该研究分支通常被认为源于 Christopher Marquis 的社区同构理论(community isomorphism)。Marquis 认为企业总部所在社区的制度环境会对企业的行为产生影响,其中的文化认知制度会导致企业的行为在社区的地理范围内产生模仿同构现象,具体表现为目标企业的行为或决策会受到地理社区内其他企业的影响[10]。Lounsbury 以波士顿和纽约为例,考察冲突的区域制度逻辑下企业实践的空间扩散模式,发现区域制度逻辑的多样化导致了企业行为的巨大差异[147]。Gao 等发现,地理社区内公司高管的交流互动会对企业的决策产生影响,主要体现为企业就公司财务政策的相互模仿[137]。在制度理论中,通常认为企业在面临制度压力时势必会有所反应,不过除了遵从、操纵和躲避外,抵抗也是组织反应的一种[148]。Simons等考察了德国社区的小酒吧对国家禁烟条令的抵抗行为,发现凝聚力较强的社区内企业抵抗制度压力的可能性更强,而相邻社区的酒吧在抵抗行为上表现出空间传染效应。作者提出,相邻社区之间不仅可以提供支持,同时还可以就如何抵抗制度压力交流信息[149]。虽然知识溢出理论强调企业地理集聚对知识流动的影响,然而企业为什么愿意将自有知识无偿转移给潜在和邻近的竞争对手?对于此问题,Stefano等提出社会规范在地理集聚和知识转移间具有中介作用。基于意大利美食企业的田野试验,作者发现在企业集聚的地区会产生知识共享的社会规范,而这种规范会促使当地企业遵从并进行知识共享[150]。Audia和Yao研究了股票回调(stock backdating)的空间扩散规律,不同于连锁董事扩散模式,作者发现这种"不可见"的企业实践会通过面对面接触的渠道扩散,表现为企业参考附近企业的做法而回调股票。对此作者提供了两种理论解释:一是空间邻近可以帮助企业接触到更多信息,使目标企业知道"如何去做";二是相同地域的企业拥有共同的文化认知,增强了该实践的认知合法性,使目标企业知道"别人都这么做"[151]。

(4)总结

相比企业社会责任动因研究,空间视角下的企业行为研究对地理位置与企业行为间的内部联系有更全面的分析,可以看出,企业地理位置主要通过两种机制影响企业行为——基于制度的合法性机制和基于资源的效率机制。然而较之前者,相关文献对企业的社会责任行为缺乏深入研究,特别是基于资源的效率机制。由于此类研究多从早期的经济地理学演化而来,因此目前仍着重关注企业地理位置对企业创新行为的影响,对企业的其他行为则鲜有涉及。因此,此类研究虽然较好地回答了企业地理位置如何影响企业行为的问题,但是对企业地理位置如何影响企业社会责任行为仍缺乏有力解释。

## 1.3.4 空间视角下的企业社会责任研究

空间视角下的企业社会责任研究,最早可追溯至Marquis等在《Academy of Management Review》发表的《社区同构与企业社会行动》一文[10],文中Marquis等首次提出了社区同构的概念,认为在以地理社区范围为物理边界的制度场域中,企业的社会责任行为会因制度压力的影响而产生趋同现象。在随后的研究中,Marquis和Battilana再次强调了地理社区的重要性,认为在企业社会责任行为的影响因素分析中,空间相关的地理场域和行业相关的组织场域处于同等重要的地位[1]。通过上述研究Marquis等学者基本完成了社区同构理论的构建,并在学界获得广泛认同,不过由于缺乏数量实证的直接支持,此时其相关学说仍停留在理论推演阶段。

2012年,Husted等利用美国企业1998到2009年的大样本数据,实证检验了地理位置对企业社会责任行为的影响,发现距离金融中心较远的企业通常表现出更低的社会责任实践水平[152]。对此发现,Husted等从企业履行社会责任的经济成本和经济集聚理论入手,提出企业地理位置决定了当地的劳工池、媒体等与企业社会责任活动相关的投入要素,而这些要素可以有效降低企业履行社会责任的成本,进而鼓励企业更多地参与社会责任活动。

2016年,Husted等在国际化背景下考察了墨西哥汽车制造企业针对社会责任认证的空间模仿行为,发现在一定的地理范围内,外国企业和东道国企业会互相模仿对方而进行社会责任认证。作者认为,外国企业模仿东道国企业以克服外来者劣势,而东道国企业则通过模仿外国企业来克服本土劣势(disadvantages of localness)。对于企业模仿中的空间邻近现象,作者认为,相比距离较远的企业而言,空间邻近企业的认证行为更具有认知合法性[6]。同年,基于组织场域理论和社区同构理论,Marquis和Tilcsik分别检验了行业同行(industry peers,同行业企业)和社区同行(community peers,同社区企业)对企业慈善捐赠的影响,发现两种同行的慈善捐赠都会影响目标企业的慈善捐赠行为,如果存在同时占据两类身份的企业,那么目标企业就会模仿该企业[2]。

在空间视角下的企业社会责任研究中,存在两位关键学者——Christopher Marquis教授和Bryan Husted教授,前者提出了社区同构理论,为空间视角下的合法化机制提供了理论基础;而后者则从成本效率角度入手,提出企业地理位置可以影响企业履行社会责任的经济成本,进而在其他条件不变的情况下鼓励企业更多地参与社会责任活动。受这两位教授的启发,近年来越来越多的学者开始关注企业地理位置对其社会责任表现的影响。例如,Hoi等在社区层面考察了社会资本对企业社会责任的影响,研究发现,由公民规范强度和社会网络密度构成的社区社会资本能够推进企业的正面社会责任活动(有益于非股东利益相关者),同时限制其负面社会责任活动(有损于非股东利益相关者)。此外,社区内其他企业的社会责任活动会使目标企业产生模仿行为,从而更多参与正面社会责任活动[153]。Debcer等提出了企业与绿色区域(Green Locale,例如自然保护区等)的空间邻近和空间邻近范围内绿色竞争者的概念,在实证检验中发现这两种空间邻近都对企业的绿色行为有积极作用,即距离绿色区域较近的企业表现出更多绿色行为,同时空间邻近范围内绿色竞争者数量对企业的绿色行为也具有促进作用[154]。Attig和Brockman考察了当地居民亲社会态度对企业社会责任参与的影响,发现当地居民的亲社会态度会促使企业更积极地参与社会责任活动[4]。

### 1.3.5 研究评述

为了探究企业社会责任表现为何因地而异的问题,围绕"企业社会责任行为的动因"、"空间视角下的企业行为"和"空间视角下的企业社会责任行为"三个主题,对相关文献进行了全面回顾和系统梳理。综合现有研究后发现,作为企业社会责任研究的重要构成,企业社会责任行为的动因研究在过去几十年内已经引起广泛关注,并产出了极为丰富的研究成果。另一方面,脱胎于组织生态学、经济地理学和新制度主义理论等多学科和理论视角,空间视角下的企业行为研究在众多学者的努力下也渐近成熟,并形成了相对完善的理论体系。作为以上研究方向的融合产物——空间视角下的企业社会责任行为,近年来正逐渐受到国内外学者的重视,不过由于起步较晚,相关研究仍显不足。综合来看主要存在以下几点问题有待改进。

首先,企业地理位置对企业社会责任的影响机制研究。地理区位对企业社会责任的影响作用已经为不少学者所证实。不过企业地理位置显然并非影响企业社会责任行为的直接因素,那么其通过哪些因素和机制来驱动企业的社会责任行为?是基于知识溢出的效率机制还是基于制度压力的合法化机制?从已经掌握的文献来看,以上理论黑箱仍没有完全打开,特别是实证研究的支持仍较为缺乏,严重制约了后续研究的开展。

其次,企业社会责任知识溢出的内涵、维度与测量。随着企业社会责任理论与实践的发展,其知识属性正逐渐获得重视,知识溢出对企业社会责任的作用已经不容忽视。然而综合相关文献后发现,现有研究对企业社会责任知识溢出的内涵、维度与测量较少问津,严重制约了相关理论与实证研究的开展。

再次,对制度和知识等相关要素空间分布特征和空间作用特征缺乏考察,其分布的空间异质性和作用的空间衰减性未得到应有重视。除了极少数学者外,现有的空间视角研究大多未能考虑空间异质性和空间邻近性的作用,其研究结论成立的重要前提假设是制度压力和资源禀赋在空间地理上平均分布,因此社区内所有企业接触的资源和压力是相等的。特别是外生空间视角的研究,由于主要考虑区位特征对企业的影响,因此通常以企业所在地理社区为分析单元,而未能将企业个体位置的差异纳入分析框架。从这个角度来看,这部分研究仍未完全脱离区域经济的范畴,因此其研究结论往往缺乏实用性。

最后,中国情境下的研究仍有待加强。作为方兴未艾的研究领域,空间视角下的企业社会责任研究在西方学界正逐渐引起重视,然而我国学者对此则甚少着墨。虽然近年来西方学者在《Journal of International Business Studies》《Strategic Management Journal》等顶级管理学期刊上持续呼吁在不同情境和发展阶段的国家中检验其理论与研究成果,然而就已有文献来看应者寥寥。因此,这并非简单复刻西方学者的已有成果,更重要的是根据中国情境下的研究结论有针对性地提供对策和建议。

## 1.4 研究内容、方法及技术路线

### 1.4.1 研究内容

为深入发掘企业-城市空间邻近对企业社会责任的作用机制,通过理论与实证分析考察企业-城市空间邻近、制度压力、知识溢出在其间的作用,研究主要内容如下：

首先,构建企业-城市空间邻近影响企业社会责任的理论框架。在分析企业地理位置与企业行为关系的基础上,分析企业-城市空间邻近与企业社会责任的关系,提出企业-城市空间邻近对企业社会责任的制度环境影响和知识资源影响。然后分别对企业-城市空间邻近影响企业社会责任的制度压力机制和知识溢出机制进行分析,并构建相应的"企业城市空间邻近-制度压力-企业社会责任"中介机制模型和"企业城市空间邻近-知识溢出-企业社会责任"中介机制模型。

其次,实证分析企业-城市空间邻近对企业社会责任的直接影响,包括基于GIS(地理信息系统)的空间分析和对两者关系的回归分析。基于国泰安数据库和润灵环球数据库的档案数据,利用 ArcGIS 软件分析并总结企业社会责任水平的空间分布特征和企业社会责任水平围绕主要城市的邻近分布特征。然后,通过问卷调查收集企业数据,通过邻近分析处理企业坐标获取企业-城市空间邻近数据,设计企业社会责任的测量量表并检验其信度效度,并对企业-城市空间邻近影响企业社会责任的主效应进行回归分析。

再次,企业社会责任制度压力中介效应的实证分析。对规制、规范和认知等制度压力在企业V城市空间邻近与企业社会责任间的中介作用进行理论分析,包括企业-城市空间邻近对制度压力影响、制度压力对企业社会责任影响、制度压力的中介效应,提出相应研究假设并构建概念模型。然后通过问卷调查收集企业数据,设计企业社会责任制度压力的测量量表并检验其信度效度,针对研究假设采用结构方程模型进行多重中介效应检验。

从次,企业社会责任知识溢出中介效应的实证分析。对知识转移、知识转化等知识溢出在企业-城市空间邻近与企业社会责任间的中介作用进行理论分析,包括企业-城市空间邻近对知识溢出影响、知识溢出对企业社会责任影响、知识溢出的中介效应,提出相应研究假设并构建概念模型。然后通过问卷调查收集企业数据,设计企业社会责任知识溢出的测量量表并检验其信度效度,针对研究假设采用结构方程模型进行多重中介效应检验。

最后,针对实证结果进行讨论并提出管理建议。结合理论与实践对实证结论进行分析,为政府推动企业履行社会责任提供政策建议,为企业推动自身社会责任实践提供管理建议。

### 1.4.2 研究方法

(1) 文献研究与理论推演

围绕"企业地理位置与企业社会责任"这一主题对相关文献进行综合评述,从而把握研究现状和不足,并提出研究问题。同时,综合利益相关者理论、新制度理论和知识溢出理论等相关理论,对各构念间关系进行理论推演和分析,包括"企业-城市空间邻近对企业社会责任的直接影响"、"企业社会责任制度压力的中介效应"和"企业社会责任知识溢出的中介效应"等。

(2) 空间分析

采用空间分析的主要目的是发掘企业社会责任的空间特征,并在此基础上对空间数据进行分析和处理,使之能会同属性数据一起进入实证分析。研究数据主要分为空间数据和属性数据,其中空间数据是一种用点、线、面以及实体等基本空间数据结构来表示人们赖以生存的自然世界的数据,而属性数据是描述空间特征的数据,其本身不包括空间属性。

为了探究企业社会责任与主要城市及中心的空间相关性,通过点密度分析、空间自相关分析、可视化分析等空间分析方法解析企业社会责任水平的空间分布特征,主要工具为ArcGIS 10.2软件。此外,通过邻近分析获取自变量"企业-城市空间邻近"的数据,主要工具为百度地图及其坐标拾取模块。

(3) 问卷调查

研究主要采用问卷调查法收集所需数据,在问卷量表的设计方面,借鉴已有成熟量表的同时结合研究实际进行修改。对于企业社会责任等成熟概念的测量,直接借用国内学者的成熟量表;而对于企业社会责任制度压力概念,则在现有量表基础上,结合地理制度场域的空间特性加以修改;而企业社会责任知识溢出概念,则在参考国内外研究有关知识溢出和知识转移量表的基础上,结合企业社会责任知识特性进行设计。

(4) 层级回归分析

在获取问卷数据的基础上,运用SPSS和AMOS统计分析软件,在通过因子分析和信度分析检验信度效度的基础上,通过层级回归分析方法检验企业-城市空间邻近对企业社会责任的直接影响。此外,利用层级回归分析进一步检验了企业-城市空间邻近对企业社会责任各维度的直接影响,包括企业商业责任、员工责任、顾客责任和社区责任,从而更全面地探索企业-城市空间邻近对企业社会责任的影响。

(5) 结构方程模型

对于制度压力和知识溢出在企业-城市空间邻近与企业社会责任间的中介效应检验，由于制度压力和知识溢出分别包含了不同的潜变量，因此需要在问卷调查的基础上，利用结构方程模型通过测量指标等外显变量间接测量潜变量之间的影响关系。研究选用 AMOS 24.0 软件，通过结构方程模型分析了规制压力、规范压力和认知压力的中介作用，以及知识转移和知识转化的中介作用。

### 1.4.3 技术路线

本研究遵循"文献分析→理论推演→假设提出→数据收集→实证检验→归纳总结→对策建议"的研究思路，依照上述研究内容与研究方法，针对企业-城市空间邻近对企业社会责任的影响机制，进行了深入的理论分析与实证检验。具体的研究思路与技术路线如图 1.1 所示。

首先，研究围绕"企业社会责任的动因研究"、"空间邻近对企业的影响研究"、"空间视角下的企业行为研究"和"空间视角下的企业社会责任研究"展开文献综述，从而分析总结现有理论研究与实证研究的不足，并借此提出研究问题。

其次，研究综合空间视角、社区同构理论和知识溢出理论，构建企业-城市空间邻近影响企业社会责任的理论框架。通过分析企业地理位置与企业行为的关系，研究指出企业-城市空间邻近对企业社会责任同时具有制度影响与资源影响，并在此基础上进一步探讨了企业-城市空间邻近影响企业社会责任的制度压力中介机制和知识溢出中介机制。

再次，为验证前面提出的理论框架，研究首先实证检验企业-城市空间邻近对企业社会责任的直接影响。通过 GIS 软件和空间分析方法，考察企业社会责任水平的空间分布特征，以及围绕主要城市及其中心的邻近特征。并在此基础上，通过回归分析验证企业-城市空间邻近影响企业社会责任的主效应。

从次，在实证检验企业-城市空间邻近对企业社会责任的直接影响后，进一步对制度压力和知识溢出的中介作用进行考察。基于理论分析与相关假设，研究分别构建"空间邻近→制度压力→企业社会责任"和"空间邻近→知识溢出→企业社会责任"的理论模型，并对研究假设与模型进行实证检验。

最后，对于上述理论与实证分析结果，研究将在直接讨论实证结果的基础上，从理论与实践两个层面对实证结果进行更深入的探讨。接着，结合研究结果讨论所获的启示，针对政府与企业分别提出相应的政策建议和管理建议。

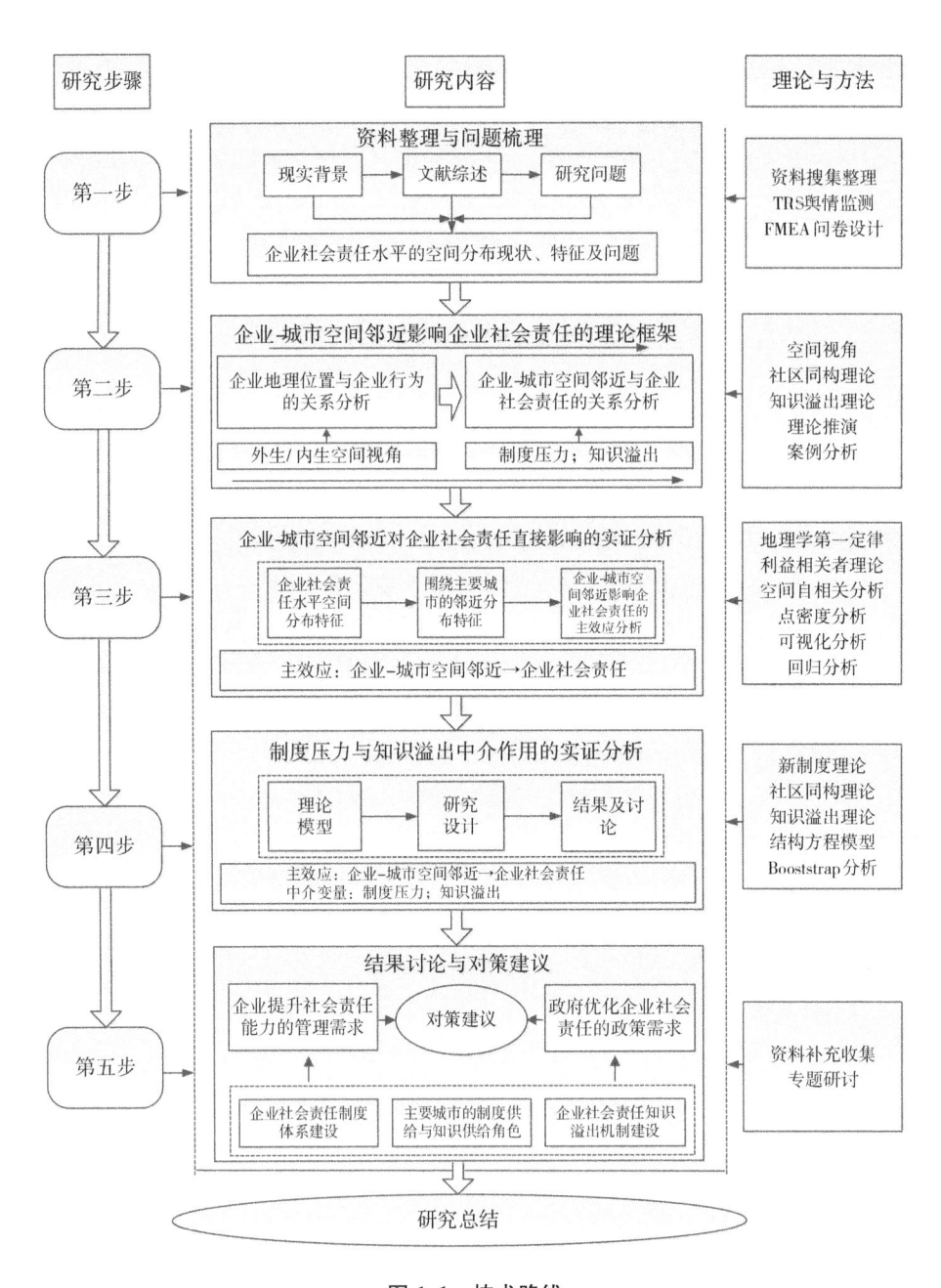

图 1.1 技术路线

# 第 2 章　企业-城市空间邻近影响企业社会责任的理论框架

## 2.1　企业地理位置与企业行为的关系分析

### 2.1.1　企业地理位置与企业行为研究的空间视角

在企业地理位置与企业行为的关系研究中,空间视角是一种重要的研究视角,其核心思想是个体企业的行为会受其地理位置所衍生的制度因素和资源因素的影响。企业地理位置决定了当地制度因素,进而对企业行为具有约束、塑造作用;同时,企业地理位置也决定了当地资源因素,进而对企业行为产生支撑作用。在此过程中,基于其来源的主体差异,制度因素与资源因素影响企业的方式和类型也有所差异[109]。根据企业地理位置对企业行为的影响方式和类型,可继续划分为外生空间视角和内生空间视角(表 2.1)。

表 2.1　空间视角下企业地理位置影响企业行为的方式与类型

|  |  | 外生空间视角 | 内生空间视角 |
|---|---|---|---|
| 影响方式 |  | 资源禀赋、制度环境等区位特征对企业行为的影响 | 一定地理范围内企业间的相互影响 |
| 影响类型 | 资源性 | 资源禀赋提高企业行动效率 | 企业间知识溢出提高目标企业的行动效率 |
| | 制度性 | 当地制度环境对企业行为的约束、塑造作用 | 地理社区内企业间的模仿同构 |

资料来源:研究整理

外生空间视角下,学者们将企业行为的差异归因于企业所在地(place)的特征差异,认为企业地理位置主要通过当地资源、制度等区位因素对企业产生单向不可逆的影响[120]。在资源性影响中,企业当地如煤炭、矿山等自然资源和知识、科技等智力资源[124],可以对企业的行为活动提供支撑作用。在提高企业行动效率的基础上,促使企业行为发生改变。在制度性影响中,当地制度环境会对企业产生压力,对其行为产生单向不可逆的约束、塑造作用。

内生空间视角下,学者们认为企业地理位置对企业行为的影响源自与目标企业位于相同或相近地理位置的企业,也就是目标企业当地的其他企业。相关研究中,企业地理位置对企业行为的影响主要基于企业间的内生互动,因而被称为"内生"空间视角。与外生空间视角相似,内生空间视角下企业地理位置对企业行为的影响也分为资源性和制度性。在资源性影响中,企业当地的资源禀赋主要来自当地其他企业,例如企业间互动时通过专业化劳力、专业化投入以及知识溢出等提供的经济外部性[145]。在制度性影响中,当地企业共同遵循所产生的认知制度也会影响目标企业的行为,促使其模仿、遵从当地多数企业的行为活动。

### 2.1.2 外生空间视角下企业地理位置对企业行为的影响

从外生空间视角来看,不同层级或空间粒度的区位会通过其内嵌的制度环境对企业行为产生影响。在相对宏观的国家层面,制度基础或制度安排会对企业的行为具有塑造作用[132,133]。在都会统计区(MSA)等规模中等的地理社区中,当地利益相关者构成的制度框架同样会对企业的诸多决策产生影响[10]。而在产业集聚集群等相对较小的空间范围内,开放共享的制度文化会推动企业不断交流合作,最终提升当地企业的创新产出[136]。作为最直接的制度环境,企业所在地区的区位制度是影响企业行为决策的重要制度源。基于当地规模各异、角色不一的利益相关者,当地制度环境可以对企业行为产生深远影响[137-139]。

不同于区位制度的约束和限制影响,区位资源更多通过提升企业效率来推动企业行为。区位资源通常包括自然资源禀赋等低端要素和知识资源、社会资本等高端要素,主要关注区位知识资源对企业的影响。在人类早期的经济活动中,企业所在地的自然资源禀赋往往是企业成功的重要基石,企业的各项活动和经验绩效很大程度上取决于当地的自然资源。近年来,知识资源等高端要素的作用逐渐受到关注,企业所在区位的知识资源逐渐成为影响企业行为的重要因素。通过与当地高校、研究所以及其他机构的互动,企业可以获取相关的经验、技术和诀窍,进而提升企业活动效率。例如,当地明星科学家可以吸引生物科技企业前来落户[125],而研发机构对当地高科技企业的创新产出具有显著影响[126]。而除了创新产出外,研发机构也会通过提升企业竞争力,进而促进企业的国际扩张行为[127]。

由此可见,在外生空间视角下企业地理位置对企业行为的影响主要源自两个方面:(1)本地化的法律法规、社会规范、文化认知等构成的区位制度环境;(2)当地自然资源、知识资源等构成的区位资源禀赋。

### 2.1.3 内生空间视角下企业地理位置对企业行为的影响

不同于外生空间视角下的"环境—行为"分析框架,在内生空间视角下,目标企业与当地其他企业(本地同业,local peers)的内生互动是企业地理位置影响企业行为的关键,例如企业间知识溢出、组织间模仿同构和组织生态群落等[9]。在内生空间视角下,企业地理位置对企业行为的影响主要源自目标企业与当地其他企业的交流互动。基于企业间互动中传递的知识、合法性信号等,企业地理位置会对企业行为产生影响。

企业间知识溢出是指经验、技术和诀窍等知识在企业间的流动和改进,与外生空间视角相似,内生空间视角的相关研究也认为知识溢出是企业地理位置推动企业行为的重要渠道。其主要区别在于知识供给的主体有差异,前者将当地非企业利益相关者视为知识的供给方,也就是当地其他组织机构对目标企业的单向知识输出;而后者认为在一定地理范围内,与当地其他企业的交流互动是目标企业获取知识的主要方式。

除了传递社会责任活动所需的知识外,交流互动也会在企业间传递合法化信号,在互动过程中目标企业会不断获悉当地其他企业对相关组织实践的认知合法化要求。在此过程中,当地其他企业会对目标企业形成认知压力,促使其不断调整相关组织实践,从而与当地其他企业"保持一致"。与外生空间视角下的规制、规范系统不同,内生空间视角下的文化—认知系统是包括目标企业在内当地所有企业共同作用的结果,因此目标企业行为在受当地文化—认知系统影响的同时也可能会反向影响当地的认知制度。

由此可见,在内生空间视角下企业地理位置对企业行为的影响主要有两个方面:(1)目标企业与当地其他企业交流互动中感知的制度压力;(2)目标企业与当地其他企业交流互动中获取的知识资源。

## 2.1.4 企业地理位置对企业行为的制度影响与资源影响

关于企业地理位置对企业行为形成影响的来源,两种空间视角分别具有不同的解读,外生空间视角下企业地理位置的影响主要来自当地资源、制度等区位特征,而内生空间视角下企业地理位置的影响则是当地企业相互作用的结果。通常情况下,这两种影响来源是并存的,因此需要对两种空间视角进行对比总结,从而全面梳理企业地理位置对企业行为的影响类型。

外生空间视角下,企业地理位置决定当地的资源禀赋和制度环境,进而对企业行为产生约束和推动作用。资源禀赋包括铁矿、煤炭等自然资源,基础知识、研发能力等知识资源以及移民群体、居民支持等社会资本资源。区位资源主要通过资源支持使企业行为更具成本效率(cost-efficiency),从而进一步推动相关行为[127]。除了资源禀赋外,当地制度环境也是企业地理位置影响企业行为的重要因素。在规制、规范等不同制度的影响下,企业做与不做某项行为并非出于组织收益的考虑,其根本目的是在当地制度环境中获取合法性[5]。

内生空间视角下,企业地理位置对企业行为的影响被归结为目标企业与当地其他企业内生互动的结果[129]。企业间交流互动可以推动信息知识或合法性信号的流动传递,例如企业间知识溢出使目标企业获得效率或能力提升从而更积极地行动[149],或者目标企业为了在当地制度环境中获取认知合法性所采取的模仿行为[151]。

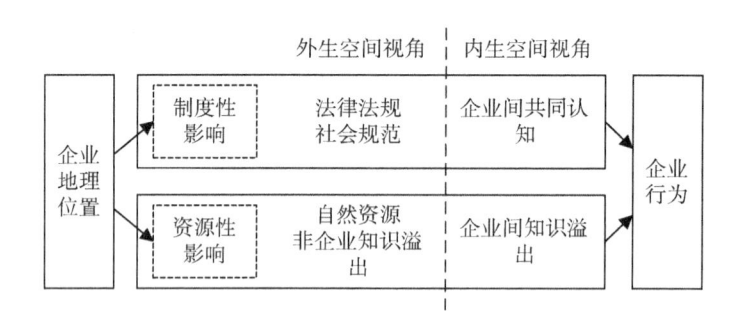

**图 2.1 空间视角下企业地理位置对企业行为的制度性影响与资源性影响**

综合两种空间视角发现(图 2.1),企业地理位置对企业行为的影响类型,主要包括资源性影响与制度性影响。资源性影响通过自然资源、知识资源等资源支持提高企业的行为效率,从而使企业更积极地参与其中;而制度性影响则基于当地制度环境对企业行为的约束和塑造作用,企业为了在当地社会获取合法性做出相应行为。

由此可见,企业地理位置对企业行为的影响类型主要包括:(1)企业地理位置可通过资源性影响来改变企业行为,影响来源包括企业当地的自然资源、知识资源等区位资源禀赋;(2)企业地理位置可通过制度性影响来改变企业行为,影响来源包括企业当地的法律法规、社会规范、文化认知等区位制度环境。

## 2.2 企业-城市空间邻近与企业社会责任的关系分析

通过企业地理位置与企业行为的关系分析可以看出,资源要素和制度要素紧密聚集的主要城市对企业行为具有重要影响,而企业与主要城市的空间邻近则意味着"企业-城市空间邻近"不仅是一个自然地理的概念,同时也是一个社会经济概念,具有双重内涵。

### 2.2.1 企业-城市空间邻近的内涵

(1) 企业-城市空间邻近的自然地理内涵

企业-城市空间邻近的自然地理内涵是指企业与主要城市及中心的空间物理距离,以及利益相关者影响企业的机会多寡强弱。在主要城市的界定中,国外研究常以人口数量作为判定标准[155,156]，在综合考虑我国城市实际情况后，本研究将主要城市限定在北京、上海、广州、深圳四个一线城市，以及其他直辖市和各省省会。

空间邻近(spatial proximity)或地理邻近(geographical proximity)，是指"在绝对与相对意义上，不同经济主体间的空间或物理距离"[157]。企业的地理位置不仅决定了自身在地球表面的地理位置，同时也决定了与周边其他地理要素的空间邻近关系。例如，企业与山川、河流、植被等自然地理要素，以及企业与道路、居民区等社会经济要素等。不同地理要素会对企业产生不同类型影响，例如山川、河流等导致的自然灾害可能会毁坏企业设施，而道路、居民区则可以帮助企业销售产品生存发展。与此同时，与地理要素的空间邻近程度则往往决定企业所受影响的强弱，例如远离灾害地区企业所受的影响相对较小，而靠近城市的企业则更有机会生存发展。

作为重要的社会经济地理要素，城市是以非农业产业和人口紧密聚集为主要特征的居民点，通常为人口密集、工商业发达的地理区域[8]。而相比其他普通城市，主要城市则在人口、经济、文化、政治等多个方面占有更高层级或更大规模的优势，并通常于其所在省级(或直辖市)行政区域位居中心地位。然而在城市内部，构成上述优势的政府、居民、高校、企业、媒体等利益相关者通常紧密聚集在城市的中心区域，因而在空间地理层面，主要城市对企业的影响很大程度源自主要城市中心。以江苏省会南京市为例，如图2.2所示，图中紫色圆点代表着每个街道的人口密度，尽管绿色区域均属于南京市的行政区域(也就是主要城市的地理范围)，然而在城市中心区域的人口明显更加密集。可以看出，企业与主要城市中心的空间邻近很大程度上决定了主要城市对企业的影响强弱，因此企业-城市空间邻近概念是指企业地理位置与其最近主要城市中心的空间地理距离。

"万物皆相关，而空间相近的事物更相关(Everything is related to everything else, but near things are more related than distant things)"，Waldo Tobler提出的"地理学第一定律"直观地阐述了空间邻近的基本作用[158]。就企业-城市空间邻近而言，企业与主要城市中心的空间邻近决定了主要城市中心对企业的影响强弱。即使在主要城市内部，相比位处城市外围边缘地区的企业，靠近城市中心的企业也会受到更强的影响(图2.3)。而这种影响的地理性差异则源自主要城市中心的空间特征。无论是山川、河流、植被等自然地理要素还是居民区、道路网、工农业设施等社会经济要素，其基本空间特征均包括空间关系特征和属性特征。空间关系特征是指各地理要素间的位置关系；而属性特征则是指地理要素中的非空间属性，例如城市类型、人口数量等[159]。

与其他地理要素类似，主要城市中心对企业的影响源自主要城市中心的属性特征以及与企业的空间位置关系。属性特征是指主要城市中心周边利益相关

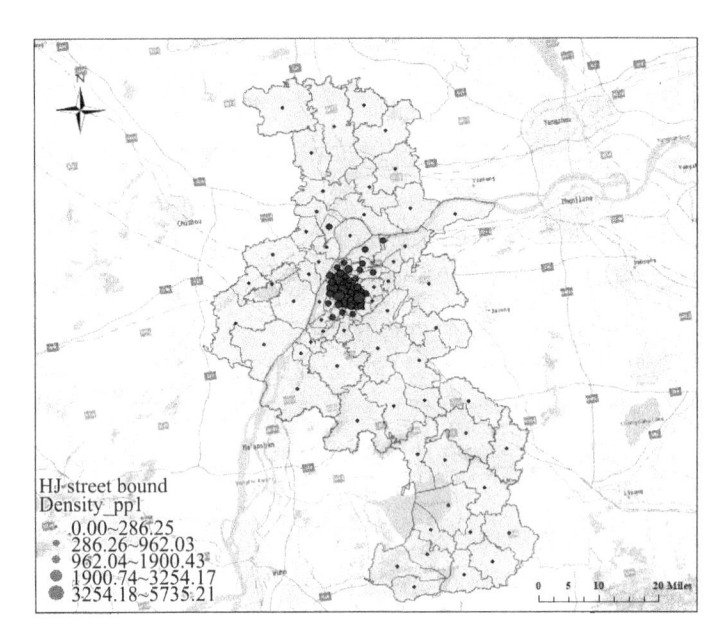

图 2.2　南京市人口密度分布(2016 年)

者的类型和规模(层级或数量),通常决定了对企业影响的类型和强弱。同时,企业与主要城市中心的空间邻近程度进一步决定了企业受到主要城市中心的影响的强弱。

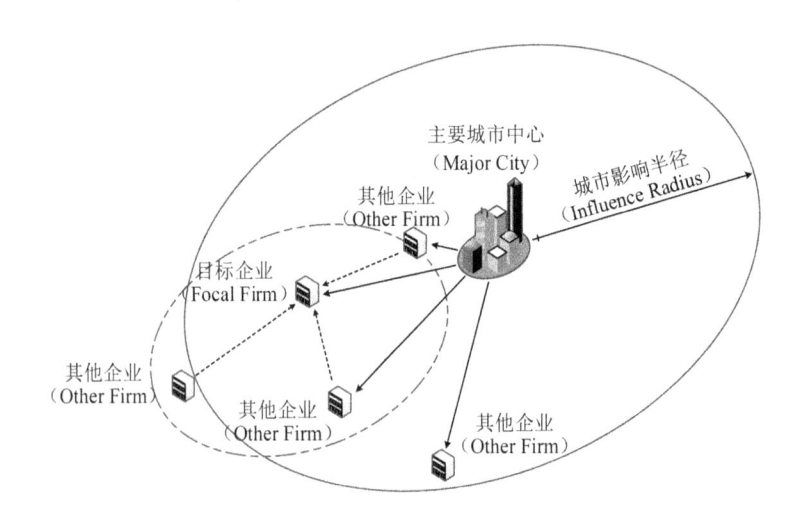

图 2.3　与主要城市中心空间邻近对企业的影响示意

(2) 企业-城市空间邻近的社会经济内涵

作为地理学的重要概念,空间邻近在社会科学领域的应用不断增长,产出了不同层级和类型的空间邻近概念[9]。在相关文献中,空间邻近的主体类型决定了主体间的作用关系,进而决定了不同空间邻近概念的社会经济内涵。企业-城市空间邻近概念的社会经济内涵是指企业与主要城市中心空间距离所衍生的,企业与聚居在主要城市中心利益相关者交流互动机会的多寡以及企业受知识等经济性影响或制度等社会性影响的强弱。

在早期的经济地理学研究中,企业与基础生产要素的空间邻近可以从运输成本、劳力供给等方面降低生产成本并提高竞争优势[115]。随着基础设施和交通运输的发展,企业与基础生产要素空间邻近的影响也逐渐减弱,而与知识资源等高端要素的空间邻近则逐渐引起关注[115]。对企业而言,知识资源的供给主体主要是不同类型的利益相关者,例如大学高校、科研机构以及其他企业等,与这些利益相关者的空间邻近可以帮助企业获取知识资源。例如,通过毕业生输出和科研活动等渠道,企业与大学高校的空间邻近可以有效提高其科技创新[103]。而企业与科研机构或其他企业的空间邻近同样有利于其获取知识资源,通常空间邻近有利于技术人员的交流,因而促进技术溢出和协同[105]。因此企业技术开发与利用活动的空间邻近程度越高,企业的创新绩效也越高,企业财务绩效越好[104]。

与此同时,也有部分学者们认为空间邻近并不能直接保障企业获取知识资源。例如Ganesan等就曾对空间邻近在企业研发合作中的作用提出质疑,认为空间邻近对新产品研发的影响并不在于空间邻近本身,而是空间邻近产生的关系纽带,如果缺少了关系纽带的中介作用,空间邻近也就不再具有影响[106]。类似地,Letaifa和Rabeau提出空间邻近并不总是促进企业的研发合作,在敌对性较高的环境中空间邻近反而会抑制企业间的合作行为[107]。Agrawal等考察了空间邻近和社会邻近对技术创新的影响,发现两种形式的邻近在分别促进知识流动的同时还具有互补作用[108]。因此,尽管空间邻近并不直接保证主体间的交流合作,但空间相邻的主体更有机会互动并相互影响。

在空间邻近对企业的影响研究中,除了技术创新等经济效率方面的影响外,其他企业行为等社会性影响也引起部分学者关注。Bronnenberg和Mela发现消费品牌的市场开拓大多沿着空间相邻的区域进行[110]。类似地,Barrot发现消费者对新产品的采用会沿空间邻近范围传染[111]。Lutz等以基础交通设施高度发达、地理距离影响较弱的德国为例,考察投资者—受资者空间邻近对投资行为的影响,结果显示空间邻近仍是影响投资者决策的重要因素,对此Lutz等认为空间邻近加强了投资双方的社会联系,因此更容易产生互信和合作[112]。与Lutz的研究类似,Hiatt和Kim研究了美国国防部的合作公司的接包情况,发现与合同管理部门空间邻近的企业更容易获得国防合同,对此提出空间邻近企业更容易与合同管理官员加强社会关系,因此在竞标时更有优势[113]。综上可见,空间邻近的组织或个体更容易产生交流沟通,因而可以更有效地传递信息、规范、价值等制度性影响,最终表现为空间邻近的主体更容易在行为方面相互影响。

从相关文献可以看出,空间邻近的社会经济内涵主要决定于空间邻近双方主体的层级和类型,例如个体间的空间邻近[105]、组织间的空间邻近[103]、区域间的空间邻近[110]、个人与组织[112]、组织与区域等[154]。就企业-城市空间邻近而言,与主要城市中心的空间邻近可以帮助企业与不同利益相关者交流互动,而利益相关者的类型和规模(层级/数量)则决定企业所受社会经济影响的类型和强弱[77]。对企业而言,主要城市中心通常集聚类型较全、层级较高、规模较大的利益相关者,例如所在省份最高级别的政府部门、新闻媒体、大学高校、科研机构、城市居民等。因此空间上邻近主要城市中心的企业更有可能与上述利益相关者发生关系并受其影响。大学高校、科研机构等利益相关者可以通过提供知识改变效率而对企业产生经济性影响;而利益相关者则可以通过传递信息、规范、价值等而对企业行为产生社会性影响。无论是经济性影响或社会性影响,均决定于企业与利益相关者交流互动的机会,而这种机会很大程度上取决于企业与利益相关者的空间邻近程度。

### 2.2.2 企业社会责任的内涵与维度

(1)企业社会责任的内涵

现有研究关于企业社会责任(corporate social responsibility,CSR)的概念内涵仍存在一定分歧,但共同之处在于,普遍认为企业社会责任是指企业在社会责任方面具体的行动和实践。例如,McWilliams 将企业社会责任定义为"超越公司利益和法律要求,旨在推动社会福祉的行动"[22]。Turker 将企业社会责任定义为"超越企业自身经济利益而造福利益相关者的公司行为"[160]。Aguinis 和 Glavas 将企业社会责任定义为"特定情境下考虑利益相关者的期盼,以及经济、社会、环境三重底线的组织行动和政策"[63]。Torugsa 等将企业社会责任定义为"支持经济增长繁荣、社会凝聚平等和环境整体保护的可持续发展三原则的负责任的商业实践"[161]。

除了概念界定外,很多学者在研究中将企业社会责任后缀行动、实践或参与等词,以强调研究中企业社会责任概念的行为属性。在考察企业社会责任对企业财务绩效的影响中,Hou 等使用企业社会责任实践(CSR Practice)以指代企业社会责任[162]。在对复杂制度下跨国企业社会责任行为的研究中,Marano 和 Kostova 使用"CSR Practice"以强调企业在社会责任方面的具体实践[83]。Buchanan 和 Marques 通过案例考察了国家行业协会对跨国企业海外社会责任的影响,基于"制度—反应"的分析框架,作者也使用了实践一词来突出企业在制度压力下的反应[163]。Weber 和 Fehre 提出企业可以通过不同形式的企业社会责任来获取合法性,主要包括 CSR 沟通(talk)和 CSR 行动(action),同样作为企业获取合法性的载体,前者主要关注企业说了什么而后者更关注企业具体做了什么[164]。

综合企业社会责任研究中学者观点可以看出,现今企业社会责任主要指企业在社会责任方面的具体行动和表现。企业社会责任概念的起源于发展与利益相关者理论具有高度同源的关系,企业社会责任是企业内部和外部利益相关者共同利益诉求的体现,是包含企业自身经济利益、社会福祉和环境保护的综合性社会行动。而主要城市作为各类利益相关者的聚集地,对企业有着全面的期盼和影响。因此,与带有行业属性或情境限定的企业社会责任概念不同,本研究的企业社会责任是企业回应各方利益相关者诉求的综合性社会责任。为了贴合研究情境与研究需要,本研究采用 Aguinis 和 Glavas 对企业社会责任的定义,即"在考虑利益相关者的期望以及经济、社会和环境绩效等三重底线的基础上,企业所做具有情景特定性的组织行动和决策"[63]。

(2) 企业社会责任的维度

随着对企业社会责任内涵讨论的持续进行,广义的企业社会责任逐渐成为主流观点,企业社会责任的内涵变得更为全面多元。在此背景下,单一的商业责任已经无法代表企业社会责任的全部内涵,对此学者们结合研究情境和需要,对企业社会责任的维度划分进行了相应研究。

Carroll 将企业社会责任分解为四个不同权重的维度,按照权重高低排序分别为经济责任、法律责任、伦理责任和自愿责任[165]。Boal 和 Peery 将企业社会责任划分为组织责任、员工责任、消费者责任和社会责任四个维度[166]。Turker 将企业社会责任分为社会/非社会利益相关者责任、员工责任、消费者责任和政府责任四个维度[160]。Lai 等研究了企业社会责任对企业品牌绩效的影响机理,将企业社会责任分为社区责任、环境责任、消费者责任、员工责任和社会参与责任五个维度[167]。Torugsa 等基于"三重底线原则",将主动性企业社会责任(Proactive CSR)分为经济责任、社会责任和环境责任三个维度[161]。沈奇泰松将企业社会责任表现分为商业责任、员工责任、环境责任和产品责任四个维度[90]。

除了一般企业的社会责任维度划分方法外,也有学者基于行业和情境等特殊性,对企业社会责任维度划分进行调整。例如,Durand 和 Jacqueminet 以工程企业的海外子公司为研究对象,考虑到企业的实际运作情况,作者将研究中的企业社会责任分为生产安全、性别平等和环境保护三个维度[81]。熊国保考察了旅游企业社会责任对员工绩效的影响,考虑到企业的行业属性,作者舍去了对其他利益相关者的社会责任,将旅游企业的社会责任划分为员工责任、顾客责任和环境责任三个维度[168]。

可以看出(表2.2),近年来企业社会责任的维度以三分法和四分法为主,维度内容总体相近而又略有区别,学者们根据研究需要对维度内容进行了不同程度的调整。如上文对企业社会责任的概念界定所述,本研究的企业社会责任是综合性社会责任,在内涵上并不存在企业特定行业或运营环境的限制,因此在维度划分中应尽量反映企业对各主要利益相关者的回应。在综合前人方案后,本研究将企业社会责任的维度划分为商业责任、员工责任、顾客责任以及社区责任四个维度。

表2.2 现有研究对企业社会责任的维度划分

| 维度划分 | 维度内容 | 相关研究 |
| --- | --- | --- |
| 二分法 | 企业伦理责任、企业慈善责任 | 白楠楠,2016 |
| 三分法 | 员工责任、顾客责任、环境责任 | 熊国保,2015 |
| 三分法 | 经济责任、社会责任、环境责任 | Torugsa等,2013 |
| 三分法 | 生产安全、性别平等、环境保护 | Durand和Jacqueminet,2015 |
| 四分法 | 组织责任、员工责任、消费者责任、社会责任 | Boal和Peery,1985;尹珏林,2010 |
| 四分法 | 商业责任、员工责任、环境责任、产品责任 | 沈奇泰松,2014 |
| 四分法 | 社会/非社会利益相关者责任、员工责任、消费者责任、政府责任 | Turker,2009 |
| 四分法 | 法律责任、经济责任、自愿责任、伦理责任 | Carroll,1979;Saeidi等,2014 |
| 五分法 | 社区责任、环境责任、消费者责任、员工责任、社会参与责任 | Lai等,2010 |

资料来源:研究整理

采用这一维度划分方案的主要原因有三:首先,此方案具有普适性,不受企业行业属性或运营背景的限制,可以最大限度地反映本研究对综合性社会责任的内容需要;其次,该方案以利益相关者视角为基础,体现了企业内外部不同利益相关者对企业的期盼和诉求;最后,该方案较为成熟并在中国情境下的企业社会责任研究中被广泛应用,在有效性方面具有一定保障。

(3) 企业社会责任表现的内涵

对个体企业社会责任而言,本研究倾向于相关研究中企业社会绩效或企业社会表现(corporate social performance,CSP)的提法,采用"企业社会责任表现"一词来强调个体企业在社会责任方面的切实表现。如上文对企业社会责任的内涵界定所述,本研究的企业社会责任是指企业在社会责任方面的实际行动表现,着重强调企业在社会责任方面"做了什么"的务实回应[169],而非企业伦理层面的纸上谈兵。同时,企业社会责任表现与企业社会责任概念在内涵维度上具有一致性,同样由商业责任、员工责任、顾客责任、社区责任四个维度构成。因此,对个体企业社会责任的测量将围绕这四个方面展开,考察企业在商业发展、员工福利、顾客关怀以及社区建设等方面的行为表现。

在企业社会责任表现的观测指标及后续的量表开发方面,由于本研究使用的企业社会责任概念与主流企业社会责任研究的内涵维度相同或相近,因此具有较多成熟量表可以借鉴使用。因此,本研究拟采用前人使用的成熟量表,从而在确保可靠性的基础上准确测量本研究的企业社会责任概念。本研究以沈奇泰松[90]和尹珏林[170]等学者使用的量表为基础,结合本研究需要进行了一定调整。研究选择上述测量量表的主要原因有二:一是以上国内学者使用的量表均来自国外权威研究,在理论依据方面具有较为坚实的基础;二是上述国内学者已结合中国情境对题项描述内容进行了完善,并在实际测量中表现出较好的信度和效度。

如表 2.3 所示,本研究中个体企业的社会责任表现主要由商业责任、员工责任、顾客责任和社区责任四个维度构成。其中,商业责任从企业的生产效能、商业可持续性以及可信赖程度进行观测,员工责任从企业对员工的生活关怀、职业发展以及公平决策等方面观测,顾客责任从企业销售的产品信息透明、消费者权利以及消费者满意方面观测,社区责任从环境保护、社会福利项目以及子孙后代的可持续发展等方面观测。

表 2.3 企业社会责任表现的基础要素及观测指标

| 企业社会责任 | 利益相关者 | 观测指标 |
| --- | --- | --- |
| 商业责任 | 股东及投资者 | 生产效能 |
|  |  | 商业可持续性 |
|  |  | 可信赖程度 |
| 员工责任 | 企业员工 | 生活关怀 |
|  |  | 职业发展 |
|  |  | 公平决策 |
| 顾客责任 | 客户、消费者 | 产品信息透明 |
|  |  | 消费者权利 |
|  |  | 消费者满意 |

(续表)

| 企业社会责任 | 利益相关者 | 观测指标 |
| --- | --- | --- |
| 社区责任 | 自然环境、社会公众 | 环境保护 |
| | | 社会福利 |
| | | 后代持续发展 |

资料来源:研究整理

(4) 企业社会责任水平的内涵

在考察企业社会责任与空间地理要素的联系中,由于个体企业社会责任表现与企业的地理位置存在联系,进而在总体层面表现为当地企业社会责任水平的空间属性特征。企业社会责任水平(CSR level)是指一个国家或地区内企业社会责任表现的总体水准,体现了当地企业参与社会责任活动的整体数量和质量[171]。企业社会责任水平是一个总体性的统计概念,当结合企业地理位置的空间属性之后,就可以分析企业社会责任水平的空间分布状态以及空间关系。并在此基础上,进一步推断个体企业社会责任表现与空间地理要素的联系。

同时,由于企业社会责任水平代表的是当地个体企业社会责任表现的总体水平,因此在内涵维度上与企业社会责任具有一致性。因此,企业社会责任水平与个体企业社会责任表现具有相同的内涵维度,代表了当地企业在商业发展、员工福利、顾客关怀以及社区建设等社会责任方面的总体水平。在本地社会经济基础的支撑下,当地企业普遍具有较好的社会责任表现,并在总体上体现出较高的企业社会责任水平。相应地,优异的企业社会责任水平则进一步回馈当地的社会经济发展,从而打造相辅相成的可持续发展的良性循环。

### 2.2.3 企业-城市空间邻近对企业社会责任的制度环境影响

制度环境是指社会中可以指导、支撑或限制商业活动的稳定规制、社会标准和认知结构[62]。制度可以对组织施加不同类型的压力,压力下的组织发生响应并建立相应行动领域(action fields),从而限定企业行动及其获得合法性的条件[172]。尽管构成制度的形式各有不同[133,173],但规范、规制和认知三种制度类型,已被学者们广泛接受并应用于组织管理研究[174,175]。

环境特征对公司行为决策的影响本质上是一种感知现象,通常管理者只会对他们所感知到的外部环境做出反应,从而在组织层面表现为外部环境对企业行为的影响[176]。而在制度环境对企业的影响中,管理者感知到外部环境在各方面对企业的合法性要求,从而推动公司产生相应行为。就企业的社会责任行为而言,企业外部制度环境影响管理者的环境感知,使其认识到企业承担社会责任会使企业在当地社会获取组织合法性,并最终推动企业的社会责任行为。

在主要城市对企业行为的影响中,本地化的制度环境具有十分重要的作用。作为人口、企业、高校、新闻媒体、政府机构等利益相关者的集聚地[177],而主要城市及其内嵌的制度环境成为影响企业行为的制度压力源[10]。通过法规、社会和文化等作用机制,本地化的制度环境可以不断影响企业管理者的外部环境感知,从而对企业的各项行为活动产生影响[5]。例如,位处相同主要城市的企业会在资本结构决策上相互模仿,其中当地企业的制度文化是重要的影响因素[137]。与企业其他行为相似,企业的社会责任行为同样会受主要城市中制度环境影响。

与此同时,在主要城市对企业社会责任的制度环境影响中,企业与主要城市中心的空间邻近关系也具有重要作用。事实上,主要城市对企业社会责任的制度环境影响主要基于当地的利益相关者,利益相关者的规模与类型则决定企业所承受制度压力的强弱与类型,而企业与利益相关者的空间邻近决定了利益相关者与企业互动机会的多寡,以及企业管理者感知制度压力的强弱。与主要城市的边缘区域相比,主要城市中心聚集的利益相关者在数量和类型上都更具优势,当地居民、大学科研机构、政府/非政府组织、新闻媒体等组织机构的总部通常聚集在主要城市中心。因此,空间上邻近主要城市中心的企业更容易与当地利益相关者沟通交流,从而使企业及其管理者感知到周边制度环境的合法性要求,并据此推动企业更积极地参与社会责任活动。

综上所述,主要城市对企业社会责任的制度环境影响可以描述为如下两个方面:(1)通过当地利益相关者构成的制度环境,主要城市可以使企业管理者感知到当地社会在社会责任方面的合法性要求和压力,进而促使企业响应并更多地参与社会责任活动;(2)同时,由于当地利益相关者的类型和规模优势,主要城市中心的制度环境会对周边企业产生更强压力,因而促使靠近主要城市中心的企业更多地参与社会责任活动。

## 2.2.4 企业-城市空间邻近对企业社会责任的知识资源影响

在战略管理的资源基础视角研究中,知识被视为企业取得竞争优势的重要来源,部分学者将企业绩效差异归结为企业拥有知识资源的差异[178, 179]。知识资源可以帮助企业更精准地预测环境变化的实质以及潜在的商业利益,从而采取合适的战略与战术行动[180]。因此,组织知识被学者们视作可以帮助企业获取可持续竞争优势的重要资源。

就知识资源的获取而言,除了干中学(learning by doing)等内生增长模式外,外部利益相关者是企业获取知识的另一个重要来源,其中企业当地的利益相关者具有举足轻重地位。相比距离较远的利益相关者,企业不仅更容易从周边利益相关者获取所需知识[115]，同时当地利益相关者提供的知识也更具有参考价值[181]。此外，利益相关者的规模和类型决定了知识资源的多寡，通常规模较大、类型更多的利益相关者可以为企业提供更多的潜在知识资源。在此背景下，当地利益相关者的规模和类型决定了企业可获取的知识资源，由于利益相关者的分布具有很大空间差异性，因而不同地理位置企业可获取的知识资源也相差甚远。

相比普通城市，主要城市内集聚了专业劳工、高校、NGO、其他企业等类型更多、规模更大的利益相关者[177]，因而当地企业可获取的知识资源也更为丰富。对获取知识的企业而言，在其他条件不变的情况下，企业会因知识而提高效率并更积极地采取相关行动[22]。这种作用不仅体现在技术创新等企业研发活动，同时对企业其他行为活动也有一定影响。例如，Lejpras 发现空间上邻近研发机构的企业更倾向于进行国际化，认为企业当地研发能力可以在海外市场中赋予企业竞争优势，使其更有信心进行国际扩张[127]。Audia 和 Yao 发现企业有关股票回调（stock backdating）的操作实践会沿着空间邻近的渠道扩散，认为空间邻近可以帮助企业接触到更多信息，使目标企业知道"如何去做"[151]。

与上述行为活动类似，企业的社会责任行为同样会受知识资源的影响。相比金钱或实物捐赠等传统慈善方式，企业社会责任的活动效率更加依赖相关知识的指导和辅助，而主要城市中的知识资源可以方便企业获取有关企业社会责任的知识，从而更有效地参与社会责任活动。

同时在主要城市内部，企业与主要城市中心的空间邻近对企业可获取的知识资源也具有重要影响。相比主要城市的外围边缘区域，主要城市中心聚集着更多的利益相关者，因而空间上邻近城市中心的企业更容易与不同利益相关者交流互动，进而获取有关企业社会责任的知识。因此就企业社会责任而言，主要城市中心不仅扮演"压力源"的角色，同时也扮演"知识源"的角色。不同地理位置的企业与主要城市中心的地理距离各有不同，因而企业同"知识源"的空间邻近程度也有所不同。对距离主要城市中心较远的企业来说，囿于时间和经济成本，这种交流互动的机会将随距离增大而减少。因此，主要城市对企业社会责任的知识资源影响同样具有空间邻近性，具体表现为对靠近城市中心企业的影响较强，而对距离较远企业的影响则相对较弱。

综上所述，主要城市对企业社会责任的知识影响可以描述为以下两个方面：（1）通过当地利益相关者构成的知识资源，主要城市可以为企业提供社会责任方面所需的相关知识，在提升企业社会责任效率的基础上推动企业更多地参与社会责任活动；（2）同时，由于当地利益相关者的类型和规模优势，主要城市中心的利益相关者可以为周边企业提供更多知识资源，因而推动靠近主要城市中心的企业更积极地履行社会责任。

## 2.3 企业-城市空间邻近影响企业社会责任的制度压力机制分析

企业的社会责任行为受到制度环境的影响,制度环境通过创造社会压力、约束和行动边界等途径对组织或个人施加压力,从而对企业行为产生约束和塑造的作用[182]。在制度环境中,规制、规范和认知等不同类型的制度因素会对企业行为产生约束或推动的作用力,进而影响企业各项的行为活动[172]。与此同时,企业地理位置使得企业存在于一个有空间边界和地理范围的制度环境中,因此从空间视角考察制度压力就具有很好的意义。

### 2.3.1 企业社会责任制度压力的内涵与维度

(1) 一般意义上的制度压力内涵

作为组织社会学下新制度主义流派的重要内容,制度压力的概念内涵在经历漫长发展后已基本成熟。对于制度压力的概念界定,Yiu 和 Makino 等学者认为制度压力是"促使企业的形态、结构或行为变得合理、可接受和易获得支持的规则、规范、社会理念或文化的作用力"[183]。Menguc 等将制度压力定义为"来自企业外部,影响管理者对环境的感知并最终塑造、决定企业战略决策和行为的社会、法律以及文化力量"[184]。而涂智苹和宋铁波认为制度压力不是客观存在的,而是主观上组织所感知的制度力度[185]。综合现有研究对制度压力概念的界定可见,制度压力实质上是指制度因素对企业各项行为的作用力,并且制度压力的作用具有行为特定性(action-specific),不同企业行为各自对应不同的制度压力和逻辑。

(2) 制度压力通过合法性机制影响企业行为

在作用逻辑方面,制度压力主要通过合法性(legitimacy)机制来影响企业行为。组织如果想要在社会环境中生存发展,除了物质资源和技术信息之外还需要得到社会的认可、接受与信任,此类条件被统称为合法性[186]。组织的生存发展取决于其与制度环境的一致程度,组织必须遵从外部制度压力,才能被认为具有合法性并增加生存的可能性[187]。现有研究中,合法性概念的内涵普遍沿用社会学者 Mark Suchman 做出的界定:"合法性是一种普适化的感知或假设,即由某个实体的行动在某些由规范、价值、信念和定义构成的社会建构系统中,是有价值的、适当的假设。"[186]而 Suchman 提到的社会建构系统实际上就是制度框架,其中不同制度的基础要素分别为其合法性提供了支撑。例如,规制制度以遵守规则为合法性基础,具备合法性的组织通常是根据相关法律法规要求而建立的,并符合这些要求而运行的组织。规范制度则强调评估合法性的道德基础,相比对规制制度的权宜性、工具性应对,规范制度更有可能被行动者内化并成为内在激励。认知制度则强调通过遵守共同的情景设定、参考框架或被认可的角色模板而获得合法性。基于文化—认知系统的合法性是"最深层次"的合法性,因为这种合法性源自潜意识中被认为是"理所当然"的各种理解或认知框架[62]。

(3) 企业社会责任制度压力的内涵

从一般制度压力的内涵分析可以看出,制度压力主要影响方式是通过其合法性机制对企业产生压力,从而影响企业的各项行为决策。作为企业行为决策的一种,企业社会责任同样受制度压力的约束或推动影响。关于企业社会责任制度压力的研究,最具代表性的是 Campbell 的《公司为什么以对社会负责的方式行事? 企业社会责任的制度理论》一文,提出公私法规、NGO 监管、制度化的规范、企业自身的联合行动以及企业和利益相关者的对话等制度条件,会对企业施加压力而影响企业在社会责任方面的行为表现[60]。同时,就企业社会责任制度压力的来源而言,企业社会责任的制度压力来自不同角色的利益相关者[76]。对企业而言,其周边的监管部门、NGO、社区、其他企业等不同利益相关者会在社会责任方面对企业施加压力,通过强制、规范或模仿等作用机制来促使企业表现出相应行动。企业为了获得这些利益相关者的接受和认可(也就是合法性),会相应地在慈善捐赠、员工福利、生产安全、环境保护等不同方面参与社会责任活动。

综上可见,就企业社会责任而言,制度压力实质上是指"来自企业外部,约束或推动企业参与符合利益相关者期望以及经济、社会和环境绩效等三重底线活动的法律、社会及文化作用力"。

(4) 企业社会责任制度压力的维度划分

对于制度环境的内部结构,不同流派的学者也有不同见解,新制度主义理论自提出以来,相关研究主要沿着制度经济学和组织社会学发展。North 等制度经济学者认为制度环境可分解为法律、规制、政策和契约等成文的正式制度,以及包括价值信念、伦理规范、道德观念和风俗习惯的非正式制度[133]。而 Scott 等组织社会学者则认为,制度环境由规制、规范和文化—认知三大基础要素构成[62],制度因素对组织的作用力也分为规制压力(Regulatory Pressure)、规范压力(Normative Pressure)和认知压力(Cognitive Pressure),相应地企业在社会责任方面承受的制度压力同样分为规制压力、规范压力和认知压力[60, 10]。

① 规制压力及其对企业社会责任行为的影响作用

规制压力的实施主要包括规则设定、监督遵循、奖励惩罚等活动,以法律制裁为合法性基础,规制压力可以通过规制性规则对企业产生具有支配作用的影响力。为了追求利益,规制压力影响下的企业通常会工具性、权宜性地采取行动,从而满足规制压力的强制性要求。企业社会责任的规制压力是指在企业社会责任方面的立法、普法和执法活动。在有关企业社会责任的规则设立活动中,如《环境保护法》、《劳动者权益保护法》和《消费者权益保护法》等法律会在环境责任、员工责任、消费者责任等方面对企业施加"必须这么做"的规制压力。然而除了"有法可依"外,企业"感受"到规制压力还需要"有法必依,执法必严,违法必究",换言之,除了立法活动外,还需要监督和奖惩等活动才能将规制压力传递给企业。以 2007 年的"山西黑砖窑案"为例,窑场主虽然知其行为违反相关法律,但是在当地一些公安和监管部门的纵容下,仍然肆无忌惮地侵害劳工权益。因此,企业社会责任的规制压力除了要在社会责任方面制定必要的法律法规、政策文件以外,还需要有相关的监督和奖惩活动。

② 规范压力及其对企业社会责任行为的影响作用

规范压力的实施主要包括合格证明、资格承认等活动,在社会生活的制度中属于说明性、评价性和义务性的维度。以道德支配为合法性基础,规范压力可以向目标企业传递约束性期待,从而使管理者产生有关适当性的自我评价,以及羞耻感或荣誉感等道德性情感,而这些情感则成为目标企业遵从主流规范的强力驱动因素。在企业社会责任的规范压力中,NGO、工会、消费者和本地社区等利益相关者通过监督、审查、抗议等非强制性方式对企业施压。例如,NGO 通过监督和审查、本地社区通过现场抗议、新闻媒体通过披露曝光等方式,对企业有违社会责任的行为进行谴责,促使其更积极地履行社会责任。例如某集团的"毒奶粉"事件,事发后除了政府的追责处罚外,群众和民间团体等规范性利益相关者所形成的规范压力也具有相当影响。除了品牌形象受损、销量下滑等直接经济损失外,来自民间的口诛笔伐也对蒙牛管理层造成了很大压力,并最终导致后续发展中蒙牛在企业社会责任方面的奋起直追。

③ 认知压力及其对企业社会责任行为的影响作用

认知压力的产生源自制度的文化-认知性要素,该要素构成了关于社会本质的共同理解,以及建构意义的认知框架。认知压力的实施主要包括共同信念、共同行动等活动,以可理解、可认知的文化支持为合法性基础,通过不断重复的行动模式逐渐产生习惯化和客观化的行动模板,从而对特定种类的行动者具有理所当然的影响力。基于社会环境中惯例、脚本、行为模板等"理所当然"的作用力,认知压力会导致企业产生模仿行为,因此也被称为模仿压力[188, 189]。在企业社会责任的认知压力中,当企业社会责任成为场域内企业的共识,履行社会责任就会在制度场域中成为理所当然的文化认知。对场域内的企业而言,参与社会责任活动将成为场域内企业的惯性行为。对企业而言,参与社会责任活动并不涉及法律要求或道德评价等因素,主要是为了与其周边企业保持一致。

(5) 企业社会责任制度压力各维度间的相互作用

图 2.4 阐释了三大制度压力对企业社会责任的影响作用,如图所示,规制、规范和认知压力分别源自不同的利益相关者。

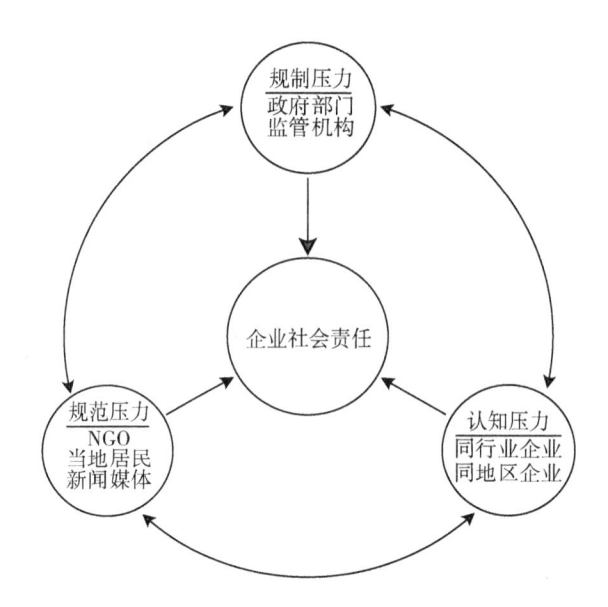

**图 2.4　三大类型制度压力对企业社会责任的影响**

规制压力主要来自政府部门和监管机构,规范压力则主要来自非政府组织、当地居民和新闻媒体,认知压力则主要来自同行业或同地区企业,不同类型的利益相关者分别通过不同方式对企业施加制度性压力并促使企业参与社会活动。不仅如此,制度基础在影响企业战略时也会相互改变,这些利益相关者在作用企业社会责任的同时也会对彼此互相影响,进而表现为三大制度压力之间的相互影响[190]。例如,政府对企业社会责任的强制性要求会加强社会公众对企业社会责任的评价标准,进而通过道德性评价加强规范压力的基础;而在规制压力和规范压力的影响下,企业社会责任行为可能在制度场域内不断重复并惯例化,加强企业社会责任的文化—认知基础及其影响力;而有关企业社会责任较强的认知压力则可以反作用于规制和规范压力,使政府和社会公众进一步提高对企业社会责任的合法性标准。但是,相比制度压力对企业社会责任的直接影响,三大制度压力间的相互作用、改变过程相当漫长,因此制度压力内部的相互作用对企业社会责任的影响则较少引起关注。

综上可见,企业社会责任的制度压力是一种来自企业外部,约束或推动企业参与符合利益相关者期望以及经济、社会和环境绩效等三重底线活动的法律、社会及文化作用力。企业社会责任的制度压力也可以划分为规制、规范和认知三个维度,其中,规制压力以法律制裁为合法性基础并通过规制性规则影响企业,规范压力以道德支配为合法性基础并通过约束性期待影响企业,认知压力以可理解的文化支持为合法性基础并通过建构性图式影响企业。

## 2.3.2 外生空间视角下的企业社会责任制度压力

一般而言对制度环境的研究关注的主要是制度内涵与内容本身,但是由于每个企业的经营活动都是需要依赖一定的地理空间位置,使得企业的制度环境也具有地理空间的属性,企业实际上也是存在于一个具有地理边界和空间范围的制度环境中的,从空间视角对企业社会责任制度压力的考察和研究就可以从空间视角展开。空间视角的核心思想是企业的行为会受其地理位置的影响、塑造和制约。不同地理区位内嵌的制度环境及其合法性要求不同,因而对企业行为的影响也有所差异。外生空间视角和内生空间视角是两种不同的空间视角,可以分别从外生和内生空间视角来进一步考察企业社会责任制度压力的影响作用。其中,外生空间视角下的制度压力主要包括规制压力和规范压力。

(1) 外生空间视角下规制压力的来源主体和影响方式

在外生空间视角下,企业的行为差异通常被认为源自其当地制度环境的差异,国家、省份、城市等不同空间粒度的地理区位会通过当地制度环境对企业产生影响。例如在宏观国家层面,制度基础或制度安排会对企业的行为具有塑造作用[132,133];在都会统计区(MSA)等规模中等的地理社区中,当地利益相关者构成的制度环境同样会对企业的行为决策产生影响[10];而在产业集聚集群等相对较小的空间范围内,开放共享的制度文化会推动企业间的合作交流与创新产出[136]。企业所在地理位置决定了当地(集聚地、城市、国家等)的制度环境,进而决定了企业承受的制度压力[137][138][139]。

就类型而言,外生空间视角下的制度压力主要由企业当地制度环境中的规范、规制压力构成。其中,规制压力的主要来源是目标企业当地的政府部门和监管机构。通过制定相关法律政策、普及宣传法律法规以及采用相应行动以进行监管奖惩,政府部门和监管机构都会对企业施加规制压力。例如,通过工作汇报、专项会议、监管考核、现场检查等方式,当地政府及监管机构可以对企业施加规制压力。目前,在北京、深圳等主要城市,当地政府纷纷出台了本地化的《企业社会责任标准》,通过宣传吸引企业参与的同时,还对相应的企业社会责任活动进行评价和奖励,从而在社会责任方面对当地企业形成规制压力。

表 2.4 综合了蒙牛、三星(中国)、华为、中兴、联想等多家企业发布的《社会责任报告》,并识别出政府、监管机构、股东与投资者、员工、客户与消费者、供应

商、社区、NGO、媒体等企业社会责任的主要利益相关者。可以看出，这些利益相关者与企业的互动方式大部分都具有地理边界性，因而距离企业较近的利益相关者有更多机会与企业互动交流并产生影响，可见企业当地的利益相关者对企业具有十分重要的影响。

表 2.4 不同类型制度压力的利益相关者及互动方式

| 制度压力 | 利益相关方 | 互动方式 |
| --- | --- | --- |
| 规制压力 | 政府与监管机构 | 工作汇报；专项会议；监管考核；函件往来；现场检查 |
| 规范压力 | 股东和投资者 | 当面会谈；股东大会；定期报告；热线电话；电子邮件；函件往来 |
| | 员工 | 内部报刊；员工调查；工会、员工代表；领导信箱；培训交流；问卷调查 |
| | 消费者与客户 | 问卷调查；消费者访谈；消费者俱乐部；线上沟通 |
| | 社区 | 定期会谈；公益活动；社区建设；志愿者活动 |
| | 非政府组织 | 定期会谈；合作项目；年度报告；联合活动 |
| | 媒体 | 日常沟通；专项采访；年度报告 |
| | 合作伙伴 | 定期会谈；问卷调查；项目合作； |
| 认知压力 | 行业、区域同行 | 日常联络；项目合作；联合活动 |

资料来源：研究整理

表 2.5 列举了"腾格里沙漠环境污染案"、"祁连山系列环境污染案"和"深圳企业社会责任集聚"等企业社会责任相关案例，以便说明企业地理位置对制度压力各维度的影响。在规制压力中，地理位置决定了企业与不同层级监管部门的距离，进而影响企业所受规制压力的强度和社会责任表现。在"腾格里沙漠环境污染案"中，涉案企业相对偏远的地理位置增加了政府部门的监管成本，因而在企业污染颇具规模后才引起有关部门的注意和重视。与此类似，在"祁连山系列环境污染案"中，由于涉案企业位于山区、地处偏远，有关部门普遍存在"以文件落实整改、以会议推进工作、以批示代替检查"的现象。在此情况下，法律制裁等规制性要素的合法性基础受到损害，涉案企业承受的规制压力大大减弱，因而在利益驱动下出现唯利是图、破坏生态环境等对社会不负责的行为。

（2）外生空间视角下规范压力的来源主体和影响方式

除了政府与监管部门等规制性利益相关者外，企业地理位置还决定了当地规范性利益相关者的规模及其与企业的距离。以深圳为例，通过"企业自愿、社会参与、评价机构独立评价"的工作机制,政府引导社区公众、新闻媒体和 NGO 等对当地企业形成约束性期盼,在当地形成了较为完善的规范制度。在实际监管中,这些利益相关者也更容易对当地企业进行审查和监督,从而使当地企业感知到较强的规范压力。因此深圳市集聚了大量如腾讯、华为等社会责任表现优异的企业,不仅常年在"中国企业社会责任排行榜"位居前列,同时还带动当地其他企业共同履行社会责任。

表 2.5 空间视角下制度压力影响企业社会责任的典型案例

| 空间视角 | 压力类型 | 相关案例 | 案例内容 | 当地利益相关者 构成 | 规模 | 距离 |
|---|---|---|---|---|---|---|
| 外生空间视角 | 规制压力 | 腾格里沙漠污染案 | 当地企业将未处理的废水排入排污池,自然蒸发后将污染物直接埋入沙漠。 | 监管部门 | 较低 | 较远 |
| 外生空间视角 | 规范压力 | 祁连山环境污染案 | 企业违法违规开发矿产资源,造成保护区自然环境被破坏。 | 监管部门 | 较低 | 较远 |
| 外生空间视角 | 规范压力 | 深圳企业社会责任集聚 | 深圳率先推出了企业社会责任"地方标准",通过政府主导、企业自愿、社会参与、评价机构独立评价的工作机制来推动深圳企业履行社会责任 | NGO 社会公众 新闻媒体 | 较高 | 较近 |
| 内生空间视角 | 认知压力 | 莆田假鞋企业集聚 | 当地企业大规模仿制阿迪达斯、耐克等知名品牌,形成了屡禁不绝的假鞋企业集聚。 | 当地其他造假企业 | 较大 | 较近 |

资料来源:研究整理。

综上可见,外生空间视角下的企业社会责任制度压力包括规制压力和规范压力,压力来自政府、监管部门等规制性利益相关者以及 NGO、新闻媒体、当地民众等规范性利益相关者。通过监督奖惩、约束性期盼等施压方式,目标企业感知到当地利益相关者施加的本地化规制和规范压力。

### 2.3.3 内生空间视角下的企业社会责任制度压力

不同于外生空间视角下当地外部环境、资源等对目标企业的单向作用,内生空间视角下企业地理位置的影响源自目标企业与当地其他企业(local peers)的内生互动。在内生空间视角下,制度压力的类型、强弱主要决定于目标企业当地其他的企业性利益相关者,因此内生空间视角下的制度压力主要为认知压力。

(1) 内生空间视角下的认知压力来源主体和影响方式

认知压力的主要来源是所有企业对相同行为的普遍认可和遵从，并通过日积月累的重复形成了相应的行动范本，从而对其他企业产生影响。对目标企业而言，这种行动范本会产生潜移默化的压力，使得企业尽力与当地其他企业的主流行为保持一致。通过日常联络、项目合作、联合活动等不同方式的交流互动，当地其他企业可以向目标企业传递认知的合法性信号，从而使目标企业感知到当地企业的认知合法性要求及其压力。

与外生空间视角下的规制、规范制度不同，内生空间视角下的认知制度是包括目标企业在内的当地所有企业共同作用的结果，目标企业在受当地认知制度影响的同时也会对其产生影响。同时，由于企业间的交流互动通常具有地理边界性，大多数组织技能和实践都只能在一定地理范围内扩散，因此内生空间视角下的制度压力通常只源自目标企业周边的当地同业。除了当地同业在传递认知压力过程中具有地理边界性外，认知压力本身的影响也受本地合法性（local legitimacy）限制，相比距离更远的企业而言，目标企业周边企业的行为活动往往在当地制度环境中具有更强的认知合法性[181]。

(2) 企业地理位置会影响企业承受的认知压力

认知压力决定于制度场域内其他企业的主流行为，基于场域内企业间的交流互动，目标企业可以感知其他企业对特定组织行为的评价标准和遵从程度。而在地理制度场域中，目标企业感知的认知压力则来自地理相关的当地其他企业。从内生空间视角来看，企业的地理位置决定了周边企业的主流认知、数量和距离，进而决定目标企业与当地同业（local peer）交流互动的机会，以及最终所感知的认知压力。与此同时，区别于规制压力和规范压力，认知压力的合法性主要基于当地企业共同遵守的行动范本，因此认知压力不仅可以促使企业履行社会责任，同时也可以为企业的社会不负责行为提供支持。在"莆田假鞋企业集聚"等典型案例中，当地制鞋企业的造假行为与规制或规范制度的合法性要求相违背，然而当造假活动成为当地企业的普遍行为时，造假行为会在当地文化—认知系统中成为"理所当然"而具有认知合法性。与之相反，在企业社会责任事业发展较好的深圳市，腾讯、华为等社会责任领先企业对当地企业的带动作用就是认知压力的表现形式之一，并且随着越来越多企业参加社会责任活动，其认知压力会不断加强。

综上可见，内生空间视角下的企业社会责任制度压力主要为认知压力，压力来自目标企业当地的其他企业等认知性利益相关者，通过企业间交流互动等方式，目标企业感知到当地利益相关者施加的本地化认知压力。

## 2.3.4 企业社会责任制度压力的中介作用机制模型

（1）企业社会责任制度压力的中介机制模型

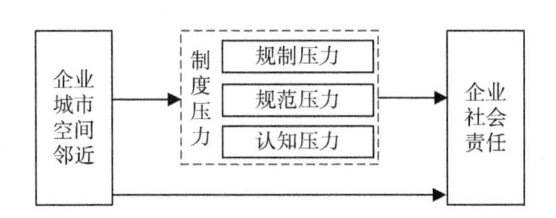

通过对企业社会责任制度压力中介作用的理论分析可知，在企业-城市空间邻近对企业社会责任的影响中，基于各自的利益相关者、产生基础和施压方式等，企业社会责任的规制压力、规范压力和认知压力分别起到不同的中介作用。为更直观地阐述企业-城市空间邻近、企业社会责任制度压力以及企业社会责任三者间的逻辑关系，绘制了企业社会责任制度压力中介作用的理论模型(图2.5)。

**图 2.5 企业社会责任制度压力中介作用的理论模型**

如图所示，在企业-城市空间邻近直接影响企业社会责任的基础上，企业-城市空间邻近还通过企业社会责任制度压力(简称为制度压力)的中介作用间接地影响企业社会责任。其中，企业社会责任制度压力由规制、规范和认知三个维度构成，换言之，企业社会责任的规制压力、规范压力和认知压力分别在企业-城市空间邻近与企业社会责任间起中介作用。

（2）企业社会责任制度压力的基础要素及观测指标

相比一般空间意义上的企业社会责任制度压力，空间视角下的企业社会责任制度压力具有类似的内涵、维度，以及产生和影响方式。而主要区别在于，后者更强调制度压力产生及作用与企业地理位置的关联，而对此类企业社会责任制度压力的考察和测量也就更偏重其本地化属性(表2.6)。

**表 2.6 空间视角下企业社会责任制度压力的基础要素及观测指标**

| 制度压力 | 利益相关者 | 来源基础 | 施压方式 | 观测指标 |
|---|---|---|---|---|
| 规制压力 | 政府部门/监管机构 | 规则设立/法律制定 | 法律制裁/奖惩 | 法律法规 |
| | | | | 宣法普法 |
| | | | | 监管奖惩 |
| 规范压力 | 当地居民/NGO/新闻媒体 | 合格证明/资格承认 | 道德支配/约束性期待 | 民众认可 |
| | | | | 新闻监督 |
| | | | | 舆论压力 |

(续表)

| 制度压力 | 利益相关者 | 来源基础 | 施压方式 | 观测指标 |
|---|---|---|---|---|
| 认知压力 | 当地其他企业 | 共同信念/共同行动 | 认知支持/理所当然 | 标杆示范 |
| | | | | 多数参与 |
| | | | | 观察关注 |

资料来源:研究整理

就规制压力而言,空间视角下企业社会责任规制压力的利益相关者主要为企业当地的政府部门和监管机构,此类企业社会责任规制压力的来源基础主要包括当地以及全国性的规则设立和法律制定,而实施执行则依赖于当地政府部门的监管监督和制裁奖惩。综合来看,空间视角下企业社会责任规制压力的基础要素和相应观测主要从"法律法规的健全完善"、"法律法规的宣传普及"以及"相关部门的监管奖惩"三个方面入手。

就规范压力而言,空间视角下企业社会责任规范压力的利益相关者主要为企业周边的当地居民、非政府组织(NGO)以及新闻媒体,此类企业社会责任规范压力的来源基础主要包括合格证明和资格承认等,而实施执行的方式主要为道德支配以及约束性期待。综合来看,空间视角下企业社会责任规范压力的基础要素和相应观测主要从"当地民众的关注认可"、"新闻媒体的关注监督"以及"NGO或其他民间团体的影响"三个方面入手。

就认知压力而言,空间视角下企业社会责任规范压力的利益相关者主要为目标企业当地的其他企业(包括当地的同行企业和非同行企业),此类企业社会责任认知压力的来源基础主要包括共同信念和共同行动,而对目标企业的影响则通过认知支持和行动范本中的理所当然来执行。综合来看,空间视角下企业社会责任规范压力的基础要素和相应观测主要从"当地标杆企业的示范作用"、"当地多数企业对社会责任理念的认同"和"企业自身对当地其他企业的观察关注"三个方面入手。

## 2.4 企业-城市空间邻近影响企业社会责任的知识溢出机制分析

通过对企业-城市空间邻近概念的内涵分析发现,在主要城市的社会经济属性中,除了社会性的制度属性外,还存在经济性的知识属性。而企业-城市空间邻近概念则同样反映了主要城市对企业行为的知识性影响,企业-城市空间邻近不仅构成了企业活动的制度环境,同时也构成了相应的知识环境。企业与主要城市中心的空间邻近对企业行为决策具有知识性影响,而考察其知识性影响的作用机理,则对空间视角下的企业社会责任行为研究同样具有重要意义。

### 2.4.1 企业社会责任知识溢出的内涵与维度

(1) 一般意义上的知识溢出内涵

知识溢出概念的提出普遍被认为始于 MacDougall,在分析外国企业投资对经济的影响中提出:"外国企业的出现传播了生产方法的知识……其他企业可以在现有资本下以更少的劳力完成相同的产出"[191]。为了进一步考察知识溢出,学者们开始在不同研究背景下对其概念内涵进行分析和界定。Cohen 和 Levinthal 将知识溢出定义为研发活动中有价值的原创知识变得可公开接触的过程[180]。Stoneman 则认为知识溢出是一种有目的、主动的学习活动,学习者将知识应用或与现有知识进行融合产生新的知识[192]。Fallah 和 Ibrahim 认为知识溢出是知识在个人或组织间的无意向交换[193]。Branstetter 认为知识溢出是"一个发明者从其他研究项目的成果中学习并借此改进自己研究成果,而不会就所获得知识完全补偿其他发明者"的过程[194]。Agarwal 等将知识溢出定义为"知识创造过程中由非知识创造者享受的外部收益"[195,196]。Eapen 将知识溢出定义为"知识在企业间的非正式流动"[197]。Ko 和 Liu 认为知识溢出是指知识在网络主体间的无意向流动[198]。姚耀军和施丹燕则将知识溢出定义为"包括信息、技术、管理经验在内的各种知识通过交易或非交易的方式流出原先拥有知识的主体"的过程[199]。

在不同内容和背景的研究中,学者们对知识溢出概念进行了差异化的分析和解读,同时就其概念内涵也产生了一定分歧和争议。例如,Branstettr 认为真正的知识溢出能够产生进一步的创新[194],而 Fallah 和 Ibrahim[193]、Eapen[197]、Ko 和 Liu[198]等则认为知识溢出仅指知识的流动而并不包括知识内容的变更。在知识溢出的主体方面,Eapen 认为知识溢出是指知识在企业间的流动[197],而许萧迪等则将其定义为区域或行业间的知识转移过程[200]。值得说明的是,在研究中知识溢出(knowledge spillover)和知识转移(knowledge transfer)的概念也常常被学者们混用[201]。对此 Fallah 和 Ibrahim 提出应对两个概念进行区分,将知识溢出定义为"知识在个人或组织间的无意向交换",而将知识转移定义为"知识在个人或组织间的有意向交换"[193]。知识转移的过程通常伴随着有意向的传授和学习,而知识溢出则是知识源(主体)无意向下的知识流动(表2.7)。

表 2.7 现有研究对知识溢出与知识转移内涵的界定

|  | | 知识溢出 | 知识转移 |
|---|---|---|---|
| 交换意向 | | 无意向 | 有意向 |
| 交换方式 | 显性知识 | 直接观察；逆向工程 | 出版物；演讲；训练 |
|  | 隐性知识 | 在知识供给方无意愿情况下获取 | 师徒传授；团队合作 |

资料来源：研究整理

不同于知识外部性中"知识供给者能否获得全部收益"的判断标准，Fallah 和 Ibrahim 根据知识交换的意向性区分了知识溢出和知识转移，提出知识转移是"有意"发生，而知识溢出则是"无意"发生。据此判断，高校对区域创新的影响应同时包括知识溢出和知识转移机制，例如毕业生的培养输送属于知识溢出的范畴，而产学研协同创新则属于知识转移。虽然有学者提出高校也会将研究成果自愿转移给企业，不过这种知识输送是企业有意向的知识传授，此外高校自愿转移知识也并非没有收益。在对日本国家创新系统的研究中，Fukugawa 提出获取高校自愿转移知识的企业通常会捐赠金钱或仪器作为回报[202]。需要指出的是，虽然 Fallah 和 Ibrahim 对知识溢出和知识转移概念进行了区分，但是后续研究中很多学者仍将两种概念混合使用[203-207]。例如，陈玉娟认为知识转移是知识溢出的过程之一[208]；解涛认为知识溢出分为广义和狭义，而广义的知识溢出包括了知识转移的过程[209]；Qiu 等则认为，知识溢出、知识转移和知识扩散在"知识的流动"方面具有共同之处，因此在广义条件下可以被混合使用，并在其研究中将知识溢出广泛指代"知识的流动"[207]。

从现有研究来看，对知识溢出概念的内涵界定并无一定之规，而是需要根据知识溢出的具体情境进行分析和界定。在知识溢出概念的争议中，部分来自研究背景的差异，而部分则是对知识溢出内涵的见解不同。例如知识溢出的主体，知识的供给者和接受者可涉及个体、组织、区域等不同层面的主体[115,208,210]；在知识范围方面，除了有关技术创新的知识外，知识溢出的范围还泛指一切有关企业生存和发展的技术、诀窍、经验等[149,151]；知识溢出的主观意愿性，知识的流动既可以是知识供给方有意传授，也可是知识的被动或无意流出；相应地，知识溢出的方式既包括出版物、培训学习、交流合作等正式渠道，也包含逆向工程、展示效应等非正式渠道[193]；而对于知识内容的变更，知识溢出的过程不仅包括知识从供给方向接收方流动，同时也包括接收方对知识所做的调整或优化[194,197,198]。可以看出，在上述特征的基础上，有关知识溢出的概念界定主要是根据研究内容和背景等进行。

（2）企业社会责任知识溢出的内涵

企业社会责任知识溢出，顾名思义是指企业社会责任方面的知识溢出，其内涵既具有一般知识溢出概念的共通性,同时也需要考虑企业社会责任的特殊性。首先,不同于其他知识溢出概念,企业社会责任知识的内容主要涉及企业参与社会活动的相关诀窍、技术和经验,而现有知识溢出的知识内容主要涉及科技研发等技术创新领域。其次,一般知识溢出的主体可分为个人、组织、行业、区域和国家等层面内(intra,个人与个人,组织与组织等)或层面间(inter,个人与组织,区域与组织等)的知识溢出。在企业社会责任的知识溢出中,知识接收方主要为企业,而知识的输出方包括其他企业、高校、供应商、NGO、当地社区以及政府等。再次,对于知识溢出主观意愿性的争议,部分学者将知识供给方的主观意愿视为区分知识溢出与知识转移的重要依据[193],而部分学者则认为知识溢出的关键在于知识流动本身而非知识供给方的主观性[207]。因此,对企业社会责任知识溢出的考察并不关注知识溢出过程中的主观性,而将有意或无意的知识流动同时纳入知识溢出内涵。最后,对于知识溢出的过程,学者们争论的焦点在于知识溢出是否应该包括知识内容的升级或调整,还是仅仅指知识从供给方向接收方的流动过程[211]。考虑到企业社会责任本身的情境特定性,因此其知识溢出的过程不仅包括知识的转移,同时还应包括接收方对知识的调整和优化。Marshall在《经济学原理》中有关知识溢出的论述中就提出了类似观点:"新想法会被其他人采纳并结合他们自己的意见,原本的新想法将会更新想法的源泉"[212]。考虑到企业社会责任中的知识和经验常具有不同程度的情境限定(context-specific)特征[63],除了将所获知识直接应用于企业的社会责任实践外,知识获取方也会需要根据企业自身实际对获取的社会责任知识进行优化和调整。

综上分析,将企业社会责任知识溢出定义为"企业从外部利益相关者获取相关知识,使企业可以更高效(更低成本或更高收益)地参与符合利益相关者期望以及经济、社会和环境绩效等三重底线活动的过程"。

(3) 一般意义上的知识溢出维度划分

在长期以来的研究中,知识溢出大多被视为理论黑箱,并作为整体变量被纳入各类经济计量模型[201]。这种做法忽视了知识溢出的微观机制和具体路径,因此阻碍了知识溢出理论的深化。为了更深入地探究知识溢出的内部结构,有学者在不同视角下对知识溢出、知识转移等相关概念进行解构,在目前的研究中,对知识溢出的类型划分以二分法和四分法为主(表2.8)。

例如,Fallah和Ibrahim依据知识属性,将知识溢出划分为编码知识溢出和非编码知识溢出[193]。Williams根据知识获取方接受知识的模式,将知识转移的过程分解为知识复制(replication)和知识调整(adaption),前者是接收方对所获知识全盘接受并不加修改的应用,而后者则是指接收方根据自身实际对获取的知识进行优化和调整[211]。在对大学知识溢出的研究中,Wennberg等依据创业/非创业溢出和直接/间接溢出将其解构为直接创业溢出(大学雇员创业)、间

表 2.8　现有研究对于知识溢出的维度划分

| 类型划分 | 类型内容 | 代表学者 |
| --- | --- | --- |
| 二分法 | 编码知识溢出、非编码知识溢出 | Fallah 和 Ibrahim，2004<br>缪洋，2017 |
| | 知识复制、知识调整 | Williams，2007 |
| | 无意向知识溢出、有意向知识扩散 | Hallin 和 Lind，2012 |
| | 行业内（横向）知识溢出、行业间（纵向）知识溢出 | Perri 和 Peruffo，2016 |
| | 科技内知识溢出、科技间知识溢出 | Battke，2016 |
| 四分法 | 直接创业溢出、间接创业溢出、非创业直接溢出、非创业间接溢出 | Wennberg 等，2011 |
| | 知识生成、知识转化、知识转移、知识共享 | 陈玉娟，2013 |

资料来源：研究整理

接创业溢出（大学教育背景的公司创业者）、非创业直接溢出（大学知识产权授权）和非创业间接溢出（毕业生）等类型[213]。Perri 和 Peruffo 在 FDI 研究背景下，将外国企业对东道国企业的知识溢出划分为行业内（横向）知识溢出和行业间（纵向）知识溢出[214]。陈玉娟在借鉴知识管理理论的基础上，将知识溢出分解为知识生成、知识转化、知识转移和知识共享四个要素[208]。缪洋考察了海归人才的知识溢出效应，依据知识的认知类型将知识溢出划分为显性知识溢出和隐性知识溢出[210]。Hallin 和 Lind 将跨国企业子公司的知识溢出划分为无意向知识溢出和有意向知识扩散[215]。Battke 根据知识溢出的内容，将知识溢出划分为科技内知识流动（intra-technology knowledge flows）和科技间知识流动（inter-technology knowledge flows）两个类型[205]。

（4）企业社会责任知识溢出的维度划分

因其概念内涵的争议性，知识溢出的类型划分同样需要在前人基础上结合研究实际进行。上述文献可以看出，学者们多根据不同研究视角和背景，依据知识类型、溢出主体、溢出模式和溢出意愿等对知识溢出的类型进行分解。如企业社会责任知识溢出的内涵分析所述，企业社会责任知识溢出的过程包括了知识获取前和获取后两个阶段，在此过程中各企业的主要差异在于知识获取后的相关行动。参考 Williams 等学者的观点[211]，认为知识溢出过程不同模式的主要差异在于溢出过程中知识内容是否变化。相应地，知识获取后企业是否对其进行调整或优化，也就构成了知识转移和知识转化两种不同类型的企业社会责任知识溢出。

知识转移是指有关企业社会责任的知识从供给主体向获取主体流动的过

程,其中知识供给方包括个体、企业、高校、NGO以及政府等不同层级和类型的主体,同时在知识溢出的主观意愿方面兼具主动传授和被动转移。知识转移仅包括知识在供求主体间的流动,由于适用性、成本等原因,企业在获取知识后会将其直接应用于社会责任实践。从获取社会责任知识的企业的视角来看,企业社会责任知识溢出更重要的是其来源、模式和作用,因而并不刻意区分知识供给方的主观意愿性。虽然有学者提出知识转移过程应包括知识内容的调整和变化[211],不过在比较相关概念后认为,其所提出的知识转移实质上属于知识溢出的范畴,因此将知识获取方对所获取知识的优化和调整行为划归于知识转化类型。

在企业社会责任知识溢出过程中,由于知识的情境依赖性,目标企业获取的知识经常无法直接用于本企业的社会责任实践。在此情况下,知识获取方会对外部知识进行调整或改进,这种知识溢出的模式就是知识转化。在知识管理领域,知识转化是指知识形态的变化或知识内容的升华,通过社会化、外显化、组合化和内隐化四种模式,企业可以将获取的知识进行转变或优化,从而实现"青出于蓝而胜于蓝"的效果[216]。在企业社会责任的知识溢出过程中,获取知识的企业首先根据本企业的内部条件和外部环境,对企业社会责任知识进行适应性改造,使之更符合本企业的实际情况。这一过程通常不涉及知识的升级,主要是原有知识的形态变化。另一方面,在外部获取知识的基础上,通过自身实践发现效果更好的方法、诀窍等,从而使改进后的社会责任知识更具有指导价值。

## 2.4.2 外生空间视角下的企业社会责任知识溢出

(1) 企业地理位置对一般知识溢出的影响

在外生空间视角下,企业地理位置对企业行为决策的影响主要基于本地化的资源要素,地理位置的优势能够使企业以较低成本或较高效率获取生存和发展所需的资源要素。在古典经济地理学中,企业的区位资源禀赋常被视作影响企业行为或绩效的重要因素,例如煤炭和铁矿等自然资源。由于区位资源分布的空间异质性和获取区位资源的空间邻近性,靠近资源要素的企业往往可以凭借位置优势而获取竞争优势,也就是所谓的区位优势[217]。作为资源要素的重要构成,更具有地理黏性的知识资源已成为企业地理位置的主要影响来源[218]。

外生空间视角下的知识溢出中,地理位置优势能够使企业以较低成本或较高效率接触当地的知识资源,进而通过知识溢出获取企业所需的技术、经验或诀窍。其中,知识资源的供给主体主要包括当地高校、科研机构等,这些机构被视作区域知识储备(knowledge reserve)而通过研发合作[219]、学术创业[213]、毕业生输送[220]等不同渠道对企业产生知识溢出。据此,企业可以获取显性或隐性知识,并得到研发创新等行为效率的提升。同时,无论是隐性知识或是显性知识,在其传播过程中都具有不同程度的地理局限性[221]，因此区域知识储备主要提升本地企业的效率，对于距离较远企业的帮助则相对较弱。例如 Chacar 和 Lieberman 在考察了研发机构对高科技企业创新的影响，基于美国医药公司和医药实验室地理位置的对比研究，发现区位内的科研机构等专业知识储备是一种重要的资源禀赋，能够显著促进当地企业的创新产出[126]。Lejpras 考察了区位知识资源对企业国际化决策的影响，发现空间上靠近研发机构的企业更倾向于国际化，提出企业所在区位的研发资源可以赋予其经营效率以及在海外市场的竞争优势，在这种情况下企业会受到鼓励并更有信心进行国际扩张[127]。

表 2.9　企业开展社会责任活动所需的资源投入

| 投入类型 | 社会责任活动所需资源 | 额外资源/投入成本 |
| --- | --- | --- |
| 资本 | 投入进企业社会责任活动的特殊设备、机械或房地产 | 更高的资本开支 |
| 材料和服务 | 从对社会负责的供应商购买生产要素 | 更高成本的材料和服务（高价中介商品） |
| 劳力 | 先进的人力资源管理实践和工作人员以推行社会责任政策 | 更高的工资、福利和额外人员用以提升企业社会绩效 |

资料来源：McWilliams，2001

（2）企业地理位置对企业社会责任知识溢出的影响

与研发创新、海外扩张等活动相似，企业社会责任同样属于企业的产出绩效，同时这种产出绩效需要一定的投入成本和相应的资源支持。McWilliams 认为[22]，企业社会责任活动的所需资源通常包括企业社会责任相关的资本（土地/设备）、劳力、材料和购买的额外服务等（表 2.9）。例如，企业在超出法律要求的基础上额外购买的降污减排设备，办公场所、电脑、电话以及其他投入到企业社会责任活动中的设备等。然而，企业社会责任活动所需要的资源远不止于此。根据企业的资源基础视角，资源是指"企业控制的所有资产、能力、组织流程、企业属性、信息、知识等"[178]。其中，知识资源在企业社会责任的活动过程中贯穿始终，相关知识不仅可以指导企业更有效地投入资本、购买材料服务、配备劳力等，同时对企业社会责任的管理流程、外部宣传等也具有重要的指导价值。因此，企业社会责任知识可以帮助企业提升其他资源的投入/产出效率，甚至实现事半功倍的效果。

就企业社会责任知识溢出的来源而言，与企业其他活动类似，外生空间视角下企业社会责任的知识溢出主要来自高校、科研机构等非企业利益相关者。例如，蒙牛乳业在其《2010 年社会责任报告》中提到，"为系统总结可持续发展的管理经验，编写 MBA 教学案例并与北京大学、清华大学、上海交通大学等多家高校院所交流分享，探讨中国本土运营企业如何更好地承担社会责任"。

三星(中国)在其《2011年社会责任报告》中提到"为了加强其社会责任能力,与科研机构、政府、工厂所在地等合作,深入开展CSR课题研究"。对企业而言,当地具有一定实力的高校或科研机构通常是重要的知识来源,不仅因为当地的高校、科研机构有更多交流机会,同时当地企业所提供的知识可以更好地适应本地情景。

综上可见,外生空间视角下的知识溢出主要来自当地高校、科研机构等利益相关者,通过不同方式的交流合作,企业可以从这些利益相关者中获取企业社会责任相关的知识。

### 2.4.3 内生空间视角下的企业社会责任知识溢出

(1) 企业地理位置对一般知识溢出的影响

与外生空间视角相似,内生空间视角下知识溢出的地理范围同样十分有限,这主要是因为知识资源的空间地理(geographic stickness)黏性造成的。知识资源通常由显性知识和隐性知识构成,就其传播扩散来看,虽然显性知识(编码知识)的传送可以通过网络或电话等远程通信方式实现,但是其理解和吸收仍需要隐性知识的辅助[221]。因此,空间地理上的邻近是企业间知识溢出的重要前提,可以对目标企业产生知识溢出的主要是当地其他企业。

事实上,从Marshall外部性到三大知识溢出(MAR溢出、Jacobs溢出和Porter溢出),无论来源行业(相同行业或不同行业)和互动方式(竞争或垄断),企业在有限地理范围的内生互动都是企业间知识溢出的前提基础[222,223]。除了本国企业间的空间知识溢出外,学者们发现投资外商同样可以通过空间知识溢出促进东道国企业的研发效率,特别是空间上相对邻近、交流互动相对频繁的当地企业。例如,Wang和Wu考察了在华投资外商对当地企业研发效率的影响,发现投资外商的研发活动也显著推动了本地企业的产生创新,同时这种推动作用不仅影响区域内部企业,对周边区域的企业也有一定作用[206]。在华投资外商影响对当地区域企业的"中心-外围"模式证明,基于外商直接投资的企业间知识溢出同样会受地理距离的限制。

在早期的企业间知识溢出研究中,学者们的研究焦点主要聚集在研发创新等领域。近年来随着研究拓展,学者们对知识溢出作用的认识不断丰富,知识溢出对企业其他行为活动的影响也逐渐受到关注[149,151]。例如,Ning和Wang发现在华投资外商可以有效改善当地经济的同时还具有区域间溢出效应[11],投资外商为当地区域带来了积极的环境知识外部性,通过不同的知识溢出渠道,当地企业可以吸收外商提供的环境知识,从而增强环境保护的能力并更积极地置身其中。同时由于知识溢出的地理边界性,距离外商较近的企业往往可以优先地获取知识,进而在区域环境改善方面也体现出相似的空间传染模式。Simons等在考察德国小酒吧对国家禁烟令的抵制行为时,发现这种抵制行为会在相同地区的酒吧间呈现空间传染特征,提出空间相邻的酒吧业主可以就如何抵制国家禁烟令进行交流沟通并分享心得体会,从而在获取相关知识的同时更积极地参与抵制活动[149]。在对上市公司股票回调行为的研究中,Audia 和 Yao 同样发现了类似的空间传染现象,对于这种"不可见"的企业实践为何会在空间相邻的企业间扩散,认为空间相邻的企业间交流相对便捷和频繁,因此有关股票回调的知识会遵循"中心—外围"的模式向外扩散。而获取知识的企业则可以有效回调股票,从而在原有基础上更积极回调股票[151]。

(2) 企业地理位置对企业社会责任知识溢出的影响

与研发创新、股票回调等企业行为相似,目标企业在与当地其他企业交流互动的过程中,同样也会在企业社会责任方面产生知识溢出。例如,Zhang 等发现以劳动力流转为渠道,在华投资外商,会对本国企业的环境、公众、员工和消费者等不同类型企业社会责任产生溢出效应。相比没有外企工作经历的创业者,具有外企业工作经验特别是管理经验的创业者会更多推动其创办企业参与社会责任活动。因此,通过企业社会责任相关的管理知识转移,外商直接投资可以帮助东道国企业更多参与企业社会责任活动[12]。可见在企业社会责任方面,当地其他企业同样可以提供重要的知识资源,通过正式活动、观察学习、员工流转等不同渠道的企业间知识溢出,目标企业可以获取当地企业性利益相关者提供的企业社会责任知识。

综上可见,除了高校或科研机构外,当地其他企业同样是重要的知识供给主体。通过与当地其他企业不同渠道、方式的交流互动,目标企业可以获取企业社会责任的相关知识。

### 2.4.4 企业社会责任知识溢出的中介作用机制模型

(1) 企业社会责任知识溢出的中介机制模型

通过对企业社会责任知识溢出中介作用的理论分析可知,在企业-城市空间邻近对企业社会责任的影响中,企业与主要城市中心的空间邻近决定了企业可获取企业社会责任知识的多寡,通过知识转移、知识转化等不同模式的知识溢出,企业与主要城市中心的空间邻近进一步影响企业在社会责任方面的行为表现(图 2.6)。

如图所示,在企业-城市空间邻近直接影响企业社会责任的基础上,企业-城市空间邻近还通过企业社会责任知识溢出(缩写为知识溢出)的中介作用间接地影响企业社会责任。其中,企业社会责任知识溢出由知识转移和知识转化两种模式构成。换言之,企业社会责任的知识转移和知识转化分别在企业-城市空间邻近与企业社会责任间起中介作用。

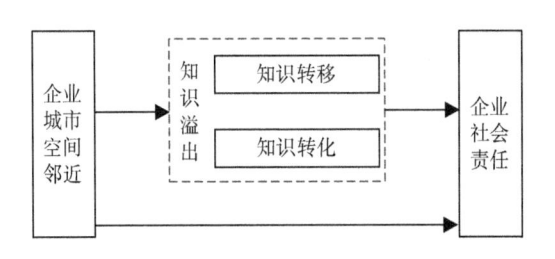

图 2.6　企业社会责任知识溢出中介作用的理论模型

（2）企业社会责任知识溢出的基础要素及观测指标

相比一般意义上的空间知识溢出，空间视角下的企业社会责任制度压力具有类似的内涵、维度以及产生和影响方式。而主要区别在于，后者的知识内涵主要集中在企业社会责任方面，因而对此类知识溢出的考察和测量也就需要更注重企业社会责任相关知识的特殊性（表 2.10）。就知识转移而言，空间视角下企业社会责任知识转移的利益相关者主要为企业当地的大学高校、科研机构和其他企业。知识转移的过程主要由知识转移的机会和知识转移的效果两个阶段构成，其中知识转移的机会主要包括企业获取社会责任相关知识的可能性以及对所获知识的选择与否两个过程，其观测指标分别为"企业可获取完全适用自身的社会责任知识"和"企业不加选择地吸收获取的社会责任知识"；知识转移的效果则包括企业是否将所获知识直接应用以及相关知识在实践中的应用效果，其观测指标分别为"企业将所获知识直接应用于社会责任实践"和"应用知识提高了公司社会责任活动的效果"。

表 2.10　空间视角下企业社会责任知识溢出的基础要素及观测指标

| 知识溢出 | 利益相关者 | 主要构成 | 观测指标 |
| --- | --- | --- | --- |
| 知识转移 | 当地高校/科研机构/其他企业 | 知识转移的机会 | 完全适用知识 |
|  |  |  | 不加选择吸收 |
|  |  | 知识转移的效果 | 直接应用实践 |
|  |  |  | 实践效果提高 |
| 知识转化 | 当地高校/科研机构/其他企业 | 知识转化的机会 | 部分适用知识 |
|  |  |  | 加以选择吸收 |
|  |  | 知识转化的效果 | 调整优化应用 |
|  |  |  | 实践效果提高 |

资料来源：研究整理

与知识转移类似，空间视角下企业社会责任知识转化的利益相关者同样为企业当地的大学高校、科研机构和其他企业,区别在于知识转化的利益相关者提供的企业社会责任知识无法完全适用企业实际,而是在某些方面具有参考借鉴价值。在此背景下,知识转化的过程主要由知识转化的机会和知识转化的效果两个阶段构成,其中知识转化的机会主要包括企业获取社会责任相关知识的可能性以及对所获知识的选择与否两个过程,其观测指标分别为"企业可获取部分适用自身的社会责任知识"和"企业加以选择地吸收获取的社会责任知识";知识转化的效果则包括企业是否将所获知识直接应用以及相关知识在实践中的应用效果,其观测指标分别为"企业将所获知识调整后用于社会责任实践"和"应用知识提高了公司社会责任活动的效果"。

## 2.5 本章小结

本章主要内容是构建企业-城市空间邻近影响企业社会责任的理论框架,在探讨企业地理位置与企业社会责任关系的基础上,进一步分析企业-城市空间邻近对企业社会责任的影响类型,并分别构建制度压力与知识溢出中介作用的理论模型。

首先,引入并分析企业地理位置与企业行为研究的空间视角。在此基础上,分别从外生空间视角和内生空间视角探讨企业地理位置对企业行为的影响,并得出企业地理位置对企业行为的影响主要包括制度影响与资源影响。其中,资源影响来源包括企业当地的自然资源、知识资源等区位资源禀赋,而制度影响的来源则包括企业当地的法律法规、社会规范、文化认知等区位制度环境。

其次,在企业地理位置对企业行为影响的基础上,进一步探讨企业-城市空间邻近对企业社会责任的影响,提出与主要城市中心的空间邻近会从制度环境和知识资源两方面影响企业社会责任。

再次,分析企业-城市空间邻近影响企业社会责任的制度压力中介机制。在分析界定企业社会责任制度压力的内涵与维度基础上,分别从外生空间视角和内生空间视角探讨企业社会责任制度压力的来源主体和影响方式,并在此基础上构建由规制压力、规范压力和认知压力构成的制度压力中介机制模型。

最后,分析企业-城市空间邻近影响企业社会责任的知识溢出中介机制。在分析界定企业社会责任知识溢出的内涵与维度基础上,分别从外生空间视角和内生空间视角探讨企业社会责任知识溢出的来源主体和影响方式,并在此基础上构建由知识转移和知识转化构成的知识溢出中介机制模型。

# 第 3 章 企业-城市空间邻近对企业社会责任直接影响的实证分析

为了考察企业-城市空间邻近对企业社会责任的直接影响,本研究首先通过 GIS 的可视化分析和空间自相关分析探究我国企业社会责任水平分布的总体特征,而后通过可视化分析和点密度分析进一步考察企业社会责任水平围绕主要城市中心的邻近特征。在此基础上,通过构建实证模型和回归分析验证企业-城市空间邻近对企业社会责任的直接影响。

## 3.1 基于 GIS 的企业社会责任水平差异性和集聚性特征分析

考察企业社会责任表现与企业空间位置特征之间的关系可以通过企业社会责任水平的空间分析来实现。企业社会责任水平(level of corporate social responsibility, CSR level)是指一个国家或地区内企业社会责任表现的总体水准,体现了当地企业参与社会责任活动的整体数量和质量[171]。企业社会责任水平是一个总体性的统计概念,现有研究通常关注其时间变化规律,但是当结合企业位置的空间属性后,就可以分析企业社会责任水平的空间分布状态以及空间关系。

本研究通过分析企业社会责任水平的空间分布状态和空间关系,可以考察个体企业的社会责任表现在空间维度上的统计特征。其中,企业社会责任水平的地域差异性与空间集聚性这两个重要特征是反映个体企业社会责任表现空间属性的重要特征形式,在本研究中主要通过 GIS 软件及相应空间分析方法对其进行分析、观察和总结。

### 3.1.1 地域差异性的可视化分析

企业的投资经营依赖于自然资源、市场集聚等各种资源的支持,在长期发展过程中受当地社会经济水平影响,形成了企业社会责任水平的地域差异性。为了进一步明确这种地域差异性的存在与否及相关特征,需要借助 GIS 软件及可视化分析工具进行系统分析。

(1) 样本数据来源

企业社会责任水平空间分布特征的研究需要引入企业地理位置这一变量，借助 ArcGIS 软件对样本企业的社会责任水平指标与企业地理位置的关系进行空间分析，可以进一步探究我国企业社会责任水平的空间地理特征。研究的主要方法是以发布社会责任报告的中国上市企业为研究样本，通过对样本企业社会责任得分进行可视化分析来考察中国企业社会责任水平的整体空间格局。通常情况下，由于发布社会责任报告的企业在规模、利润等方面更具优势，因而在企业社会责任发展中具有较强的影响力和代表性[224,225]。例如，2016 年中国共 747 家上市企业发布社会责任报告，747 家企业市值为 32.58 万亿元，占沪深两市市值总和的 64.83%。因此我国上市企业在社会责任方面具有代表性，选取这些企业为空间分析的样本企业，可以较好地反映我国企业社会责任水平空间分布的整体格局与特征。

(2) 样本数据结构

对于企业社会责任的测量，本研究主要参考前人研究成果，采用润灵（Rankins）环球数据库中有关《中国上市企业社会责任报告评级》的综合评分作为指标。该评分体系对上交所和深交所发布社会责任报告的企业进行综合评价，以整体性（macrocosm）、内容性（content）和技术性（technique）三个零级指标为主轴，分别设立一级和二级指标对报告进行系统性评价，设置了包括"战略有效性""责任管理""编写规范"等 16 个一级指标与 70 个二级指标。同时采用结构化专家打分法，满分为 100 分，其中整体性评价 M 值权重为 30%，内容性评价 C 值权重为 50%，技术性评价 T 值权重为 20%。该评分指标在《Journal of Business Ethics》《Academy of Management Journal》等权威期刊的论文中被广泛接受，作为分析企业社会责任的测量指标[85,226]。

润灵环球数据库所提供的企业社会责任数据，是对样本企业社会责任表现的综合性评价，主要内容包括"经济责任""环境责任""社会责任"等子项。从具体的评分指标题项来看，润灵环球数据库对企业社会责任数据的测量同样涵盖了企业商业发展、员工权益、客户服务、社区建设等不同利益相关者的诉求。因此，在数据的内容结构上与本研究针对个体企业社会责任表现的调查问卷基本一致，均属于企业回应不同利益相关者的综合性社会责任，可以较好地反映不同利益相关者作用下企业地理位置对企业社会责任的影响。

(3) 数据可视化处理

当获取企业地理位置坐标和企业社会责任数据后，研究在数据配对后将其录入 ArcGIS 10.2 软件。通过"Add XY data"导入预处理完毕的数据，并在"X Field"和"Y Field"中分别输入企业坐标经度纬度，最后在"Z Field"中输入企业社会责任得分，从而生成包含属性数据的点要素。同时，将 ESRI（ArcGIS 软件开发商）提供的中国行政边界"CHN_adm"文件和中国地图底图②,添加到与点要素相同的"Layers"图层。最后,根据企业社会责任得分对点要素图标尺寸进行调整,即可生成中国企业社会责任水平的空间分布图(因数据缺失未包括港澳台地区)。

(4) 2016年样本数据的可视化分析结果

本研究基于RKS企业社会责任数据,运用ArcGIS 10.2制作了2016年中国上市企业社会责任水平分布图,其中企业地理位置数据获取自CSMAR国泰安数据库,在配对数据后将其录入ArcGIS软件。研究数据处理的过程包括:将样本企业地理位置坐标转化为点要素等空间数据,对各空间数据赋予相应的属性数据,然后通过可视化分析、密度分析等空间分析方法来揭示企业社会责任水平分布的空间规律。

从分析结果可以看出,与中国经济社会空间格局类似,企业社会责任水平同样以连接黑河—腾冲的"胡焕庸线"为界表现出差异。其中,胡焕庸线东南部地区的企业社会责任水平明显较高,而西北部地区的企业社会责任水平则相对偏低。同时相比内陆地区,沿海地区的企业社会责任总体水平明显较高,这两类企业社会责任水平的集聚与我国社会经济发展的空间格局相符,形成了沿胡焕庸线和海岸线的"勺子型"企业社会责任空间集聚形态。

以上现象说明,我国企业社会责任水平主要围绕东南和沿海等社会经济发展程度较高的地区集聚分布,主要包括北京、上海、广州、深圳以及各省省会等主要城市。由此可见,各地区的企业社会责任水平与当地的社会经济发展水平具有紧密关联。

(5) 2019—2016年样本数据逐年可视化分析结果

为进一步考察我国企业社会责任水平地域差异性的演变趋势,确认企业社会责任分布格局与特征的时间稳定性,对2009—2016年上市公司企业社会责任的空间分布进行了逐年分析。

从分析结果来看,在2009—2016年间,各地企业社会责任水平总体上有所提高。然而,企业社会责任水平的整体空间格局并未发生显著变化,相比西北部地区,胡焕庸线东南部地区的企业社会责任水平仍然明显较高;同时,沿海地区的企业社会责任总体水平仍强于多数内陆地区,沿胡焕庸线和海岸线的企业社会责任"勺子型"空间集聚仍稳定存在。

综上可见:(1)近年来,我国企业社会责任水平总体上有所提高。同时其空间分布具有显著的地域差异性,具体表现为胡焕庸东南地区的企业社会责任总体水平明显高于西北地区,同时沿海地区的企业社会责任总体水平强于内陆地区;(2)企业社会责任水平的空间分布与各地的社会经济发展程度具有较大关联

---

② 研究采用的地理坐标系均为系统默认的"GCS_WGS_1984"系统

性,企业社会责任水平通常在社会经济水平较高的地区集聚分布,主要包括北京、上海、广州、深圳以及各省省会等主要城市。

## 3.1.2 空间集聚性的自相关分析

可视化分析表明,我国企业社会责任水平总体分布具有明显的地域性差异,不同地区的企业社会责任水平相差很远。虽然不同地区企业数量的差异显然会造成社会责任水平分布的地区差异性,但是高分值社会责任水平的企业集中于某些区域,说明企业地理位置本身对企业社会责任表现的影响起到重要作用。因此,进一步考察企业社会责任水平空间分布特征需要观察并检验其空间集聚性特征。从上述可视化分析结果来看,社会责任表现较好的企业呈现出一定的空间集聚性。为了进一步明确这种空间集聚性的存在与否,需要通过全局空间自相关(Global Moran's I)来检验企业社会责任的空间集聚情况。

(1) 数据来源

企业社会责任的测量,参考相关研究采用润灵(Rankins)环球数据库对中国上市企业的社会责任打分[85]。企业地理位置则获取自 CSMAR 国泰安数据库的企业地理坐标数据。自 2009 年至 2016 年,从润灵环球数据库共获取 4641 个企业社会责任数据,其中 2009 年的样本量为 315,此后 2009—2016 年间发布社会责任报告并获得评分的企业数量逐年增长,至 2016 年为 748 个样本(未包含港澳台地区)。

(2) 分析工具

对企业社会责任数据的分析工具主要是空间自相关统计,其主要目的是分析地理数据(geographic data)及其属性数据(attribute data)的一个基本性质:不同地理位置上属性数据的相互依赖或关联程度,称之为空间依赖性或空间自相关性[227]。具体的测量工具采用全局空间自相关(Global Moran's I),同时根据企业地理位置和企业社会责任得分来测量其空间自相关程度,该工具在获取样本要素及相关属性的基础上,可以评估企业社会责任得分的空间分布模式是聚类模式、离散模式还是随机模式。空间自相关的 Moran's I 公式为:

$$I = \frac{n}{s_0} \frac{\sum_{i=1}^{n}\sum_{j=1}^{n} w_{i,j} z_i z_j}{\sum_{i=1}^{n} z_i^2} \tag{1}$$

其中 $z_i$ 是要素 $i$ 的属性与其平均值($x_i - \bar{X}$)的偏差,$w_{i,j}$ 是要素 $i$ 和要素 $j$ 之间的空间权重,$n$ 等于要素总数,$s_0$ 是所有空间权重的总和。

(3) 分析方法

将样本企业的社会责任得分及地理坐标录入 ArcMap 软件,通过软件转换、输出包含了样本企业地理位置(空间数据)和社会责任得分(属性数据)的.shp 文件。在将生成.shp 文件重新输入 ArcMap 软件后,选择"空间统计工具箱"中"分析模式工具集"下的"空间自相关(Moran's I)"功能,并输入企业社会责任得分数据。对于空间关系的概念化,考虑到地理距离较近的企业相互影响的可能性更大,因此选择反距离方法(INVERSE_DISTANCE),该方法表示两个要素在空间上越靠近,它们彼此交互/影响的可能性就越大。此外,对于企业空间自相关的距离阈值,参考 Coval 和 Moskowitz[228]、Malloy[229]等学者的标准,设定为 100 千米。在输入数据和设定参数后,生成空间自相关分析结果报表。

报表分别通过 Moran's I(莫兰指数)、$z$ 得分和 $p$ 值来评估样本数据的空间自相关情况。Moran's I 的取值为 $-1$ 到 $+1$,Moran's I$>0$ 表示空间正相关性,其值越大,空间集聚越明显;Moran's I$<0$ 表示空间负相关性,其值越小则空间离散越明显;而当 Moran's I$=0$ 时,则说明空间分布呈随机性。同时,$p$ 值表示空间聚类/离散的显著性,而 $z$ 得分则进一步指示样本数据的空间自相关类型是空间聚类(clustered)还是空间离散(dispersed)。

(4) 分析结果

通过 ArcGIS 10.2 软件对样本企业的社会责任得分进行逐年分析,发现近年来我国企业的社会责任表现总体上呈现集聚模式。

图 3.1 为 2016 年中国上市企业社会责任的空间自相关情况,其中 Moran's I$=0.132$ 表示企业社会责任得分具有空间聚类现象。$z=12.068$ 表示数据中高值和/或低值在空间上聚类的程度要高于预期,而 $p<0.001$ 具有统计学上的显著性,表示随机产生此聚类模式的可能性小于 1%。由此得到结论,2016 年样本企业社会责任的空间分布为聚类模式,也就是说,社会责任表现较好或较差的企业在一定范围内集聚。

表 3.1 报告了 2009—2016 年中国上市企业社会责任的空间自相关分析结果,可以看出,各年的 Moran's I 均大于 0.1,同时 Z 得分为正且 $p$ 值均具有统计学上的显著性($p<0.01$),因此可以拒绝随机产生此聚类模式的零假设。

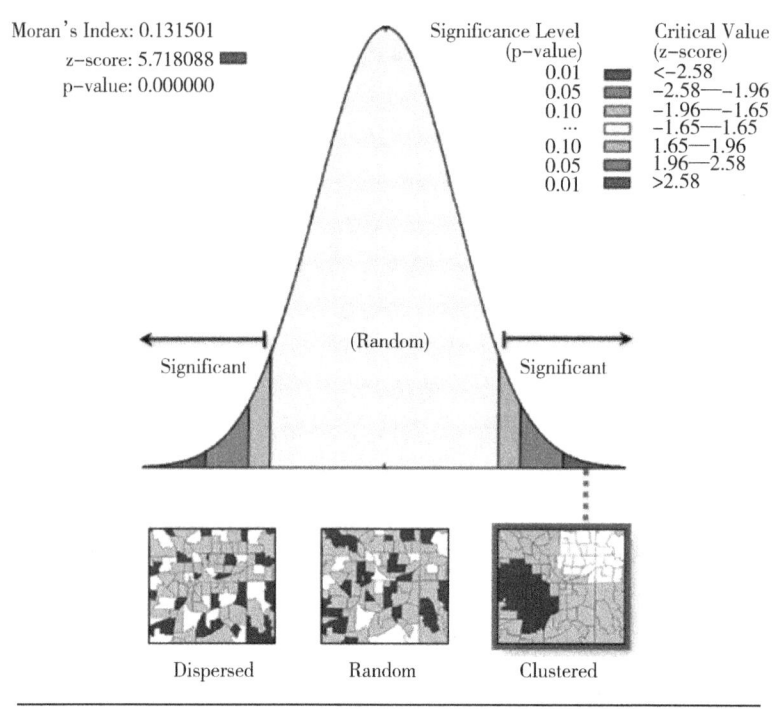

图 3.1　中国上市企业社会责任空间自相关分析结果(2016年)

表 3.1　中国上市企业社会责任的空间自相关分析结果(2009—2016)

| 年份 | 2009 | 2010 | 2011 | 2012 | 2013 | 2014 | 2015 | 2016 |
|---|---|---|---|---|---|---|---|---|
| Moran's I | 0.116 | 0.151 | 0.178 | 0.109 | 0.114 | 0.144 | 0.149 | 0.132 |
| Z score | 2.618 | 4.377 | 5.544 | 3.907 | 4.382 | 5.747 | 6.087 | 5.718 |
| P value | 0.009 | 0.000 | 0.000 | 0.000 | 0.000 | 0.000 | 0.000 | 0.000 |
| N | 315 | 478 | 483 | 581 | 645 | 682 | 709 | 748 |

注:N表示样本量

通过对样本企业社会责任数据进行空间自相关分析可知,各输入要素(企业社会责任得分)间具有显著的高值或低值聚类特征,也就是说,社会责任得分较高企业的分布具有空间集聚特征,或者社会责任得分较低企业的分布具有空间集聚特征。在各地企业社会责任水平的发展中,当地的社会经济体系主要起到支撑和推动作用,因而并不存在会导致企业社会责任低值集聚的影响源。由此可以推论,企业社会责任得分的空间集聚主要为高值集聚,也就是社会责任表现较好企业的空间分布具有集聚特征。

综合上述分析可知：(1)中国企业的社会责任表现具有高值聚类现象，即社会责任表现较好的企业通常更倾向于在空间上集聚分布；(2)在2009—2016年间，中国企业社会责任的高值集聚现象稳定出现。

### 3.1.3 企业社会责任水平的地域差异性和空间集聚性特征总结

通过对我国上市企业社会责任空间分布的可视化分析和空间自相关分析可见，我国企业社会责任水平的空间分布具有集聚性特征，包括企业社会责任水平围绕主要城市等社会经济水平较高地区的集聚特征，以及社会责任表现较好企业的空间自相关集聚特征。

（1）各企业社会责任水平因其社会经济发展程度而异

在企业社会责任水平的地域集聚特征中，我国企业社会责任水平的空间分布呈现"东南强于西北、沿海强于内陆"的差异分布形态。以胡焕庸线为界，东南部地区的社会责任水平明显强于西北部地区，同时沿海地区的社会责任水平明显强于内陆地区。企业社会责任水平集聚分布的地区，主要包括北京、上海、广州、深圳以及各省省会等主要城市，这些地区的社会经济发展程度普遍较高。一方面，主要城市的经济实力更为雄厚，当地不仅具有企业数量和规模的优势，同时有更多的资源支撑企业社会责任事业的发展；另一方面，主要城市的社会体系更加完善，当地政府、民众以及企业等具有更好的社会责任意识。因此，以当地良好的社会经济水平为基础，企业社会责任水平的空间分布表现出围绕主要城市集聚的特征。

（2）社会责任表现较好企业的空间自相关集聚

除了企业社会责任水平的区域性集聚外，企业个体的社会责任表现也存在集聚分布特征，体现为企业社会责任的空间自相关特征。通过对企业社会责任得分的空间自相关分析可以看出，近年来企业社会责任具有显著的高值集聚特征，换言之，社会责任表现较好的企业通常更倾向在某些地区集聚分布。

作为高度社会根植性和资源依赖性的企业活动，企业社会责任及其空间自相关集聚特征显然与当地的社会经济水平紧密关联。结合企业社会责任水平围绕主要城市的空间集聚特征来看，社会责任表现较好企业的集聚区域同样是以主要城市等社会经济水平较高的地区为主。

## 3.2 基于GIS的企业社会责任水平围绕主要城市邻近分布特征分析

通过上述基于GIS的企业社会责任水平空间分析，可以发现个体企业社会责任表现在空间地理层面的属性特征，即地域差异性特征和空间集聚性特征。

上述空间分析结果说明企业地理位置与个体企业社会责任表现之间存在着密切关系。在此基础上,下面将进一步运用空间分析方法对企业-城市空间邻近与企业社会责任之间关系加以考察,通过考察企业社会责任水平围绕主要城市的分布特征,从而分析企业-城市空间邻近与个体企业社会责任表现的关系。

前面在企业社会责任水平的地域差异性和空间集聚性特征分析中,研究发现企业社会责任水平的空间分布与当地社会经济发展高度关联,这体现了本地社会经济要素对企业社会责任水平的支撑作用。作为社会经济发展最为发达的地理要素,主要城市在企业社会责任水平分布中具有"重心"地位,与主要城市中心的空间邻近可一定程度上决定当地的企业社会责任水平。因此,下面主要通过 GIS 软件进行企业社会责任水平的探索分析,从而明确企业与主要城市空间邻近对企业社会责任的影响。

### 3.2.1 主要城市邻近分布特征的点密度分析

在企业社会责任水平的空间分布中,主要城市可能具有重要的内核作用,相比其他地区,主要城市的企业社会责任水平通常更高。为了明确该特征,可以采用点密度分析工具来处理样本企业的社会责任得分,通过点密度分析识别企业社会责任水平空间分布的重心。

(1) 样本数据来源

企业社会责任的测量,参考相关研究采用润灵(Rankins)环球数据库对中国上市企业的社会责任打分。企业地理位置则获取自 CSMAR 国泰安数据库的企业地理坐标数据。自 2009 年至 2016 年,从润灵环球数据库共获取 4641 个企业社会责任数据,其中 2009 年的样本量为 315,此后 2009—2016 年间发布社会责任报告并获得评分的企业数量逐年增长,至 2016 年为 748 个样本。

(2) 点密度分析方法

点密度分析(point density analysis)工具用于计算每个输出栅格像元周围点要素的密度,将输出栅格像元中心邻域内点的数量相加再除以邻域面积,即得到点要素的密度。实际应用中,点密度分析工具可用于查明房屋、野生动物观测值或犯罪事件的密度[227]。其中,"population"字段允许使用一个点表示多个观测值。例如,一个地址可以表示一栋包含六个独立单元的公寓,或者在确定总体犯罪率时可赋予某些罪行比其他罪行更大的权重。在研究样本数据的处理中,点密度分析工具被用于探测各地企业社会责任空间分布的密度,以便识别出企业社会责任水平空间分布的主要重心。

(3) 2016 年样本数据的点密度分析结果

通过点密度分析生成 2016 年中国上市企业社会责任分布密度图,可以看出,北京、上海、广州、深圳等主要城市的企业社会责任密度明显较高,它们构成我国企业社会责任水平分析的重心,企业围绕这些主要城市集聚形成当地较高的企业社会责任水平。换言之,企业社会责任水平具有围绕主要城市的空间邻近特征。

(4) 2009—2016年样本数据逐年点密度分析结果

为进一步探察企业社会责任主要城市邻近特征的时间稳定性,对2009—2016年的上市公司企业社会责任表现进行了逐年密度分析。可以看出,我国大部分地区的企业社会责任密度较低,同时仅有少数地区企业社会责任密度相对较高,并且这种密度高低差异的态势在2009—2016年基本稳定存在。

在2009—2016年间中国上市企业社会责任水平的分布中,首都北京持续保持了其"首善之都"的地位,而温州、广州、深圳等地区的社会责任总体水平则在中位保持稳定,以上海为核心的长三角地区则逐渐追赶并进入高位,其他地区的社会责任总体水平则普遍较低。此外,如合肥、南京、杭州等其他主要城市也逐渐成了企业社会责任的分布重心之一。综上可见,在我国企业社会责任总体水平的空间分布中,存在围绕主要城市的空间邻近特征。相比其他普通城市或地区,例如北京、上海等主要城市的企业社会责任水平相对较高。

## 3.2.2 主要城市中心邻近分布特征的可视化分析

上文分析表明,在我国企业社会责任水平的空间分布中,存在围绕北京、上海等主要城市的集聚现象,因而一定程度上指出了主要城市在企业社会责任分布中的重心地位。同时在主要城市内部,企业社会责任水平的分布是否也存在不均衡现象,同样是值得探究的问题。对此,需要缩小相关分析的空间尺度,深入城市内部进行考察。

(1) 样本数据来源和分析方法

企业社会责任的测量,参考相关研究采用润灵(Rankins)环球数据库对中国上市企业的社会责任打分。企业地理位置则获取自CSMAR国泰安数据库的企业地理坐标数据。以北京市和上海市为研究区,采用2016年企业社会责任数据进行分析,样本量分别为122个和84个。

在可视化分析中,操作过程与3.1.1基本相同,主要区别在于将ESRI提供的北京市和上海市行政边界"Beijing_adm"和"Shanghai_adm"文件以及相关城市地图底图,添加到与企业社会责任得分数据相同的"Layers"图层。

(2) 分析结果

通过对北京和上海城市内部的企业社会责任水平分布可视化分析发现(图3.2和图3.3),在主要城市内部,企业社会责任的空间分布同样存在邻近分布的特征。

如图所示,图中紫色圆圈代表样本企业的地理位置及其社会责任表现(圆圈越大代表社会责任表现越好)。可以看出,在北京市内部,样本企业的社会责任分布主要集聚在朝阳区、海淀区等中心城区附近,而在相对外围的郊区则明显较少。与此类似,在上海市内部样本企业的社会责任分布中,紫色圆圈更多地集聚在黄浦区、静安区、徐汇区等中心城区,而城市外围的紫色圆圈分布则较为稀疏。

因此,除了围绕主要城市的邻近分布,企业社会责任水平的分布还存在围绕主要城市中心邻近分布的特征。前者体现了主要城市相较普通城市的核心地位,后者体现了城市中心相对于城市边缘外围的核心地位。

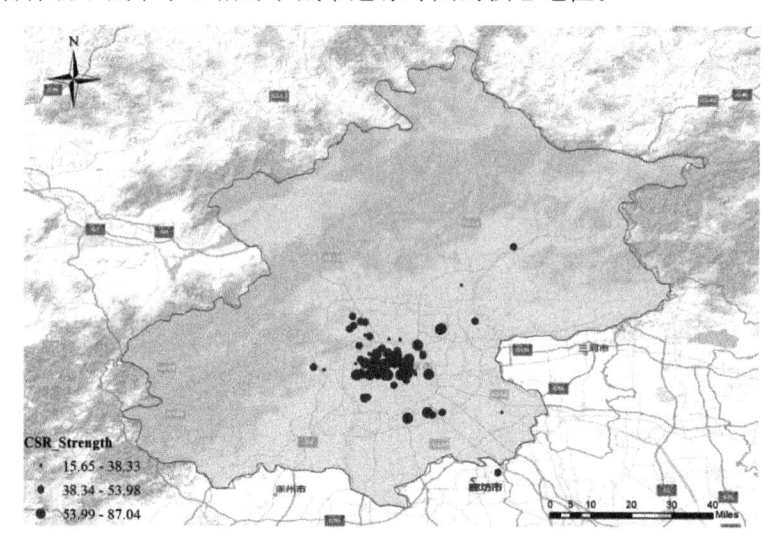

图 3.2　北京上市企业社会责任水平的空间分布(2016 年)

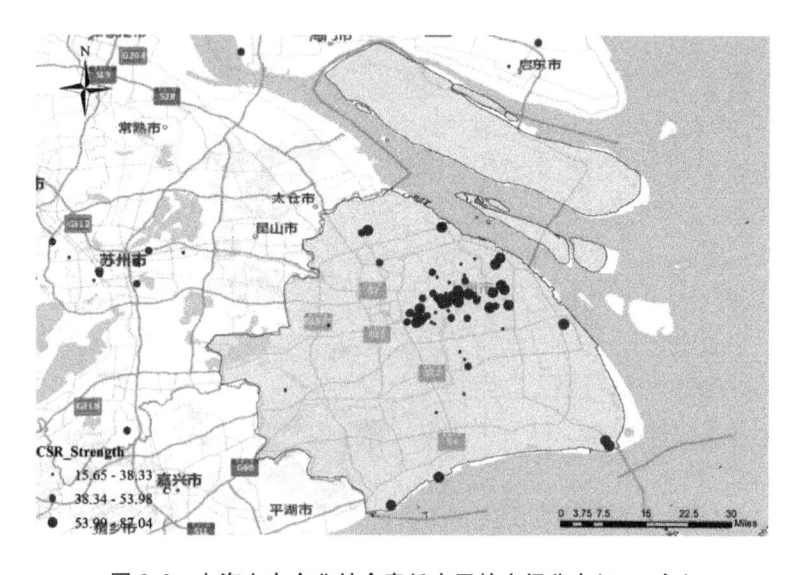

图 3.3　上海上市企业社会责任水平的空间分布(2016 年)

综上可见,在主要城市内部的企业社会责任水平空间分布中,存在围绕主要城市中心的企业社会责任空间邻近特征。相比主要城市的外围边缘地区，其城市中心的企业社会责任水平明显较高，与主要城市中心的空间邻近同企业社会责任水平有重要联系。

### 3.2.3 企业社会责任水平围绕主要城市及中心的邻近性特征总结

在利用 GIS 软件对样本企业社会责任数据进行更细致的密度分析和可视化分析后发现，我国企业社会责任水平还具有围绕主要城市及其中心的集聚特征。相比其他普通城市或地区，例如北京、上海、广州、深圳等主要城市及周边的企业社会责任水平明显较高。在主要城市内部，城市中心的企业社会责任水平明显高于城市边缘外围区域的社会责任水平，可以看出，与主要城市及中心的空间邻近同企业社会责任水平有重要联系。

通过 3.1.2 企业社会责任的空间自相关分析和 3.2.2 企业社会责任水平围绕主要城市及中心的集聚特征分析，可以得出两个基本结论：(1)社会责任较好的企业更多在某些地区集聚分布；(2)围绕邻近主要城市及中心存在企业社会责任总体水平的空间集聚。在此基础上可以推论：在主要城市及中心对我国企业社会责任水平集聚分布格局的影响背后，除了企业规模、数量在主要城市及中心的集聚外，当地个体企业社会责任表现普遍较好也是重要原因。换言之，企业与主要城市中心的空间邻近同其自身的社会责任表现具有十分重要的联系。

为进一步检验企业-城市空间邻近对企业社会责任的影响，则需要在相关假设基础上，通过多元回归对两者的影响关系进行量化分析。

## 3.3 企业-城市空间邻近影响企业社会责任主效应的回归分析

通过 3.1 和 3.2 对企业社会责任水平分布的空间分析可以看出，与主要城市中心的空间邻近对当地企业社会责任水平具有重要影响，说明主要城市及中心是企业社会责任的重要影响源。在此基础上，研究通过企业问卷调研与层级回归分析，对企业-城市空间邻近与企业社会责任的影响关系进行实证检验。通过与空间分析结果的对应，从而进一步地揭示"空间邻近→企业社会责任"影响关系。

### 3.3.1 企业-城市空间邻近对企业社会责任直接影响的假设及模型

根据企业地理位置与企业社会责任的关系分析，地理位置决定了企业周边利益相关者类型和数量，及其企业与利益相关者的距离远近。利益相关者的类型决定了影响作用的类型，而数量和距离则决定了影响力的强弱。在相关研究中，主要城市等地理社区对企业社会责任的作用已经得到学者们的普遍承认。

例如社区同构理论认为,基于地理社区内嵌的本地化制度场域,企业的社会责任行为会在社区范围内制度趋同,进而更多地履行社会责任[10]。

主要城市中心通常是经济、社会、文化中心,拥有丰富的人力资本,慈善组织等NGO、新闻媒体、高校以及企业本身等大多聚集于此[230]。因此,主要城市中心不仅在特定资源、技术劳工和交通运输等方面能提供成本优势,同时也能给企业提供获取知识溢出的机会[231, 177]。在此背景下,以主要城市中心范围为边界的地理社区,大量聚居着政府、企业、NGO、高校、居民、新闻媒体等不同角色的利益相关者,这些利益相关者在主要城市中心的有限地理范围内紧密聚集。而通过这些利益相关者及其诉求,主要城市及中心可以影响企业社会责任。

然而在空间视角下,任何影响力的作用都不是无限扩散的。正如地理学第一定律所言,"万物皆相关,而空间相近的事物相关性更大",地理社区对企业社会责任的影响也是如此。相比距离更远的企业,主要城市中心对其周边企业的影响更大,主要城市中心的影响力在传播过程中往往会产生不同程度的衰减[7, 152]。基于空间邻近的空间相关性,使企业与不同利益相关者的互动更为紧密,通过互动利益相关者对企业的社会责任行为产生影响。相比之下,距离较远企业由于缺乏足够的互动和接触机会,因而主要城市中心内利益相关者对其影响也相对较小。在此情况下,主要城市中心虽然会对其周边企业施加相同或相似类型的影响作用,但是该影响作用的强弱则受到企业地理位置的影响。相对较远的企业而言,空间上邻近的企业其社会责任实践受主要城市中心的影响更大。

除了对企业社会责任具有影响外,企业-城市空间邻近对企业社会责任各维度也具有重要影响,包括商业责任、员工责任、顾客责任以及社区责任。基于在主要城市中心聚集的不同利益相关者及其诉求,企业会履行相应的社会责任。例如,股东及投资人会更方便有效地监督促进企业的生产效能、商业可持续性等商业责任,当地劳动保障部门、新闻媒体和民众可以更方便地督促靠近附近城市中心企业的员工福利、职业发展等员工责任。另一方面,主要城市中心附近聚集的大学高校、研究机构以及在社会责任方面表现优秀的企业,可以提供更为丰富的知识资源,帮助企业提升其社会责任实践效率和效果的同时,促进企业更积极地参与社会责任活动。

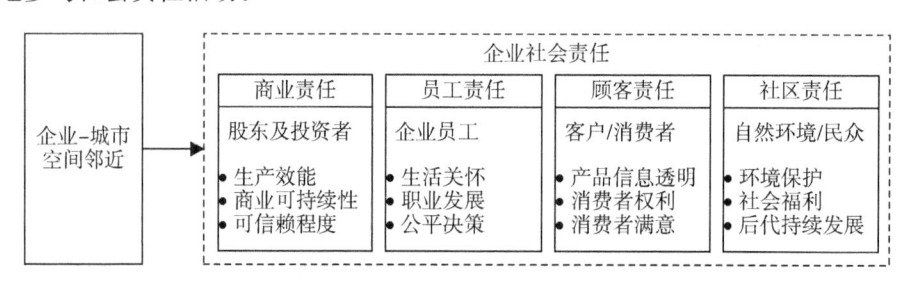

图 3.4 企业-城市空间邻近对企业社会责任直接影响的概念模型

如图3.4所示,与主要城市中心的空间邻近,在商业责任、员工责任、顾客责任以及社区责任四个方面对企业社会责任均有积极作用。在商业责任方面,靠近主要城市中心的企业通常表现出更高水平的生产效率、更强的可持续发展能力以及更高的被信赖程度;在员工责任方面,靠近主要城市中心的企业有更好的政策关怀员工生活需要和职业发展前景,并且有关员工的管理决策也更加公平;在顾客责任方面,靠近主要城市中心的企业有更高的产品信息透明度、更高水平的消费者权利以及更好的消费者满意度;在社区责任方面,靠近主要城市中心的企业有更好的环境保护措施和政策、更积极的社会福利项目,并且在决策时更多地考虑子孙后代的可持续成长。

综上所述,通过对商业责任、员工责任、顾客责任以及社区责任的促进作用,企业与主要城市中心的空间邻近对企业的社会责任表现具有显著正向影响。

基于上述分析,提出相应假设:

H1 企业-城市空间邻近正向影响企业社会责任

H1-1 企业-城市空间邻近正向影响企业商业责任

H1-2 企业-城市空间邻近正向影响企业员工责任

H1-3 企业-城市空间邻近正向影响企业顾客责任

H1-4 企业-城市空间邻近正向影响企业社区责任

### 3.3.2 研究设计

(1) 被解释变量测量

被解释变量是企业社会责任,在测量设计方面倾向于企业社会表现或企业社会绩效研究(corporate social performance,CSP),强调个体企业在社会责任方面具体的行为表现。

随着社会责任表现概念的发展,企业社会责任研究的重心逐渐向企业在社会责任方面的具体行为表现转移,相关研究多使用"行动""参与"或"实践"等词以强调企业在社会责任方面的具体行为表现[7, 163]。对于企业社会责任变量的测量(表3.2),由于本研究的企业社会责任概念与现有社会责任研究的内涵维度相同或相似,因此拟采用前人使用的成熟量表,从而确保测量结果的可靠性和有效性。本研究以沈奇泰松[90]和尹珏林[170]等学者使用的量表为基础,结合本研究需要进行了一定调整。研究选择上述测量量表的主要原因有二:一是以上国内学者使用的量表均来自国外权威研究,在理论依据方面具有较为坚实的基础;二是上述国内学者已结合中国情境对题项描述内容进行了完善,并在实际测量中表现出较好的信度和效度。

表 3.2　企业社会责任变量的测量设计

| 维度 | 编号 | 题项 | 理论依据 |
|---|---|---|---|
| 商业责任(BUSI) | CSR11 | 我们公司维持高水平的生产效率。 | 郑海东 2007；Hopkins2005；沈奇泰松 2010 |
| | CSR12 | 我们公司促进企业的可持续发展能力。 | |
| | CSR13 | 我们公司被商业伙伴或债权人认为是值得信赖的。 | |
| 员工责任(EMPL) | CSR21 | 我们公司拥有柔性的政策使员工能协调生活与工作的关系。 | Turker2009；沈奇泰松 2010 |
| | CSR22 | 我们公司的政策鼓励员工发展技能和职业生涯。 | |
| | CSR23 | 我们公司关心员工的需求和需要。 | |
| | CSR24 | 我们公司有关员工的管理决策通常是公平的。 | |
| 顾客责任(CSMR) | CSR31 | 我们公司对销售的产品向顾客提供了全面和准确的信息。 | Turker2009；姜雨峰 2015 |
| | CSR32 | 我们公司对消费者权利的尊重超越法律规定。 | |
| | CSR33 | 消费者满意度对我们公司非常重要。 | |
| 社区责任(CMNT) | CSR41 | 我们公司积极参与自然环境的治理和保护。 | Maignan 和 Ferrell2004；Turker2009 |
| | CSR42 | 我们公司实施特殊项目以使其对自然环境的负面影响最小化。 | |
| | CSR43 | 我们公司对旨在促进社会福祉的活动或项目做出贡献。 | |
| | CSR44 | 我们公司的目标是考虑未来后代的可持续增长。 | |

资料来源：研究整理

在国内学者成熟量表的基础上，研究同时借鉴 Hopkins[232]、Turker[160]、Maignan 和 Ferrell[233]等多位国外学者的测量题项，使研究使用的量表尽可能拟合企业社会责任概念。同时，参考企业管理人员对我国企业社会责任的意见，并据此设计企业社会责任的测量量表，包括商业责任、员工责任、顾客责任和社区责任 4 个维度共 14 个题项，具体内容见表 3.2。

(2) 解释变量测量

解释变量是企业-城市空间邻近，即企业与最近的城市中心在空间或地理上的邻近程度。空间邻近变量的测量无法通过询问被试人员"感觉与城市中心的距离"等问卷调查实现，方法上缺乏科学性，同时所获结果也很不准确。考虑到主要城市及其中心影响企业的空间范围有限，样本企业全部来自各省省会、直辖市以及其他主要城市中心(如深圳),并未考虑来自非主要城市的企业。在实际操作中,将主要城市的中心点定义为测量空间邻近(地理距离)的点要素之一,另一点要素为企业地理位置[234]。

企业-城市空间邻近变量的计算涉及两个坐标点,包括目标企业的坐标和附近城市中心点的坐标。在参考相关研究的测量方法后[7,154],利用百度地图计算目标企业与主要城市中心点的空间邻近。在征得被试企业同意的情况下,首先获取企业名称或地址,然后通过百度地图计算企业与附近主要城市中心点的地理距离。同时借鉴了 DeBoer 等学者对空间邻近变量(地理距离)的操作化定义[154],将企业位置与城市中心点的地理距离进行对数化处理。此外,考虑到目标企业本身位于城市中心区域而导致距离不足 1 公里的情况,因此将企业位置与城市中心的地理距离加 1 千米后取值再对数化处理[154,235]。同时,要求被试者填写所在企业的邮政编码,然后将被试企业的位置计算为所在行政区域的地理中心。参考 Mahafzaa[236]等学者的方案,在无法获取被试企业精确位置信息的情况下(例如被试者不提供企业名称或地址),采取该替代方案获取被试企业的地理位置。

(3) 控制变量测量

由于实验和准实验设计的操作难度,组织研究通常将统计控制法作为重要的实验控制手段。依据 Bernerth 和 Aguinis 对控制变量的选取建议[237],同时广泛借鉴了相关文献的控制变量选取,最终选择企业的规模、年龄、行业和地区作为控制变量(表 3.3)。

企业规模被证实为影响企业社会责任的重要因素,规模较大的企业不仅有更丰富的资源支撑社会责任活动,同时更容易受社会公众关注,因此规模较大的企业更倾向于履行社会责任[37,238]。同时参考 Xie 等的测量方法[33],以企业员工数量代表企业规模,对问卷中企业员工数量的选项进行编码(1=小于 100,2=101 到 500,3=501 到 1000,4=1000 以上)。

企业年龄通常代表企业的成熟度,在发展过程中成熟企业可能形成了社会责任的组织惯例,因此相比新创企业更倾向于履行社会责任。对企业年龄的测量参考 Saeidi 等[30],以被测企业成立时间为代理变量。

表 3.3 控制变量的测量设计

| 变量名称 | 变量测量 | 参考文献 |
| --- | --- | --- |
| 企业规模<br>(Firm size) | 企业员工数量,1=小于 100,2=101 到 500,3=501 到 1000,4=1000 以上 | Husted 和 Allen2007;<br>Brammer 和 Millington2008 |
| 企业年龄<br>(Firm age) | 企业成立时间(年),1=1-7 年,2=8-15 年,3=15 年以上 | 郑海东 2007;Saeidi 等 2015 |

(续表)

| 变量名称 | 变量测量 | 参考文献 |
|---|---|---|
| 企业行业（Industry） | 企业主营业务行业，1＝制造业，2＝金融业，3＝房地产业，0＝其他行业 | Chen 等 2008；缪洋 2017 |
| 企业地区（Region） | 1＝沿海地区主要城市中心，0＝非沿海地区主要城市中心 | Peng 等 2007；Muller 和 Whiteman 2009 |

资料来源：研究整理

此外行业属性也是影响企业社会责任行为的重要因素，不同行业企业在资源基础、直接利益相关者等方面差异很大[239]，因此有必要对企业所在行业进行控制。对行业变量的处理方法参考缪洋[210]，按照无序类别变量处理（1＝制造业，2＝金融业，3＝房地产业，0＝其他行业）。此外还控制企业所在地区，企业地理位置决定了企业所在区域的资源禀赋和制度环境，而这些因素都会影响企业的社会责任表现[240]，因此也将企业所在地区作为控制变量。参考 Peng 等以是否为沿海省市区分企业所在地区（1＝位于沿海省市，0＝位于非沿海省市），沿海省市包括：北京、天津、上海、河北、山东、浙江、江苏、福建、广东和海南[241]。

（4）问卷设计

问卷调查是社会科学研究中常用的数据收集方法，通过问卷调查可以测量很多无法通过档案数据测量的构念。在企业-城市空间邻近影响企业社会责任的实证研究中，主要构念包括企业-城市空间邻近和企业社会责任，由于制度压力和企业社会责任知识溢出缺乏相应的档案数据，因此在综合考虑实验可操作性后，决定通过调查问卷收集数据。

① 问卷主要内容

问卷调查的主要目的是收集解释变量、被解释变量和控制变量的相关数据，主要包括基本信息部分和测量量表部分。

基本信息部分包括，被调研企业的基本情况，包括企业规模、成立时间、主营业务行业、企业所有制以及企业地理信息，其中地理信息包含企业地址和区号，通过以上信息可以获知企业所在地区，并为计算解释变量（企业-城市空间邻近）的测量提供坐标数据。

测量量表部分主要为企业社会责任，制度压力的测量包括 3 维度 12 题项，旨在测度企业在社会责任方面所感知的规制、规范和认知压力；知识溢出包括 2 维度 8 题项，主要测度有关企业社会责任的知识转移和知识转化；企业社会责任量表包括 4 维度 14 题项，主要测度企业在商业责任、员工责任、顾客责任和社区责任方面的行为表现。

② 问卷设计过程

问卷调查法的效果很大程度上取决于调查问卷的设计，而问卷的质量很大程度上取决于其测量量表的信度和效度,高质量问卷可以更好地反应被测构念的真实信息[242],而在设计过程中必须遵循一定步骤。参考 Churchill、陈晓萍等学者的建议[243,244],在问卷设计过程主要遵循以下三个步骤。

首先,广泛研读现有文献并梳理相关测量量表。新量表的开发工作不仅费时费力,同时也难以保证测量效果,因而在量表编制时主要以现有的成熟量表为基础。对于企业社会责任行为和制度压力的测量,鉴于相关量表的开发较为成熟,因此综合国内外学者的量表并取长补短。知识溢出量表的编制是难点之一,在广泛查阅了国内外相关文献后,发现没有可直接借鉴的(企业社会责任)知识溢出量表。因此参考其他知识溢出、知识转移和知识转化的相关文献和测量量表,借鉴其量表开发和题项设计的思想,并在广泛研读企业社会责任文献的基础上归纳、总结企业社会责任的知识内涵,在此基础上形成了问卷初稿。

其次,征询学术界和企业界专家意见。由于量表编制过程中大量翻译了国外相关文献,因此在语言表述方面难免会有不妥之处,加上国外量表的部分题项并不适合中国国情。因此在形成问卷初稿后,作者请教了所在学术团队内部和外部的专家学者,并借助定期的学术研讨周会广泛征求了博士研究生同学的修改意见。同时作者还通过企业访谈形式,征求了企业界人士的意见,请他们从实践角度对问卷提出修改意见。在综合相关意见后,对问卷初稿的题项设计、语言表述以及问卷格式等方面进行了修改。

最后,对修改后的问卷进行预测试。在正式的数据收集之前,通过关系网络对上海、南京等40余家企业进行了小样本测试。根据被试者的反馈意见,对部分测量题项的语言表述和问卷结构做出了进一步调整,使测量题项更具表面效度并更容易被准确理解。在修改后形成了最终的调查问卷,详见附录部分。

(5) 数据收集

① 样本选择

为确保研究对象的代表性和研究结论的普适性,问卷调查样本在企业年龄、行业、地域、规模、所有制等方面并不设限,在调研样本选择中主要考虑以下三个原则。

首先,企业所在地区与行业的多样性。不同地域与行业的样本数据可以提升所获样本的代表性,有助于提高研究结论的一般性。同时,不同地域和行业企业在制度压力和知识溢出方面往往不同,因此样本的分散性有助于考察各变量间关系。研究样本所在地区既包括北京、上海、南京、杭州、广州、深圳等东部沿海地区主要城市中心,也包括西宁、合肥、郑州等内陆省份主要城市中心。在区域分布中,沿海区域企业占77.67%,非沿海地区企业占22.33%;从行业分布来看,研究样本所在行业包括制造业(51.94%)、金融业(8.74%)、房地产业(13.59%)及其他多种行业类别(25.73%)。

其次,企业年龄、规模的代表性。从相关研究来看,企业的年龄和规模都会显著影响企业,导致其在社会责任表现方面存在差异[245,246]。为尽可能获取全面真实的变量信息,在选取调查样本时尤为注重企业年龄、规模的代表性。从问卷调查结果来看,调查样本在企业年龄、规模、所有制等方面均具有较好的代表性。企业年龄方面,8年以下占20.87%,8到15年占47.57%,15年以上占31.55%;企业规模方面,100人及以下占33.01%,101到500人占27.18%,501到1000人占11.17%,1000人以上占28.64%。

最后,数据获取的可靠性。为获得样本企业的配合以及高质量数据,力争邀请企业高层领导和关键管理人员来填写问卷,从而获得全面准确的调研结果。因此作者从社会关系网络、经济开发区管委会、高校MBA中心等渠道发放问卷,从而保证获得企业高层或社会责任事业相关人员的填写。

② 问卷发放与回收

作为研究科学性和有效性的基础,控制问卷发放的过程至关重要。然而从国内管理学研究现状来看,通过问卷调查获取数据的方法普遍存在困难,主要表现为较低的回收率和有效率。究其原因主要在于,企业管理者特别是高层管理通常业务繁忙,因此无暇仔细阅读问卷,甚至不能亲自填写问卷;另一方面,由于不少团队都曾采用问卷调查法获取数据,使得部分企业产生厌倦感从而消极参与。有鉴于此,为保证数据分析所需的样本数量以及样本可靠性,主要通过以下渠道发放和回收问卷(表3.4)。

表3.4 问卷发放及回收情况

| 发放方式 | 政府机构 | 教育培训 | 关系网络 | 总计 |
| --- | --- | --- | --- | --- |
| 发放问卷 | 237 | 139 | 98 | 474 |
| 回收问卷 | 116 | 101 | 61 | 278 |
| 问卷回收率 | 48.95% | 72.66% | 62.24% | 58.65% |
| 有效问卷 | 79 | 79 | 48 | 206 |
| 有效问卷率 | 68.10% | 78.22% | 78.69% | 74.10% |

资料来源:研究整理

第一,通过作者及研究团队的朋友、同学等社会关系网络,将纸质版或电子版问卷转发给对方,委托他们邀请所在企业的高管或相关部门管理者进行填写。对于未回复企业,在问卷发放后一段时间,作者通过电话、短信、微信等方式与被委托者联系,请求他们与被试者联系并填写问卷,从而尽可能争取答复。

第二,通过所在学术团队联系开发区管委会、企业家联合会等政府职能部门帮忙联系企业,委托工作人员将纸质版或电子版问卷转发给相关企业负责人。在问卷填写过程中,作者同企业、政府联系人保持紧密沟通,及时回答被试企业所提出的各项疑问,从而保证被试者对问卷内容的理解准确无误。对于未回复企业,作者同样在问卷发放后一段时间再次联系企业与相关部门联系人,从而尽量争取答复。

第三,通过作者所在学校的MBA课堂现场发放。由于作者所在学校开设的MBA项目在省内具有一定影响力,其学员大多为企业中高层管理人员,管理经验丰富并且对所在企业的社会责任活动相对熟悉。在调研过程中,作者在现场解释问卷题项和研究目标,从而确保被试者所填问卷的完整性和可靠性。

③ 同源偏误控制

除了上述有效性控制手段外,对于问卷调查法中的同源偏误(common method variance,CMV),也采取相应措施进行控制。同源偏误是指因为相同数据来源、评分者或测量环境,所造成的预测变数与效标变数之间人为的共变。作为一种系统误差,这种人为共变会对研究结果造成严重混淆,并对结论产生潜在误导[247]。为将同源偏误及其影响降至最低,采取以下措施。

首先,在问卷开始的说明事项中强调被试者可以匿名回答,并且所做答案将绝对保密,另外回答没有正误之分,从而减小社会称许性偏见,防止填答人刻意表现出为人们接受和赞同的看法、见解的倾向性。其次,除了问卷调查获得的数据外,企业-城市空间邻近的测量主要来自档案数据(archival data),一定程度上降低了同源偏误的影响。最后,采用Harman单因素检验方法来检验同源方法偏误,具体做法是把所有变量放到一个探测性因子分析中,检验未旋转的因子分析结果,如果只析出一个因子或者某个因子解释力特别大,即可判定存在严重的同源偏误。对制度压力、知识溢出和企业社会责任的所有题项进行因子分析,提取了特征根>1的8个因子,旋转前提取的首个因子解释了总变异的35.009%,说明同源偏误不严重。

(6) 实证模型

为检验上文的研究假设,构建相应的实证模型以估计企业-城市空间邻近对企业社会责任的影响,构建模型(1)如下:

$$CSR_i = \beta_0 + \beta_1 Distance_i + \beta_2 Controls_i + \varepsilon_i, \quad (1)$$

在检验企业-城市空间邻近对企业总体社会责任影响的基础上,为了进一步探究企业社会责任各维度即商业责任、员工责任、顾客责任、社区责任与企业-城市空间邻近的关系,构建模型(2)以估计企业-城市空间邻近对企业商业责任的影响,模型(3)估计企业-城市空间邻近对企业员工责任的影响,模型(4)估计企业-城市空间邻近对企业顾客责任的影响,模型(5)估计企业-城市空间邻近对企业社区责任的影响。符号 i 表示各样本企业,Distance 代表企业-城市空间邻近(地理距离为代理变量),CSR 代表企业社会责任,BUSI 代表企业商业责任,EMPL 代表企业员工责任,CSMR 代表企业顾客责任,CMNT 代表企业社区责任。Controls 代表控制变量包括企业规模、企业年龄、企业区域和企业行业,ε 代表随机误差项,β 代表待估计参数。在具体操作中,使用 SPSS 25.0 作为分析工具,通过普通最小二乘模型(OLS)对数据进行分析。

$$BUSI_i = \beta_0 + \beta_1 Distance_i + \beta_2 Controls_i + \varepsilon_i \quad (2)$$

$$EMPL_i = \beta_0 + \beta_1 Distance_i + \beta_2 Controls_i + \varepsilon_i \quad (3)$$

$$CSMR_i = \beta_0 + \beta_1 Distance_i + \beta_2 Controls_i + \varepsilon_i, \quad (4)$$

$$CMNT_i = \beta_0 + \beta_1 Distance_i + \beta_2 Controls_i + \varepsilon_i, \quad (5)$$

### 3.3.3 实证分析及结果

(1) 信度和效度检验

通过因子分析来检验量表的结构效度,若能有效提取与理论预设相近的公因子,则说明量表具有较好的结构效度。而因子分析的前提是变量间存在相关性,因此需要首先进行 KMO 和 Bartlett 球形度检验。

一般来说,KMO>0.7 是可接受的普遍标准,而 Bartlett 则主要视其 P 值是否显著。企业社会责任量表的 KMO 值和 Bartlett 球形检验的 P 值分别为 0.843 和 0.000,说明适合做因子分析。按照特征根>1、最大方差和正交旋转进行因子提取后发现,量表的 14 个题项共有四个公因子,其累计方差贡献率为 73.418%,具有较强的解释力度(表 3.5)。

在探索性因子分析的基础上,通过验证性因子分析(CFA, confirmatory factory analyses)检验各主要潜变量的效度。如表 3.6 所示,Cronbach's α 指数均大于 0.7,说明具有较好的内部一致性。商业责任(0.784)、员工责任(0.881)、顾客责任(0.792)和社区责任(0.870)的 CR 值(construct reliability,构念信度)均大于 0.7 且 AVE 值(average variance extracted,平均方差提取值)均大于 0.5,表示具有良好的收敛效度(convergent validity)。同时在相关系数表中,各因子的 AVE 根号值均大于该因子与其他因子的相关系数,说明具有很好的区分效度(Discriminant validity)。

表 3.5　企业社会责任的探索性因子分析结果

| 题项 | 公因子 1 | 2 | 3 | 4 |
|---|---|---|---|---|
| CSR11 | | | | 0.790 |
| CSR12 | | | | 0.780 |
| CSR13 | | | | 0.829 |
| CSR21 | 0.815 | | | |
| CSR22 | 0.856 | | | |
| CSR23 | 0.851 | | | |
| CSR24 | 0.804 | | | |
| CSR31 | | | 0.825 | |
| CSR32 | | | 0.843 | |
| CSR33 | | | 0.755 | |
| CSR41 | | 0.787 | | |
| CSR42 | | 0.850 | | |
| CSR43 | | 0.823 | | |
| CSR44 | | 0.806 | | |
| 特征根 | 5.052 | 2.179 | 1.636 | 1.412 |
| 累计方差贡献率 | 21.918% | 42.978% | 58.278% | 73.418% |

表 3.6　企业社会责任量表的 Cronbach's α、CR 和 AVE

| 维度 | 因子载荷（最小值） | 因子载荷（最大值） | Cronbach's α | CR | AVE |
|---|---|---|---|---|---|
| 商业责任（BUSI） | 0.728 | 0.776 | 0.782 | 0.784 | 0.548 |
| 员工责任（EMPL） | 0.778 | 0.844 | 0.881 | 0.881 | 0.650 |
| 顾客责任（CSMR） | 0.641 | 0.812 | 0.789 | 0.792 | 0.562 |
| 社区责任（CMNT） | 0.750 | 0.818 | 0.870 | 0.870 | 0.626 |

（2）描述性统计

主要变量的描述性统计结果见表 3.7 和表 3.8（N=206），分别为自变量（企业-城市空间邻近）和因变量（企业社会责任）的统计结果。

表 3.7 企业-城市空间邻近的描述性统计

| 变量名称 | 最小值 | 最大值 | 平均值 | 标准差 |
| --- | --- | --- | --- | --- |
| 企业-城市空间邻近 | 0.883 | 3.969 | 3.130 | 0.580 |

表 3.7 报告了企业-城市空间邻近的描述性统计结果,均值为 3.032,标准差为 0.580,最小值为 0.883,最大值为 3.969。

表 3.8 为企业社会责任的描述性统计,综合商业(BUSI)、员工(EMPL)、顾客(CSMR)和社区(CMNT)四个维度的社会责任来看,商业责任的均值明显高于其他三个维度,该结果一定程度上反映了我国企业社会责任的现实情况。正如经济学家 Friedman 所述,"企业最大的社会责任就是盈利",商业责任与企业自身利益直接相关,因此也受到了很高的重视。

表 3.8 企业社会责任的描述性统计

| 维度 | 题项 | 最小值 | 最大值 | 平均值 | 标准差 |
| --- | --- | --- | --- | --- | --- |
| 商业责任(BUSI) | CSR11 | 3 | 5 | 4.068 | 0.702 |
|  | CSR12 | 2 | 5 | 4.092 | 0.818 |
|  | CSR13 | 2 | 5 | 4.068 | 0.736 |
| 员工责任(EMPL) | CSR21 | 2 | 5 | 3.495 | 0.842 |
|  | CSR22 | 2 | 5 | 3.510 | 0.848 |
|  | CSR23 | 2 | 5 | 3.481 | 0.893 |
|  | CSR24 | 2 | 5 | 3.427 | 0.810 |
| 顾客责任(CSMR) | CSR31 | 2 | 5 | 3.451 | 0.858 |
|  | CSR32 | 2 | 5 | 3.490 | 0.825 |
|  | CSR33 | 2 | 5 | 3.267 | 0.797 |
| 社区责任(CMNT) | CSR41 | 2 | 5 | 3.549 | 0.864 |
|  | CSR42 | 2 | 5 | 3.519 | 0.795 |
|  | CSR43 | 2 | 5 | 3.461 | 0.842 |
|  | CSR44 | 2 | 5 | 3.563 | 0.804 |

(3) 相关分析

相关分析的目的是考察变量间相互影响的趋势和可能,虽然不代表变量间的因果关系,但是可以帮助初步判断构建模型和假设的合理性。

参考相关研究,利用题项打包法并以题项得分均值作为变量得分[248],对企业社会责任知识溢出中介效应研究的主要变量和控制变量进行相关分析。表 3.9 列出了所有关键变量的相关系数。如表所示,以地理距离为代理变量的企业-城市空间邻近与企业社会责任显著相关($r=-0.610, p<0.01$),同时与商业责任($r=-0.391, p<0.01$)、员工责任($r=-0.483, p<0.01$)、顾客责任($r=-0.388, p<0.01$)和社区责任($r=-0.445, p<0.01$)等均显著相关。以上结果为研究假设的合理性提供了初步支持。

表3.9 主效应研究中各变量的相关系数

| 变量 | 1 | 2 | 3 | 4 | 5 | 6 | 7 | 8 | 9 | 10 |
|---|---|---|---|---|---|---|---|---|---|---|
| 空间邻近 | 1 | | | | | | | | | |
| 社会责任 | −0.610** | 1 | | | | | | | | |
| 商业责任 | −0.391** | 0.699** | 0.740 | | | | | | | |
| 员工责任 | −0.483** | 0.707** | 0.382** | 0.806 | | | | | | |
| 顾客责任 | −0.388** | 0.673** | 0.295** | 0.235** | 0.750 | | | | | |
| 社区责任 | −0.445** | 0.727** | 0.340** | 0.334** | 0.355** | 0.791 | | | | |
| 企业规模 | −0.365** | 0.409** | 0.406** | 0.226** | 0.212** | 0.317** | 1 | | | |
| 企业年龄 | −0.425** | 0.555** | 0.450** | 0.394** | 0.308** | 0.412** | 0.225** | 1 | | |
| 所在行业 | 0.019 | 0.071 | −0.002 | 0.098 | 0.071 | 0.024 | −0.113 | 0.092 | 1 | |
| 所处地区 | 0.034 | 0.007 | −0.022 | −0.044 | 0.026 | 0.059 | −0.016 | −0.001 | −0.029 | 1 |
| MEAN | 3.032 | 3.620 | 4.076 | 3.478 | 3.403 | 3.523 | 2.354 | 2.107 | 1.102 | 0.777 |
| S.D. | 0.650 | 0.483 | 0.629 | 0.728 | 0.694 | 0.701 | 1.212 | 0.718 | 0.939 | 0.417 |

注:N=206,斜对角线黑体字为AVE根号值,* $p<0.05$, ** $p<0.01$(双尾)

(4) 回归分析

空间邻近对企业社会责任直接影响如表3.10和3.11,分别汇报了企业-城市空间邻近对企业社会责任及其各维度的影响,包括商业责任、员工责任、顾客责任和社区责任。整体而言,空间邻近对企业社会责任的影响获得实证支持,在引入空间邻近变量后$R^2$增加且$\Delta F$显著。因此增加变量不会引起$R^2$显著增加的零假设被拒绝,也就是说自变量对因变量具有显著影响,与城市中心的空间邻近会显著影响企业的商业责任、员工责任、顾客责任和社区责任。此外,各变量的方差膨胀因子VIF值均小于10的临界值[249],因而模型的多重共线性问题不明显,测量结果可靠。

在对企业社会责任的影响方面,模型1~2在控制变量的基础上纳入自变量后$R^2$增加了0.118,F增加了48.598($p<0.001$),同时空间邻近的标准化系数$\beta=-0.399$($p<0.001$)。因此企业-城市空间邻近会显著影响企业社会责任,假设H1得到支持。

表 3.10　企业-城市空间邻近对企业社会责任的回归分析

| 变量 | 社会责任 模型1-1 | 社会责任 模型1-2 | 商业责任 模型2-1 | 商业责任 模型2-2 | 员工责任 模型3-1 | 员工责任 模型3-2 | VIF |
|---|---|---|---|---|---|---|---|
| 控制变量 | | | | | | | |
| 企业规模 | 0.308*** | 0.196*** | 0.320 6*** | 0.278 6*** | 0.155* | 0.051 | 1.180 |
| 企业年龄 | 0.480*** | 0.335*** | 0.378 6*** | 0.323 6*** | 0.351*** | 0.215** | 1.248 |
| 所属行业 | 0.062 | 0.070 | −0.001 | 0.002 | 0.082 | 0.090 | 1.030 |
| 所在地区 | 0.015 | 0.026 | −0.016 | −0.011 | −0.039 | −0.028 | 1.002 |
| 自变量 | | | | | | | |
| 空间邻近 | | −0.399*** | | −0.152* | | −0.374*** | 1.348 |
| $R^2$ | 0.397 | 0.515 | 0.300 | 0.317 | 0.183 | 0.287 | |
| $\Delta R^2$ | 0.397 | 0.118 | 0.300 | 0.017 | 0.183 | 0.104 | |
| $F$ | 33.079*** | 42.449*** | 21.575*** | 18.604*** | 11.265*** | 16.087*** | |
| $\Delta F$ | 33.079*** | 48.598*** | 21.575*** | 5.001* | 11.265*** | 29.078*** | |

注:表中系数为标准化回归系数 β 值,* $p<0.05$, ** $p<0.01$, *** $p<0.001$

在企业-城市空间邻近对企业社会责任各维度的影响中,模型2-2在控制变量的基础上纳入自变量后 $R^2$ 增加了0.017,F 增加了5.001($p<0.05$),同时空间邻近的标准化系数 $β=-0.152$($p<0.05$)。因此企业-城市空间邻近对企业商业责任具有显著影响。就员工责任而言,模型3-2在控制变量的基础上纳入自变量后 $R^2$ 增加了0.104,F 增加了29.078($p<0.001$),同时空间邻近的标准化系数 $β=-0.374$($p<0.001$)。因此企业-城市空间邻近会显著影响企业员工责任。

表 3.11　企业-城市空间邻近对企业社会责任的回归分析(续)

| 变量 | 顾客责任 模型4-1 | 顾客责任 模型4-2 | 社区责任 模型5-1 | 社区责任 模型5-2 | VIF |
|---|---|---|---|---|---|
| 控制变量 | | | | | |
| 企业规模 | 0.160* | 0.078 | 0.241*** | 0.162* | 1.180 |
| 企业年龄 | 0.266*** | 0.159* | 0.356*** | 0.253*** | 1.248 |
| 所属行业 | 0.066 | 0.072 | 0.020 | 0.027 | 1.030 |
| 所在地区 | 0.031 | 0.040 | 0.064 | 0.073 | 1.002 |
| 自变量 | | | | | |
| 空间邻近 | | −0.295*** | | −0.364*** | 1.348 |

(续表)

| 变量 | 顾客责任 | | 社区责任 | | VIF |
|---|---|---|---|---|---|
| | 模型 4-1 | 模型 4-2 | 模型 5-1 | 模型 5-2 | |
| $R^2$ | 0.122 | 0.186 | 0.227 | 0.353 | |
| $\Delta R^2$ | 0.122 | 0.065 | 0.227 | 0.110 | |
| $F$ | 6.951\*\*\* | 9.147\*\*\* | 14.769\*\*\* | 16.021\*\*\* | |
| $\Delta F$ | 6.951\*\*\* | 15.872\*\*\* | 14.769\*\*\* | 16.481\*\*\* | |

注:表中系数为标准化回归系数 β 值,\*$p<0.05$,\*\*$p<0.01$,\*\*\*$p<0.001$

就顾客责任而言,模型 4-2 在控制变量的基础上纳入自变量后 $R^2$ 增加了 0.065,$F$ 增加了 15.872($p<0.001$),同时空间邻近的标准化系数 $\beta=-0.295$($p<0.001$)。因此企业-城市空间邻近会显著影响企业顾客责任。就社区责任而言,模型 5-2 在控制变量的基础上纳入自变量后 $R^2$ 增加了 0.110,$F$ 增加了 16.481($p<0.001$),同时空间邻近的标准化系数 $\beta=-0.364$($p<0.001$)。因此企业-城市空间邻近会显著影响企业社区责任。

(5) 分析结果汇报

通过上述实证分析,"企业-城市空间邻近正向影响企业社会责任"的相关假设 H1 获得了支持(表 3.12)。同时在对企业社会责任各维度的影响分析中,相关假设 H1-1、H1-2、H1-3 和 H1-4 均获得了支持,即企业-城市空间邻近对企业的商业责任、员工责任、顾客责任和社区责任均具有显著影响。因此获得结论:企业-城市空间邻近对企业社会责任具有显著正向影响,与主要城市中心的空间邻近会显著推动企业的社会责任表现。

从上述分析结果可以看出,我国主要城市及中心对企业的社会责任表现具有显著的积极作用,同时这种作用还具有随距离增加而减弱的空间衰减性,表现为距离主要城市中心较近企业受到的影响更强,而距离主要城市中心较远企业受到的影响较弱。

表 3.12 企业-城市空间邻近影响企业社会责任的实证结果汇总

| 研究假设 | 检验结果 |
|---|---|
| H1:企业-城市空间邻近正向影响企业社会责任 | 支持 |
| H1-1:企业-城市空间邻近正向影响企业商业责任 | 支持 |
| H1-2:企业-城市空间邻近正向影响企业员工责任 | 支持 |
| H1-3:企业-城市空间邻近正向影响企业顾客责任 | 支持 |
| H1-4:企业-城市空间邻近正向影响企业社区责任 | 支持 |

## 3.4 本章小结

本章主要内容是实证分析企业-城市空间邻近对企业社会责任的直接影响。通过 GIS 软件和空间分析技术探究我国企业社会责任围绕主要城市及中心的空间集聚性特征,并在此基础上对企业-城市空间邻近与企业社会责任间的关系进行回归分析,从而检验企业-城市空间邻近影响企业社会责任的直接效应。

首先,通过对样本企业社会责任空间分布的可视化分析,发现近年来我国企业社会责任水平的空间分布具有显著的地域集聚性:胡焕庸线东南部地区的企业社会责任水平明显高于西北部地区,同时沿海地区的社会责任水平明显强于内陆地区。此外,通过空间自相关分析,发现我国企业个体社会责任表现的空间分布也具有集聚特征,社会责任表现较好的企业更多地在某些地区集聚分布。

其次,基于 GIS 软件对我国企业社会责任水平围绕主要城市邻近分布特征进行分析。通过点密度分析发现,北京、上海等主要城市附近的企业社会责任水平明显较高。同时在主要城市内部,相比主要城市的外围边缘地区,主要城市中心的企业社会责任水平明显较高。在此基础上,结合空间自相关的分析结论提出,企业-城市空间邻近与企业社会责任间具有重要联系。

最后,在理论分析与研究假设基础上,对企业-城市空间邻近和企业社会责任的关系进行回归分析。实证结果表明,企业-城市空间邻近对企业社会责任具有显著的正向影响,因此企业与主要城市中心的空间邻近对其社会责任表现具有显著的推动作用。

# 第4章 企业社会责任制度压力中介效应的实证分析

## 4.1 企业-城市空间邻近对制度压力影响的假设

### 4.1.1 企业-城市空间邻近与规制压力

在影响企业社会责任的制度压力中,规制制度是最为基础的构成要素,而企业承受规制压力的强弱会随其与主要城市中心的邻近程度而出现差异。相比普通城市,主要城市更完善的规制体系意味着更高的合法性要求;而在主要城市内部,围绕中心集聚的利益相关者意味着更强的监管执行力度。因此,企业与主要城市中心的空间邻近会影响企业承受的规制压力。

(1) 主要城市制度体系的规范合法性要求更高

在企业-城市空间邻近对制度压力的影响中,利益相关者具有举足轻重的媒介作用。企业与主要城市中心的空间邻近程度决定了当地利益相关者的规模、构成和距离,进而决定了企业承受制度压力的类型和强弱。就规制压力而言,其产生和传递在于规则设定、监督和奖惩活动,因此规制压力的来源主体是能够设定、监督和执行规制的权威机构。在 Marquis 等提出的社区同构理论中,除了基于行业相关的组织场域外[3],制度要素同样会在空间相关的地理社区内场域化,并形成因地而异的本地化制度体系[2]。相较国家等宏观层面制度的影响,来自主要城市等社区层面的制度压力同样值得重视和遵从。例如,遵从社区制度逻辑的新创银行通常更容易获得当地社区的接受和认可[138]。其中,更完善的本地化政策法规是主要城市制度体系优势的重要来源。相比普通城市而言,主要城市的社会责任水平更高,因而地方性法规的颁布和实施有更好的前提基础。例如深圳市委市政府出台的《关于进一步促进企业社会责任建设的意见》,对辖区内企业的社会责任提出了明确要求,相比其他城市的企业,深圳市企业承受的社会责任规制压力要明显更强。

(2) 邻近主要城市中心的规制性利益相关者影响强度更大

除了颁布相关法律法规之外,对企业社会责任相关行为的监督、惩罚也是规制压力产生影响的重要基础。作为规制要素的合法性基础,法律制裁、奖惩在施加制度压力的过程中同样具有不可替代的角色。对企业而言,其所能"感知"规制压力的强弱很大程度上取决于政府的监管和执行力度。Guthrie 和 McQuarrie 发现,美国联邦政府制定的《低收入减税》法案在不同社区的执行情况差异很大,虽然各地方政府在法律依据方面相同,但在执法力度上的差异导致各地企业承受规制压力的程度不同[10]。由于监督和执行成本(交通和通信等)的约束,当地监管部门对于位置距离不同的企业还存在执法能力差异。以"腾格里沙漠污染事件"为例,污染企业之所以在当地肆无忌惮地排污,并非相关法律法规存在漏洞,其排污行为很显然违反了《环境保护法》等法律法规。追本溯源主要在于监管不力,除了当地政府和监管机构的有意纵容之外,交通不便而带来监管成本过高也是重要的影响因素。与此类似,在"祁连山生态环境问题"的整改落实中[250],有关部门普遍存在"以文件落实整改、以会议推进工作、以批示代替检查"的现象。在此情况下,"法律制裁"等规制性要素的作用基础一定程度上被侵蚀,因而减弱了涉案企业所承受的规制压力,并最终导致当地企业违规操作、肆意破坏当地自然生态。

相比距离主要城市中心较远的企业,距离较近企业的不法行为显然更容易受到监管和惩罚。对企业社会责任的监管和审查通常需要耗费一定的经济和时间成本,对主要城市中心附近企业的监管往往更容易,而距离较远的企业则更容易产生"天高皇帝远"的情况。在这种情况下,与主要城市中心的空间邻近程度通常直接影响企业所承受社会责任制度压力的强弱。此外,靠近主要城市中心的企业通常更容易受到如公民等社会规范利益相关者的关注[251],通过规范性利益相关者的监督投诉倒逼政府和监管机构,促使其对企业社会责任的相关活动进行更及时、全面的监管和奖惩。

综上可见,企业与主要城市中心的空间邻近决定了其周边政府、监管机构等规制性利益相关者的层级与距离,进而影响了规制性利益相关者对企业社会责任活动的要求、监督与奖惩力度,并最终决定企业承受规制压力的强弱。根据上述分析提出如下假设:

H2-1 企业-城市空间邻近对规制压力具有正向影响。

### 4.1.2 企业-城市空间邻近与规范压力

除了具有强制性作用的规制压力外,企业承受的规范压力也因其与主要城市中心的空间邻近程度而出现差异。企业与主要城市中心的空间邻近决定周边规范性利益相关者的规模、构成和距离,进而决定当地规制系统的合法性要求和监督影响力度,并最终决定企业承受规范压力的强弱。

(1) 邻近主要城市中心规范利益相关者的要求更高

规范压力是指在价值观、道德和准则的基础上,社会建构系统对企业行为的约束性期盼,规范制度要素的合法性基础是道德支配,因而规范合法性也被称为道德合法性[186]。相比规制压力的强制性约束,规范制度更强调"做什么才正确"。规范制度包括价值观和规范等社会生活中说明性、评价性和义务性的制度类型,就其来源主体而言,规范制度的来源主体通常包括社会民众、当地社区、NGO和新闻媒体等。在对规范压力强弱的影响中,规范性利益相关者对企业行为的评价标准具有重要作用。利益相关者对社会责任的态度或行动会释放出社会规范的合法性信号,例如当地居民对社会公益活动的态度包含了对企业社会责任的道德评价标准,对企业而言会形成规范压力[4]。这些利益相关者不具备政府和监管部门的强制作用力,而是通过社会舆论、评价、抗议等约束性期盼活动来影响企业。例如,Stefano等提出企业集聚当地会形成共享知识的社会规范,而这种规范会促使当地企业遵从并共享知识[150]。

就其空间分布而言,规范性利益相关者通常表现出围绕主要城市中心的空间集聚特征。主要城市中心中集聚着大量居民、NGO、新闻媒体等规范性利益相关者[252],因此形成的规范性基础本身就相对较强。同时,主要城市中心区域丰富的社会责任活动也增强了当地的规范压力。在总部经济的作用逻辑下,企业总部大多在主要城市中心附近集聚,而企业的社会责任活动往往优先从其总部所在区域开始[253]。而相应的,当地居民、NGO、媒体等对社会责任的评价标准水涨船高,进而反向推动企业的社会责任活动,最终产生"CSR-规范压力-更多CSR"的棘轮效应[254]。在主要城市中心的地理社区中,企业社会责任的规范合法性基础被不断强化,而主要城市中心规范性利益相关者的要求也相应更高。

因此,企业与主要城市中心的空间邻近程度决定了当地规范性利益相关者的构成,进而决定当地社会系统对于企业行为的期盼标准。由于规范性利益相关者更多地聚集在城市中心区域,因而邻近主要城市中心的企业面临的期盼标准也相应更强,并最终影响企业承受的规范压力[150]。

(2)邻近主要城市中心规范利益相关者的监督影响更强

除了社会规范系统中的价值观、规范、道德标准外,企业所能"感知"的规制压力强弱还取决于规范性利益相关者对企业的监督、审查、交流、抗议等影响作用。企业与主要城市中心的空间邻近,决定了规范性利益相关者与企业的地理距离和影响机会,并最终影响企业所能"感知"的规范压力。相对距离较远的企业,主要城市中心附近企业在社会责任方面的活动更容易引起城市中居民、NGO和媒体等规范利益相关者的关注。另一方面,受时间和经济成本的制约,主要城市中心聚居的新闻媒体、NGO以及当地居民等利益相关者更容易对距离较近企业实施监管和审查[255]。在以上因素的共同影响下,与主要城市中心的空间邻近程度影响了企业承受社会责任规范压力的强弱。以深圳市为例,通过"企业自愿、社会参与、评价机构独立评价"的工作机制,其中心城区的社区公众、新闻媒体和 NGO 等规范性利益相关者对周边企业形成约束性期盼,也更容易对周边企业进行审查和监督,从而使靠近城市中心的企业感知到较强的规范压力。

综上可见,企业与主要城市中心的空间邻近决定了其本地居民、NGO、新闻媒体等规范性利益相关者的层级/数量与距离,进而影响了规范性利益相关者对企业行为的评价标准和监督力度,并最终决定企业承受规范压力的强弱。根据上述分析提出如下假设:

H2-2 企业-城市空间邻近对规范压力具有正向影响。

### 4.1.3 企业-城市空间邻近与认知压力

与规制压力和规范压力相似,认知制度及其对企业的压力同样会受企业-城市空间邻近的影响。企业与主要城市中心的空间邻近决定了目标企业周边企业利益相关者(firm stakeholder)的构成、规模和距离,进而决定了当地认知性利益相关者的要求标准和影响强弱,以及企业最终承受认知压力的强弱。

(1) 邻近主要城市中心的认知性利益相关者要求更高

文化认知制度是制度框架的第三个支柱,相比规制、规范制度因素,文化认知制度并不强调法律或道德因素,而是强调场域内行动者的共同遵守、不断重复,从而形成约定俗成的行动范本[62]。文化认知的合法性基础并不取决于法律或道德评价标准中的是非对错,而是取决于企业行为是否符合认知制度中的"理所当然",也就是多数行动者的主流行为[149]。认知制度的合法性主要来自多数企业的共同行为,而这种认知合法性可能与规制制度和规范制度的合法性要求相违背。例如,Simons 等考察了德国酒吧对国家禁烟令的抵制行为,发现空间相邻的酒吧业主会就如何抵抗国家禁烟令而交流,最终表现为抵抗国家禁烟令的行为在相同或相邻酒吧间的空间传染模式[149]。虽然酒吧的抵抗行为明显违背了规制制度(国家禁烟令)的合法性要求,但是在其当地认知制度环境中则具有合法性,因此在当地其他同行间仍可以广泛扩散。

在主要城市的中心区域,社会责任认知压力的形成来自地理社区内企业的共同参与,也就是 Marquis 等学者所说的"其他企业都怎么做"。主要城市中心不仅企业密集分布,同时企业社会责任活动也相应较多。因此,有关社会责任的棘轮效应同样会作用于当地的文化-认知制度,形成"CSR-认知压力-更多 CSR"的循环。同时基于规制压力和规范压力的合法化机制,靠近主要城市中心的企业普遍更积极地参与社会责任行为,这些企业的行动不断强化了社会责任的行动范本,增强了当地社区内企业社会责任的认知合法性基础。以深圳市为例,在当地有关企业社会责任的文化认知制度中,除了腾讯、华为、万科等标杆企业的积极参与外,当地规制、规范压力也会推动当地其他企业履行社会责任,在政府、社区、居民、NGO、社区同行企业等不同类型利益相关者的共同作用下,越来越多的深圳企业参与社会责任活动,并不断加强当地的社会责任认知制度。而在离主要城市中心较远的地区,不仅企业数量较少(除了工业园区外),规制、规范和认知等合法化机制的作用也相对缺失,因此有关社会责任的文化认知压力也相对较弱。相比主要城市的边缘地区,其城市中心地区因较多的企业社会责任活动、较强的企业社会责任规制/规范压力等因素,更容易在当地企业间形成履行企业社会责任的认知制度。

(2)邻近主要城市中心的认知性利益相关者影响强度更大

企业与主要城市中心的距离决定了当地其他企业的规模以及与目标企业的距离。为了追求认知合法性,企业会观察、模仿并使其行为决策与当地其他企业保持一致[10]。因此,认知制度的形成很大程度上取决于当地企业间的交流互动,而这种互动往往与当地企业的规模和距离紧密相关。相较地处偏远地区的企业,位于规模较大城市或工业园区的企业拥有更多机会与当地同行进行交流,并在行为决策上相互影响。例如,Gao等发现位于相同都会统计区的公司会在财务政策上相互模仿,进而提出当地内嵌的认知制度会对企业财务决策产生影响[137]。Marquis 和 Tilcsik 发现相同主要城市的企业会在慈善捐赠方面相互模仿,提出在当地企业共同参与的基础上,认知制度会在地理社区场域化[2]。除了工业园区外,城市中心通常是企业的另一重要集聚地,主要城市的中心区域通常在较小范围内汇聚规模/数量更大的企业群,因而对目标企业的影响也更加紧密。

综上可见,企业与主要城市中心的空间邻近决定了当地其他企业等认知性利益相关者的层级/数量和合法性标准,进而影响了认知性利益相关者对企业行为的评价标准和影响强度,并最终决定企业承受认知压力的强弱。根据上述分析提出如下假设:

H2-3 企业-城市空间邻近对认知压力具有正向影响。

## 4.2 制度压力对企业社会责任影响的假设

### 4.2.1 规制压力与企业社会责任

综合现有文献可知,在规制、规范和认知制度压力下,企业为了寻求组织合法性往往会顺应制度要求行动,从而寻求组织身份和存在的合法化地位。基于Scott的制度框架三支柱,Campbell 提出公司法规、NGO 监管、制度化的规范、企业自身的联合行动以及企业和利益相关者的对话等制度条件会影响企业的社会责任活动[60]。此后,学者们分别对规制、规范、认知等制度压力对企业社会责任的影响分别进行了考察和验证。

在规制压力对企业社会责任的影响研究中，Young 和 Makhija 发现，规制和规范压力都会增加企业对社会责任的响应[69]。Halkos 和 Skouloudis 考察了制度条件对国家整体企业社会责任水平的影响，发现规制有效性会正向影响国家社会责任指数[70]。薛天山比较分析了经济动因和制度动因对我国民营企业社会责任的影响，发现两种动因对企业社会责任均有驱动作用，而制度动因的影响则更显著[18]。阮丽旸等则验证了规制压力对我国小型企业社会责任行为的显著影响[92]。包英群等考察了制度嵌入对新创企业社会责任的影响，研究发现正式制度嵌入会促进新创企业的公益参与[94]。

规制压力对企业的社会责任行为施加强制作用力，在规制压力的影响下企业不得不在组织决策或结构上做出改变，从而表现为在场域内趋同的现象，其同质化过程也被 DiMaggio 和 Powell 称为强制同构[3]。在社区制度场域中，当地法规和政府的监管惩罚会对企业施加直接的规制压力，相比来自国家层面的规制压力，当地制度环境中规制压力的影响作用甚至更强。为了顺应当地政府和监管机构的规制合法性要求，企业会相应地避免社会不负责行为并一定程度参与社会责任活动。根据上述分析提出如下假设：

H3-1 规制压力正向影响企业社会责任。

## 4.2.2 规范压力与企业社会责任

规范压力主要通过社会公众的约束性期盼影响企业的社会责任相关活动，就企业社会责任而言，来自当地居民、NGO、新闻媒体等利益相关者的规范压力具有重要作用。这些利益相关者会基于自身利益诉求对企业施加规范压力，抑制、抵抗企业社会不负责行为的同时促使企业参与社会责任活动。例如在美国20世纪50年代至60年代的维权运动中，社会公众和新闻媒体高度关注企业的不道德或不负责行为，同时社会公众以抗议游行等各种活动表达对企业社会不负责行为的不满，对相关企业造成了很大压力[256]。

相关研究中，规范压力对企业社会责任的影响作用已经获得验证。例如，李彬等考察了制度压力对旅游企业社会责任的影响，发现规范、认知压力的影响较为显著，而规制压力的影响不显著[86]。冯臻对比了三种制度压力对企业社会责任影响的强弱，发现规范压力是驱动企业高管做出社会责任决策的主要因素[88]。Shnayder 等结合制度理论和利益相关者理论，考察了不同类型的利益相关者和制度压力对企业社会责任行为动因的影响程度和机制，发现规范义务和社会压力是企业社会责任行为的有效驱动因素[84]。

综合上述，规范制度通过社会公众的约束性期盼和道德性要求对企业产生压力，为了在制度场域中获取规范合法性，企业会顺应规范利益相关者的诉求并履行社会责任。根据上述分析提出如下假设：

H3-2 规范压力正向影响企业社会责任。

### 4.2.3 认知压力与企业社会责任

与规范压力的作用相似,文化认知的作用也是非强制性的,认知制度为企业行为提供了参考框架——"别人都是怎么做的"[10]。相比社会规范的道德合法性,文化认知的评价体系中组织行为是否"合法"与善恶无关,而是取决于组织行为是否符合文化认知中的理所当然(Taken-for-grantedness),也就是周围大多数企业的做法[186]。

相关研究中,认知压力对企业社会责任的影响已经被广泛验证。Durand和Jacqueminet从企业内外部逻辑的视角考察了认知压力对企业社会责任的影响,发现外部同类企业(external peers)和内部同类企业(internal peers)的社会责任活动都会引起目标企业的注意力,并进一步履行社会责任[81]。基于制度同构理论,杨汉明和吴丹红分析了认知压力对中国企业社会责任信息披露的影响,发现我国企业社会责任信息披露存在行为模仿、质量相似和设置机构相似的同构现象,而认知压力是影响我国企业社会责任信息披露意愿和质量的制度根源[91]。

综合上述,当周边企业普遍参与社会责任活动时,当地的社会责任认知压力也随之增强,为了获取认知合法性,其他企业也会模仿而参与社会责任活动。在认知压力的作用下,即使当地制度环境中缺乏相应的规制和规范压力,企业仍会模仿当地企业而参与社会责任活动。根据上述分析提出如下假设:

H3-3 认知压力正向影响企业社会责任。

## 4.3 制度压力中介效应的假设

### 4.3.1 规制压力的中介效应

尽管相同主要城市的企业在社会责任方面须遵从的法律法规完全相同,然而城市内部位于中心和外围企业所感知的规制压力仍有不同,进而决定了企业社会责任表现的差异。

(1) 企业-城市空间邻近通过更完善的政策法规促进企业社会责任

结合利益相关者理论和制度理论来看,制度压力来源于企业的利益相关者,不同制度要素的来源利益相关者也不同[76,63]。就企业社会责任的规制压力而言,来源主体通常是政府或监管机构等规制性利益相关者,这些利益相关者对企业各项行为的评价标准(即相关法律法规)是规制压力产生的重要基础。在企业社会责任方面,目标企业通常需要面对中央或地方政府等不同层级的规制性利益相关者,而这些利益相关者会通过法律法规对企业施加规制压力。其中除了国家层面的相关法律法规外,各地政府颁布的地方性企业社会责任政策法规也会对当地企业形成规制压力。例如杭州、北京、深圳等主要城市发布的《企业社会责任建设标准》《关于进一步推进企业履行社会责任的意见》等地方性法规或准法规,都会对当地企业施加一定的规制压力。而在其他非主要城市,由于地方制度、文化、经济等基础相对薄弱,缺乏出台地方性企业社会责任法规的现实条件,当地规制制度中有关企业社会责任的评价标准相对主要城市较低。因此相对非主要城市,主要城市企业在社会责任方面面临的评价标准相对较高,因而需要履行更多的社会责任才能满足当地的规制要求。

(2) 企业-城市空间邻近通过更频繁的宣传普法促进企业社会责任

在规则设立或法律制定的基础上,政府部门和监管机构等规制性利益相关者还需要对所制定的法律法规及相关政策进行普及宣传,才能使企业知悉利益相关者在社会责任方面的评价标准并感受到压力。为此,政府部门及监管机构还需要与企业进行直接或间接的沟通交流,包括工作汇报、专项会议、宣传推广等不同形式,而上述活动都会不同程度地受沟通主体的地理距离影响[257]。换言之,政府部门或监管机构的普法宣传将很大程度上取决于与企业的空间地理距离。

在企业-城市空间邻近对企业社会责任的影响中,由于层级较高或规模较大的规制性利益相关者更多、更密集地分布在主要城市中心及其周边区域,因此空间上邻近主要城市的企业与规制性利益相关者的沟通交流机会相对更多。相对于位于主要城市边缘外围的企业,靠近主要城市中心的企业在社会责任方面将面对更频繁的宣传普法活动。在此基础上,靠近主要城市中心的企业将更全面地知悉规制性利益相关者在企业社会责任方面的评价标准,并感知压力而更多地参与社会责任活动。

(3) 企业-城市空间邻近通过更全面的监管执行促进企业社会责任

除立法和普法外,规制压力在企业-城市空间邻近与企业社会责任间的中介作用还取决于利益相关者的执法力度。规制压力的强弱并不完全取决于利益相关者的评价标准,利益相关方还需要与企业产生接触活动才能使其"感知"到制度压力,同理,企业社会责任的规制压力也需要监管执行才能传递给目标企业。例如,政府和监管机构通过监督考核、现场检查等方式来推动企业的社会责任实践。

在"祁连山环境污染案"中,当地政府及监管部门的主要不足正是"以文件落实整改、以会议推进工作、以批示代替检查",而此类非直接接触的工作方式显然没有对涉案企业产生足够的规制压力。相比距离主要城市中心较远的企业而言,空间上邻近主要城市中心的企业更容易受到政府、监管部门的审查,也因此更多地承受规制压力。对空间邻近主要城市中心的企业来说,在评价标准的影响下,企业会在社会责任方面面临"必须这么做"的强制性规制,而监管执行则意味着目标企业违反规则的法律奖惩。在评价标准和监管执行的共同作用下,企业为了满足当地规制制度的合法性要求,会以权宜性应对的方式参与企业社会责任的相关活动。而基于评价标准和监督执行的规制压力越强,企业也就相应地更多地参与社会责任活动。

综上可见,企业与主要城市中心的空间邻近决定了当地规制性评价标准(法律法规)、宣传普法多寡和监管执行力度,进而决定了企业承受规制压力的强弱;通过规制压力的影响作用,企业与主要城市中心的空间邻近进一步影响了企业社会责任表现。根据上述分析提出如下假设:

H4-1 企业-城市空间邻近通过规制压力推动企业社会责任。

### 4.3.2 规范压力的中介效应

规范压力源自基于价值观、道德和规范的社会期盼,主要来源的利益相关者是股东、员工、客户、NGO、社区等多样化、非强制性的社会角色。在企业社会责任的规范系统中,出于自身利益和道德诉求,利益相关者(支配性行动者)会对企业(焦点行动者)的行为表现产生规范性期盼,而这种期盼会被企业感知为外部压力,也就是规范压力。在企业-城市空间邻近影响企业社会责任的制度压力机制中,规范压力的来源的利益相关者最为多元化,主要由当地居民、新闻媒体和NGO等民间团体构成。

(1) 企业-城市空间邻近通过当地居民促进企业社会责任

与规制压力相似,企业承受的规范压力与其和规范性利益相关者的规模、层级及位置关系紧密相关。其中,企业所在地的居民是最主要的规范性利益相关者,当地居民受目标企业的影响最直接也最显著,同时对目标企业的影响也不容忽视。当地居民所产生的规范压力主要取决于其对企业社会责任的道德评价标准和对企业的影响力度,而这两点直接受企业地理位置的影响。

对于靠近主要城市中心的企业,当地居民的企业社会责任意识通常更加健全、道德评价标准也相对较高,因而对企业的社会责任活动要求更高;此外,对当地居民而言,距离较近企业的社会责任活动往往比距离较远企业的影响更大,因此在主观意愿上也会更倾向于关注周边企业的社会责任活动[6];最后,当地居民对企业的抗议示威等施压方式具有地理局限性[256],因此对靠近主要城市中心的企业影响更强。

以当地居民为影响源,靠近主要城市中心的企业受到更强的规范压力,并因此更多地参与社会责任活动。例如 Attig 和 Brockman 发现,当地居民的亲社会(pro-social)态度会对企业产生更高的道德期盼,进而影响企业的社会责任表现[4]。此外,Hoi 等发现由当地居民在内所构成的社区社会资本会形成倾向于当地居民等外部利益相关者的制度逻辑,而在此影响下,企业社会责任实践的侧重点也更偏向于上述非股东利益相关者的利益诉求[153]。

(2) 企业-城市空间邻近通过新闻媒体促进企业社会责任

除了当地居民外,靠近主要城市中心的企业还更多地受新闻媒体监督而承受更强的规范压力,并因此更多地履行社会责任。从新闻媒体的角度来看,靠近主要城市中心企业的社会不负责行为,因负面影响较大而更容易引起社会关注。同时,主要城市中心因企业密集、宣传可见性等因素而更容易成为社会责任活动的聚集地[253],因此当地新闻媒体的期待和评价标准也相对较高。

此外,受交通运输条件所衍生的时间经济成本限制,对其周边企业的报道、监督也更加容易[254],例如新闻媒体更容易披露其附近企业的社会不负责行为。与其他利益相关者的空间分布类似,规模较大或层级较高的新闻媒体机构其总部往往也聚集在主要城市中心区域,因此靠近主要城市中心的企业将更多地承受新闻媒体的监督压力。

在上述因素的综合作用下,空间邻近主要城市中心的企业将承受来自新闻媒体更强的规范压力,为了满足当地规范性利益相关者的合法性要求,靠近主要城市中心的企业也会更积极地参与社会活动。

(3) 企业-城市空间邻近通过NGO等民间团体促进企业社会责任

除了当地居民、新闻媒体外,在企业-城市空间邻近与企业社会责任间起中介作用的规范压力还源自非政府组织(NGO)等民间团体,例如自然之友、绿色家园志愿者等环境保护类NGO,中国扶贫基金会、中华慈善总会等社会福利类NGO。非政府组织主要通过定期会谈、合作项目、年度报告、联合活动等形式与企业产生交流互动,鼓励或督促企业在社会责任方面展开行动,其中大部分交流互动的机会或效果都会受地理距离的影响。

为了产生更好的社会影响和便于开展活动,非政府组织或其他民间团体的总部位置通常都会选定在距离主要城市中心较近的区域。因此相比位于主要城市边缘外围的企业而言,空间邻近主要城市中心的企业更容易与非政府组织产生诸如构建社会网络的交流互动[10],相应地也受到更强的规范压力。在此基础上,企业为了获得承认以及规范合法性,会更多地参与社会责任活动。因此,企业-城市空间邻近也可以通过NGO等民间团体来促进企业社会责任。

综上可见,企业与主要城市中心的空间邻近决定了当地居民、新闻媒体和NGO等规范性利益相关者的评价标准(社会规范、风俗)和影响力度,进而决定了企业承受规范压力的强弱;通过规范压力的影响作用,企业与主要城市中心的空间邻近进一步影响了企业社会责任表现。根据上述分析提出如下假设:

H4-2 企业-城市空间邻近通过规范压力推动企业社会责任。

### 4.3.3 认知压力的中介效应

认知压力源自制度场域中"理所当然"的行为惯例,以及所有成员的共同遵守和重复,产生认知压力的利益相关者是与目标企业具有相同社会角色的其他组织,通常包括同行业企业(industrial peers)或同区域企业(local peers)。在企业-城市空间邻近影响企业社会责任的认知压力机制中,利益相关者主要为同区域企业,包括了目标企业当地的同行和非同行企业。

(1) 企业-城市空间邻近通过当地企业示范促进企业社会责任

认知压力的影响作用主要是促进场域内企业行为或结构的趋同化,因此认知压力也被称为模仿压力[3],而形成认知压力的主体同时也是目标企业模仿的对象,主要包括标杆企业、获益企业和多数企业三种[258]。就本地化认知压力而言,具有示范作用的当地企业是重要的压力来源主体和模仿对象,主要包括当地规模较大、声誉较好的标杆企业,以及因履行社会责任而获益的当地企业。这些企业的社会责任活动可以在本地产生示范作用,加强认知合法性的同时吸引更多企业参与,从而在当地形成企业社会责任的"理所当然"。

就空间分布规律来看,上述企业都更倾向于分布在靠近主要城市中心的区域。首先,主要城市中心区域的企业密度远高于其他地区,从上文的空间分析结果可以看出,社会责任表现较好的企业更倾向于集聚在主要城市中心;其次,规模较大、声誉较好的企业总体上也更多地位于主要城市中心;最后,主要城市中心周边企业的社会责任活动更容易获得规制、规范利益相关者的关注,因此更容易收获社会、经济等综合效益。在上述因素的作用下,空间上邻近主要城市中心的企业将受到当地标杆企业和获益企业的认知性影响,从而更积极地参与社会责任活动。

(2) 企业-城市空间邻近通过当地多数企业认同促进企业社会责任

与规制、规范压力相似,认知压力的中介作用同样决定于认知制度的评价标准,而当地多数企业的认同则是认知评价标准的重要来源。在目标企业所处的地理区域中,如果当地多数企业就社会责任形成理念与实践的共识后,相应的社会责任行为就会在当地制度化、场域化,并对目标企业形成较强的认知压力。在社会责任认知压力的作用下,目标企业为了在当地社会系统中获取认知合法性,会通过模仿等手段调整自身的社会责任行为,从而与当地多数企业保持一致。

与规制制度的法律规定或规范制度的道德期盼不同,认知制度的评价标准在于目标企业是否与场域内多数企业的主流行为相一致。这意味着正面或负面的组织行动可能都具有认知合法性[186],因此认知压力也可能导致企业的社会不负责行为。以福建莆田为例,当地制鞋企业的山寨行为显然违背了规制制度的法律要求或规范制度的道德期盼,然而在造假活动成为普遍现象时,当地企业就会将其视为"理所当然"的行为活动。在对企业社会责任的影响中,认知压力的强弱并不取决于当地企业社会责任的整体水平,而是在于多数企业在社会责任方面的行为一致性。换言之,如果场域内企业的社会责任水平普遍较低,那么同样会对目标企业产生认知压力,使其社会责任表现与多数企业趋同。

然而在主要城市内部,其中心区域的企业社会责任水平显然相对较高,在规制压力和规范压力的共同作用下,靠近主要城市中心的企业会更多地参与社会责任活动。在不断重复活动的前提下,企业社会责任会逐渐惯例化、场域化,进而形成相应的文化－认知系统,并在企业社会责任方面形成正向的评价标准。因此,主要城市中心相当于企业社会责任的正向认知"压力源",空间上邻近主要城市中心的企业会面临更高的认知评价标准,并因此更积极地参与社会责任活动。

(3) 企业-城市空间邻近通过更多的关注观察机会促进企业社会责任

与规制、规范制度等利益相关者的施压方式不同,认知制度的利益相关者也就是当地其他企业,并不会主动对目标企业施加压力。相反,目标企业承受的认知压力主要来自对当地其他企业社会责任行为的关注观察,从而知悉当地企业社会责任的认知评价标准。然而囿于地理边界性,目标企业所能观察关注的当地企业通常有一定地理范围。尽管"当地"的地理范围在相关研究中并无定论[7, 2, 154],但相比距离较远的外围企业而言,距离较近的当地企业通常更容易对目标企业产生影响。同时相比距离较远的企业,距离较近企业的主流行为实践显然在本地环境中更具合法性[181]。

就主要城市而言,其中心区域不仅聚集的企业数量更多[230],同时当地的企业社会责任整体水平也相对较高。因此,靠近主要城市中心的企业可以有更多机会关注并观察当地其他企业的社会责任实践,从而感知当地的企业社会责任认知压力。

综上可见,企业与主要城市中心的空间邻近决定了当地企业示范作用、多数企业认同以及观察关注机会,进而决定企业承受认知压力的强弱;通过认知压力的影响作用,企业与主要城市中心的空间邻近进一步影响了企业社会责任表现。根据上述分析提出如下假设:

H4-3 企业-城市空间邻近通过认知压力推动企业社会责任。

## 4.4 企业社会责任制度压力中介效应的概念模型

从企业-城市空间邻近影响企业社会责任的制度压力机制可见,在企业-城市空间邻近对企业社会责任的影响中,企业社会责任制度压力具有重要的中介作用。企业与主要城市中心的空间邻近决定了当地利益相关者及其对企业产生的制度压力,通过制度压力对企业社会责任行为产生的塑造作用,企业-城市空间邻近可以有效影响企业社会责任(图 4.1)。

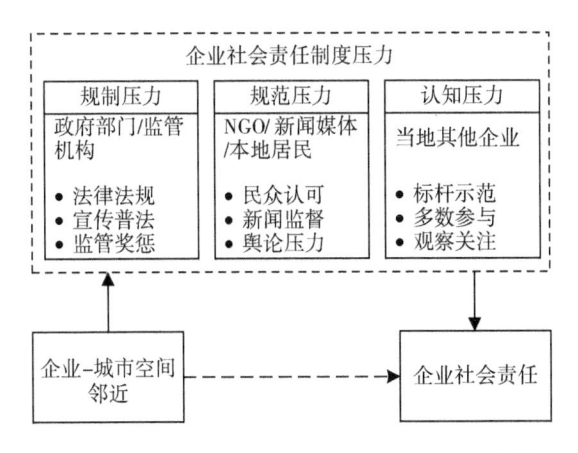

图 4.1 企业社会责任制度压力中介作用的概念模型

首先,企业距离主要城市中心的空间邻近程度决定了其周边利益相关者的类型,包括政府部门、监管机构、NGO、本地居民、新闻媒体、当地其他企业等不同角色的利益相关者。不同类型利益相关者的空间分布有其各自规律,因而不同地理位置企业周边利益相关者的规模等级、类型和距离均有一定差异。一般而言,距离主要城市中心较近的企业,其周边利益相关者的规模或层级都具有优势,同时距离企业也更近。

其次,在决定利益相关者构成的基础上,企业-城市空间邻近进而从评价标准和监管执行两方面决定了企业承受的制度压力。距离主要城市中心较近的企业,通常面临更高的评价标准和更强的施压强度,并因此承受更强的制度压力。在规制压力方面,靠近主要城市中心的政府部门和监管机构具有相对完善的法律法规、更全面的普法宣传工作,同时对企业不法行为的监督奖惩也更为及时有力,因此形成了相对健全的规制体系并对企业产生压力;在规范压力方面,主要城市中心附近的居民、新闻媒体以及 NGO 通常有着更高标准的道德期盼,因此可以形成更强效的舆论压力,进而对企业社会责任产生更强的影响;在认知压力方面,由于主要城市中心的企业社会责任水平较高,因而客观上更容易形成企业社会责任的文化认知,并构成当地企业的行动范本。

最后,在不同制度压力的作用下,企业为了在当地获取合法性会推动或调整自身社会责任活动。规制压力会对企业产生强制性作用力,为了符合当地法律法规要求,企业会调整自身社会责任行为,以便"合规";规范压力会通过道德性期盼和舆论压力影响企业管理者,使其在制定决策时能更多地引导企业参与社会活动,从而满足社会公众的利益诉求;认知压力则通过共享的行动模板,通过示范作用对当地企业产生潜移默化的影响,使得履行社会责任成为企业行为决策的基本条件之一。

综上所述,企业与主要城市中心的空间邻近决定了企业承受规制、规范和认知的强弱,而三种制度压力基于各自方式影响企业的社会责任表现。通过"空间邻近→制度压力→企业社会责任"的影响路径,企业-城市空间邻近对企业社会责任产生积极作用。

## 4.5 研究设计

### 4.5.1 制度压力变量的测量

在企业社会责任制度压力中介效应的实证研究中,除了前文(3.3节)企业-城市空间邻近对企业社会责任直接作用研究中的解释变量(企业-城市空间邻近)、被解释变量(企业社会责任)和控制变量外,还涉及了规制压力、规范压力和认知压力等制度压力的中介变量(表4.1)。

依据Scott提出的制度三支柱[62],制度压力的维度划分包括规制压力、规范压力和认知压力,在现有的企业社会责任研究中,该方案获得了国内外学者的广泛认可[60,90]。故此以规制、规范和认知三个维度为基础,结合相关文献对制度压力的测量量表进行设计。考虑到制度压力的量表开发已经较为成熟,因此在设计过程中以国内外学者的成熟量表为主,在此基础上根据制度压力的本土化特征做出了部分调整,最终的测量量表共包括3个维度12个题项。

表4.1 企业社会责任制度压力的测量

| 维度 | 编号 | 题项 | 参考文献 |
| --- | --- | --- | --- |
| 规制压力 | IP11 | 政府通过各种形式宣传环境保护、劳工权益、生产安全等方面的法律法规。 | Busnitz等,2000;<br>Qu,2007;<br>尹珏林,2010;<br>Zeng等,2017 |
|  | IP12 | 政府和监管机构对企业违反社会责任行为具有严厉的惩罚措施。 |  |
|  | IP13 | 政府和监管机构对企业违反社会责任行为能够做出迅速反应。 |  |
|  | IP14 | 政府通过各种形式鼓励企业参与社会责任活动。 |  |

(续表)

| 维度 | 编号 | 题项 | 参考文献 |
|------|------|------|----------|
| 规范压力 | IP21 | 新闻媒体密切关注企业的社会责任活动。 | Wu 等 2003；Daddi 2016；Zeng 等 2017；Attig 和 Brockman 2017 |
|  | IP22 | 对社会负责的经营理念受本地民众的高度认可。 |  |
|  | IP23 | 本地民众十分关注公益事业。 |  |
|  | IP24 | 非政府组织、民间团体等第三方组织对企业影响很大。 |  |
| 认知压力 | IP31 | 当地其他企业因履行社会责任而获得了回报。 | Haunschild 和 Miner 1997；Marquis 等 2007；Liang 等 2007；沈奇 泰松 2010 |
|  | IP32 | 对社会负责的经营理念受到当地多数企业的认同。 |  |
|  | IP33 | 本地标杆企业能够较好地履行社会责任。 |  |
|  | IP34 | 我们公司密切关注当地其他企业的社会责任表现。 |  |

资料来源：研究整理

### 4.5.2 数据收集

问卷调查的主要目的是收集解释变量、被解释变量和控制变量的相关数据，主要包括基本信息部分和测量量表部分。基本信息部分包括：被调研企业的基本情况，包括企业规模、成立时间、主营业务行业、企业所有制以及企业地理信息，其中地理信息包含企业地址和区号，通过以上信息可以获知企业所在地区，并为计算解释变量（企业-城市空间邻近）的测量提供坐标数据。

测量量表部分，除了企业-城市空间邻近对企业社会责任直接作用研究中的解释变量（企业-城市空间邻近）和被解释变量（企业社会责任）外，还包括企业社会责任制度压力等中介变量，制度压力的测量包括 3 维度 12 题项，旨在测度企业在社会责任方面所感知的规制、规范和认知等制度压力。

通过政府机构、教育培训和关系网络等渠道，共收集 206 份有效问卷。问卷发放过程和样本有效性控制方法详见 3.3.2。

### 4.5.3 实证模型

为检验上文提出的研究假设，需要构建实证模型以检验"空间邻近→规制压力→企业社会责任"、"空间邻近→规范压力→企业社会责任"和"空间邻近→认知压力→企业社会责任"的中介路径。

对此,首先构建实证模型以检验企业-城市空间邻近对企业社会责任的直接影响,根据 Baron 和 Kenny 提出的三步法[259],构建公式(1)如下:

$$CSR_i = \beta_0 + \beta_1 Distance_i + \beta_2 Controls_i + \varepsilon_i, \tag{1}$$

此外,构建模型(2)检验企业-城市空间邻近对规制压力的影响,模型(3)检验企业-城市空间邻近对规范压力的影响,模型(4)估计企业-城市空间邻近对认知压力的影响。符号 $i$ 表示各样本企业,$Distance$ 代表企业-城市空间邻近(地理距离为代理变量),$Regulative$ 代表规制压力,$Normative$ 代表规范压力,$Cognitive$ 代表认知压力。$Controls$ 代表控制变量包括企业规模、企业年龄、企业区域和企业行业,$\varepsilon$ 代表随机误差项,$\beta$ 代表待估计参数。

$$Regulative_i = \beta'_0 + \beta'_1 Distance_i + \beta'_2 Controls_i + \varepsilon_i, \tag{2}$$

$$Normative_i = \beta'_0 + \beta'_1 Distance_i + \beta'_2 Controls_i + \varepsilon_i, \tag{3}$$

$$Cognitive_i = \beta''_0 + \beta''_1 Distance_i + \beta''_2 Controls_i + \varepsilon_i, \tag{4}$$

为检验规制、规范和认知压力对企业社会责任的影响,构建模型(5)检验规制压力对企业社会责任的影响,模型(6)检验规范压力对企业社会责任的影响,模型(7)检验认知压力对企业社会责任的影响。

$$CSR_i = \beta''''_0 + \beta''''_1 Regulative_i + \beta''''_2 Controls_i + \varepsilon_i, \tag{5}$$

$$CSR_i = \beta'''''_0 + \beta'''''_1 Normative_i + \beta'''''_2 Controls_i + \varepsilon_i, \tag{6}$$

$$CSR_i = \beta''''''_0 + \beta''''''_1 Cognitive_i + \beta''''''_2 Controls_i + \varepsilon_i, \tag{7}$$

在结合上述模型的基础上,进一步构建模型(8)检验规制压力的中介作用,模型(9)检验规范压力的中介作用,模型(10)检验认知压力的中介作用。

$$CSR_i = \beta'''''''_0 + \beta'''''''_1 Regulative_i + \beta'''''''_2 Distance_i + \beta'''''''_3 Controls_i + \varepsilon_i, \tag{8}$$

$$CSR_i = \beta''''''''_0 + \beta''''''''_1 Normative_i + \beta''''''''_2 Distance_i + \beta''''''''_3 Controls_i + \varepsilon_i, \tag{9}$$

$$CSR_i = \beta'''''''''_0 + \beta'''''''''_1 Cognitive_i + \beta'''''''''_2 Distance_i + \beta'''''''''_3 Controls_i + \varepsilon_i, \tag{10}$$

## 4.6 实证分析及结果

### 4.6.1 信度和效度检验

企业社会责任制度压力中介效应研究中的问卷数据包括企业社会责任和制

度压力,其中企业社会责任的信度和效度在上文已经检验,因此将针对企业社会责任制度压力量表的信度和效度进行检验。

制度压力量表的 KMO 值和 Bartlett 球形检验的 $P$ 值分别为 0.900 和 0.000,说明适合做因子分析。按照特征根大于 1、最大方差和正交旋转进行因子提取后发现,量表的 12 个题项共有三个公因子,其累计方差贡献率为 75.521%,具有较强的解释力度(表 4.2)。

表 4.2 制度压力量表的探索性因子分析

| 题项 | 公因子 | | |
|---|---|---|---|
| | 1 | 2 | 3 |
| IP11 | | 0.864 | |
| IP12 | | 0.735 | |
| IP13 | | 0.758 | |
| IP14 | | 0.876 | |
| IP21 | 0.852 | | |
| IP22 | 0.777 | | |
| IP23 | 0.867 | | |
| IP24 | 0.754 | | |
| IP31 | | | 0.838 |
| IP32 | | | 0.778 |
| IP33 | | | 0.786 |
| IP34 | | | 0.747 |
| 特征根 | 6.195 | 1.540 | 1.328 |
| 累计方差贡献率 | 25.901% | 51.228% | 75.521% |

在探索性因子分析的基础上,通过验证性因子分析(CFA,confirmatory factor analyses)检验各主要潜变量的效度。表 4.3 汇报了制度压力量表的 Cronbach's α、CR 和 AVE 信度检验结果,Cronbach's α 指数均大于 0.7,说明具有较好的内部一致性。规制压力、规范压力和认知压力的 CR 值(Construct reliability,构念信度)均大于 0.7 且 AVE 值(Average variance extracted,平均方差提取值)均大于 0.5,表示具有良好的收敛效度(Convergent validity)。同时在相关系数表中(表 4.5),各因子的 AVE 根号值均大于该因子与其他因子的相关系数,说明具有很好的区分效度(Discriminant validity)。

表 4.3　制度压力量表的 Cronbach's α、CR 和 AVE

| 维度 | 因子载荷（最小值） | 因子载荷（最大值） | Cronbach's α | CR | AVE |
| --- | --- | --- | --- | --- | --- |
| 规制压力（Regulative） | 0.769 | 0.871 | 0.897 | 0.887 | 0.663 |
| 规范压力（Normative） | 0.737 | 0.862 | 0.888 | 0.889 | 0.669 |
| 认知压力（Cognitive） | 0.757 | 0.835 | 0.872 | 0.871 | 0.629 |

### 4.6.2　描述性统计

表 4.4 为制度压力各题项的描述性统计情况，可以看出，样本在社会责任方面感受了较强的制度压力。其中规制压力的强度整体上大于规范压力和认知压力，同时，虽然规范压力和认知压力的均值整体上略小于规制压力，但是也普遍为企业所感知。

表 4.4　制度压力的描述性统计

| 维度 | 题项 | 最小值 | 最大值 | 平均值 | 标准差 |
| --- | --- | --- | --- | --- | --- |
| 规制压力（Regulative） | IP11 | 1 | 5 | 3.646 | 0.971 |
| | IP12 | 2 | 5 | 3.777 | 0.952 |
| | IP13 | 2 | 5 | 3.791 | 0.921 |
| | IP14 | 1 | 5 | 3.607 | 1.015 |
| 规范压力（Normative） | IP21 | 2 | 5 | 3.223 | 0.926 |
| | IP22 | 2 | 5 | 3.175 | 0.952 |
| | IP23 | 2 | 5 | 3.117 | 0.971 |
| | IP24 | 1 | 5 | 3.053 | 0.851 |
| 认知压力（Cognitive） | IP31 | 1 | 5 | 3.379 | 0.874 |
| | IP32 | 1 | 5 | 3.549 | 0.881 |
| | IP33 | 1 | 5 | 3.490 | 0.936 |
| | IP34 | 1 | 5 | 3.340 | 0.856 |

### 4.6.3　相关分析

相关分析的目的是考察变量间相互影响的趋势和可能，虽然不代表变量间的因果关系，但是可以帮助初步判断构建模型和假设的合理性。对此利用题项打包法并以题项得分均值作为维度得分[248],对企业社会责任制度压力中介效应研究的主要变量和控制变量进行相关分析。

表4.5列出了所有关键变量的相关系数。如表所示,以地理距离为代理变量的企业-城市空间邻近与企业社会责任($r=-0.610,p<0.01$)、规制压力($r=-0.357,p<0.01$)、规范压力($r=-0.527,p<0.01$)和认知压力($r=-0.242,p<0.01$)均显著相关。此外,规制压力($r=0.636,p<0.01$)、规范压力($r=0.717,p<0.01$)和认知压力($r=0.478,p<0.01$)都与企业社会责任显著相关。以上结果为研究假设的合理性提供了初步支持。

**表 4.5 制度压力中介效应各变量的相关系数**

| | 1 | 2 | 3 | 4 | 5 | 6 | 7 | 8 | 9 |
|---|---|---|---|---|---|---|---|---|---|
| 空间邻近 | 1 | | | | | | | | |
| 社会责任 | −0.610** | 1 | | | | | | | |
| 规制压力 | −0.357** | 0.636** | 0.814 | | | | | | |
| 规范压力 | −0.527** | 0.717** | 0.513** | 0.818 | | | | | |
| 认知压力 | −0.242** | 0.478** | 0.561** | 0.530** | 0.793 | | | | |
| 企业规模 | −0.365** | 0.409** | 0.166* | 0.274** | 0.102 | 1 | | | |
| 企业年龄 | −0.425** | 0.555** | 0.398** | 0.338** | 0.278** | 0.225** | 1 | | |
| 所在行业 | 0.019 | 0.071 | 0.124 | 0.041 | 0.036 | −0.113 | 0.092 | 1 | |
| 所处地区 | 0.034 | 0.007 | −0.022 | 0.026 | −0.090 | −0.016 | −0.001 | −0.029 | 1 |
| MEAN | 3.032 | 3.620 | 3.705 | 3.142 | 3.439 | 2.354 | 2.107 | 1.102 | 0.777 |
| S.D. | 0.650 | 0.483 | 0.844 | 0.801 | 0.754 | 1.212 | 0.718 | 0.939 | 0.417 |

注:N=206,斜对角线黑体字为AVE根号值,* $p<0.05$,** $p<0.01$(双尾)

### 4.6.4 结构方程模型分析

前文实证分析了空间邻近对企业社会责任的直接作用,结果表明,空间邻近确实会显著影响企业社会责任表现。为进一步分析制度压力在空间邻近与企业社会责任间的合法化中介机制,依据第四章提出的"空间邻近−制度压力−企业社会责任"框架构建结构方程模型,其中外生观察变量1个,为企业-城市空间邻近(简写为空间邻近),内生潜变量4个,包括规制压力、规范压力、认知压力和企业社会责任(其中企业社会责任为二阶因子,包括商业责任、员工责任、顾客责任和社区责任四个一阶因子),内生观察变量共26个。该模型中共包括27个观察变量,总样本量为206,达到了样本量与观察变量之比5到10倍且超过100的要求。

通过AMOS 24.0软件的迭代运算,得到了企业-城市空间邻近(空间邻近)

与制度压力、企业社会责任的相互关系。借鉴前人建议[260],选取$\chi^2/df$、RMSEA、CFI、TLI等指标来评估模型与数据的拟合优度。如表4.6所示,$\chi^2/df=0.618$、RMSEA=0.055、CFI=0.923、TLI=0.915,以上指标表明模型拟合情况较好[17,260]。

**表4.6 制度压力中介效应的路径系数和检验指数**

| 测试路径 | 标准化估计值 | 显著性 $P$ 值 |
| --- | --- | --- |
| 空间邻近→企业社会责任 | −0.171 | ** |
| 空间邻近→规制压力 | −0.379 | *** |
| 空间邻近→规范压力 | −0.554 | *** |
| 空间邻近→认知压力 | −0.263 | *** |
| 规制压力→企业社会责任 | 0.505 | *** |
| 规范压力→企业社会责任 | 0.600 | *** |
| 认知压力→企业社会责任 | −0.079 | N.S. |
| 拟合检验指标 | 本次拟合的统计值 | 临界参考值 |
| $\chi^2/df$ | 1.618 | <3 |
| RMSEA | 0.055 | <0.08 |
| CFI | 0.923 | >0.90 |
| TLI | 0.915 | >0.90 |

注:表中系数为标准化回归系数β值,*$p<0.05$,**$p<0.01$,***$p<0.001$

从路径结构来看(表4.6),在"空间邻近—制度压力"路径中,以地理距离为代理变量的企业-城市空间邻近对规制压力($r=-0.379, p<0.001$)、规范压力($r=-0.554, p<0.001$)和认知压力($r=-0.263, p<0.001$)均具有显著影响,因此假设H2-1、H2-2和H2-3均获得支持,即与主要城市中心的空间邻近显著影响企业承受的社会责任制度压力。在"制度压力—企业社会责任"路径中,规制压力($r=0.505, p<0.001$)、规范压力($r=0.600, p<0.001$)对企业社会责任有显著影响,而认知压力($r=-0.079, p>0.1$)的影响不显著。因此假设H3-1、H3-2获得支持,假设H3-3未获支持。

为进一步确定制度压力的中介效应,通过bootstrap分析来检验制度压力总体和各维度中企业-城市空间邻近对企业社会责任的间接效应。由于AMOS软件无法完成多重中介效应的检验,因此选用SPSS软件中Hayes开发的PROCESS模块[261]。如表4.7所示,"空间邻近→企业社会责任"路径的总体效应(Total effect)系数为−0.296,置信区间为[−0.380,−0.212],取值不包括零说明显著。"空间邻近→企业社会责任"路径的直接效应(Direct effect)系数为-0.130,置信区间为[-0.200,-0.060],取值不包括零说明显著。

表 4.7 制度压力中介效应的 bootstrap 分析

| 测试路径 | 总体效应 | 直接效应 | 间接效应 | 置信区间(下) | 置信区间(上) |
| --- | --- | --- | --- | --- | --- |
| 空间邻近→企业社会责任 | -0.296 | — | — | -0.380 | -0.212 |
|  | — | -0.130 | — | -0.200 | -0.060 |
| 空间邻近→规制压力→企业社会责任 | — | — | -0.044 | -0.087 | -0.014 |
| 空间邻近→规范压力→企业社会责任 | — | — | -0.119 | -0.181 | -0.075 |
| 空间邻近→认知压力→企业社会责任 | — | — | -0.003 | -0.014 | 0.012 |

注:表中系数为标准化回归系数 β 值

同时,"空间邻近→规制压力→企业社会责任"路径中的间接效应(Indirect effect)系数为-0.044,置信区间为[-0.087,-0.014],取值不包括零说明规制压力的中介效应显著,假设 H4-1 获得支持。"空间邻近→规范压力→企业社会责任"路径中的间接效应系数为-0.119,置信区间为[-0.181,-0.075],取值不包括零说明规范压力的中介效应显著,假设 H4-2 获得支持。"空间邻近→认知压力→企业社会责任"路径中的间接效应系数为-0.003,置信区间为[-0.014,0.012],取值包括零说明认知压力的中介效应不显著,故假设 H4-3 未获得支持。

图 4.2 为包含了规制压力、规范压力和认知压力的企业社会责任制度压力全模型中介效应分析结果,图中系数为标准化回归系数 β 值,* 代表 $p<0.05$,** 代表 $p<0.01$,*** 代表 $p<0.001$。如图所示,除了"认知压力→企业社会责任"路径不显著外,其他各主要变量间的影响路径均为显著。结合规制压力、规范压力和认知压力的中介效应分析结果可见,除了假设 H3-3 和 H4-3 未获支持外,其余假设均获得支持。

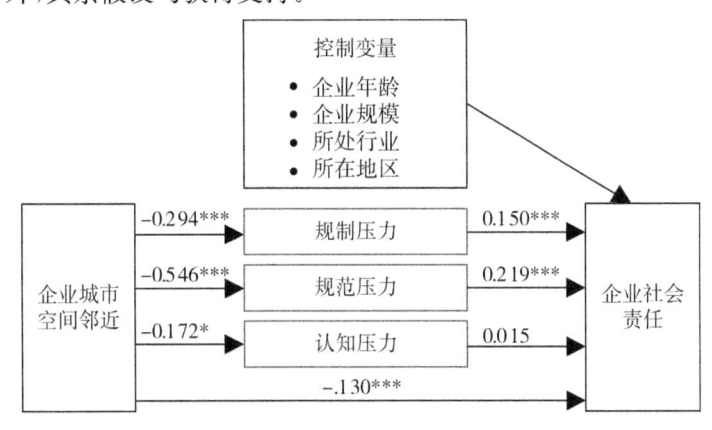

图 4.2 企业社会责任制度压力的全模型分析结果

### 4.6.5 分析结果汇报

通过上述实证分析可见,"空间邻近影响制度压力"的相关假设 H2-1、H2-2 和 H2-3 获得支持,"制度压力影响企业社会责任"的相关假设 H3-1 和 H3-2 获得支持,而 H3-3 未获得支持,"制度压力中介作用"的相关假设 H4-1 和 H4-2 获得支持,而 H4-3 未获得支持。

假设检验结果如表 4.8 所示,企业与主要城市中心的空间邻近会显著增强企业在社会责任方面承受的规制压力、规范压力和认知压力,同时规制压力和规范压力会显著推动企业的社会责任表现,企业-城市空间邻近会分别通过规制压力和规范压力的中介作用推动企业履行社会责任。另一方面,认知压力对企业社会责任的影响不显著,说明虽然企业-城市空间邻近会增强企业社会责任认知压力,但是无法通过认知压力的中介作用推动企业参与社会责任活动。

表 4.8 制度压力中介效应的实证结果汇总

| 研究假设 | 检验结果 |
| --- | --- |
| H2-1:企业-城市空间邻近对规制压力具有正向影响 | 支持 |
| H2-2:企业-城市空间邻近对规范压力具有正向影响 | 支持 |
| H2-3:企业-城市空间邻近对认知压力具有正向影响 | 支持 |
| H3-1:规制压力正向影响企业社会责任 | 支持 |
| H3-2:规范压力正向影响企业社会责任 | 支持 |
| H3-3:认知压力正向影响企业社会责任 | 不支持 |
| H4-1:企业-城市空间邻近通过规制压力推动企业社会责任 | 支持 |
| H4-2:企业-城市空间邻近通过规范压力推动企业社会责任 | 支持 |
| H4-3:企业-城市空间邻近通过认知压力推动企业社会责任 | 不支持 |

上述结果表明,在现阶段我国主要城市及中心对企业社会责任的制度压力影响机制中,规制制度和规范制度是主要的影响媒介。通过规制压力和规范压力的中介作用,主要城市及中心对企业社会责任行为具有推动和塑造作用,同时规制压力和规范压力具有分布的集聚性和影响的衰减性等特征。因此在实际影响中,表现为对靠近主要城市中心企业的社会责任表现影响较强,而对距离主要城市中心较远企业的社会责任表现影响则相对较弱。

## 4.7 本章小结

本章主要内容是在获得企业-城市空间邻近显著影响企业社会责任的结论

后,对企业社会责任制度压力的中介效应进行实证分析。在提出假设和构建模型的基础上,对规制压力、规范压力和认知压力等企业社会责任制度压力的中介作用进行检验。

首先,从理论上分析了企业-城市空间邻近对规制压力、规范压力和认知压力等制度压力的影响,以及制度压力对企业社会责任的影响,并在理论分析基础上提出了相应的研究假设。

其次,从理论上分析了规制压力、规范压力和认知压力等制度压力在企业-城市空间邻近与企业社会责任间的中介作用,并基于研究假设构建了相应的概念模型,包括"空间邻近→规制压力→企业社会责任"、"空间邻近→规范压力→企业社会责任"和"空间邻近→认知压力→企业社会责任"三个中介机制。

最后,对规制压力、规范压力和认知压力的中介作用进行了实证检验。研究结果显示,"空间邻近→规制压力→企业社会责任"和"空间邻近→规范压力→企业社会责任"两个路径均显著,而"空间邻近→认知压力→企业社会责任"路径不显著。企业-城市空间邻近可以通过规制压力和规范压力的部分中介作用推动企业社会责任,而无法通过认知压力推动企业社会责任。

# 第5章　企业社会责任知识溢出中介效应的实证分析

## 5.1 企业-城市空间邻近对知识溢出影响的假设

### 5.1.1 企业-城市空间邻近与知识转移

企业所能接受的知识溢出相当程度上源自当地包括高校、科研机构等非企业性利益相关者以及企业性利益相关者。在此基础上,企业与上述利益相关者的地理距离决定了互动交流的机会,以及企业社会责任知识溢出的机会和效果。作为利益相关者的主要聚集地,主要城市中心密集聚居了大量高校、科研机构以及企业等不同类型的利益相关者,因而形成了以主要城市中心为核心的"知识溢出源",而企业与主要城市中心的空间邻近将决定这些利益相关者对目标企业的知识溢出。与此同时,企业社会责任的相关知识具有不同程度的企业特定性(firm-specific),在直接照搬应用所获知识的同时,企业还须根据自身条件、环境和目标对获取的企业社会责任知识进行调整、转化,因此企业社会责任知识溢出分为知识转移和知识转化两种模式。

(1) 企业-城市空间邻近对知识转移机会的影响

对企业而言,知识转移是指相关知识从供给主体向获取主体流动的过程,其中知识供给方可以包括个体、企业、高校、NGO以及政府等不同层级和类型的主体,获取主体是指获取相关知识的目标企业。与科研创新、国际扩张等活动相似,企业履行社会责任的能力效率很大程度上取决于企业是否掌握相应的技术、经验和诀窍等相关知识[262,263],而企业社会责任相关知识(CSR-related knowledge)的转移同样产生于利益相关者间的交流互动。鉴于利益相关者围绕主要城市中心集聚的空间特征,这种沟通交流的机会很大程度上取决于企业与主要城市中心的空间邻近程度。

在企业社会责任知识转移中,企业可以从不同利益相关者获取有关企业社会责任的知识,包括企业利益相关者和非企业利益相关者。Carlino等指出,知识溢出不仅可以在不同行业的企业间发生,同时也能在企业、NPO、政府、学术机构等不同类型的组织间发生[252]。在企业间知识转移中,通过与当地其他企业的交流互动或观察模仿,目标企业可以获得企业社会责任的相关知识[264]。主要城市中心周边的企业还可以通过直接观察或展示效应来获取社会责任知识[265, 266]。主要城市中心不仅是企业的聚集地,同时也是企业社会责任实践的聚集地,企业通常更倾向于在其所在区域开展社会责任活动[253, 267]。因此相对偏远地区企业而言,靠近主要城市中心的企业有更多机会观察到其他企业的社会责任实践,从而学习其他企业在社会责任方面的做法。除了企业间的观察模仿外,在企业员工流转的过程中,企业社会责任的相关知识也会随着企业员工的流动在企业间转移[12]。

除了企业间的知识转移外,非政府组织、政府、学术机构等非企业利益相关者也会向目标企业提供有关社会责任的知识[252]。例如,蒙牛乳业与北大、清华、上海交大等多所高校交流合作,探索中国本土企业"如何更好地承担社会责任";三星(中国)与科研机构、政府、工厂所在地等合作,"深入开展企业社会责任课题研究"。可以看出,企业获取社会责任知识的来源主体并不局限于企业利益相关者,大学高校、科研机构等非企业利益相关者同样是企业社会责任知识的重要供给方。

(2) 企业-城市空间邻近对知识转移效果的影响

在知识转移的效果方面,知识供给双方的地理位置关系有很大的影响,空间上邻近的利益相关者往往可以更方便地交流互动,因而可以更多更有效地进行知识转移。对获取知识的企业而言,无论是企业或非企业利益相关者,其空间分布都具有一定规律,围绕主要城市中心的集聚分布就是其重要规律之一。从空间视角来看,不同利益相关者密集分布的主要城市中心可以被视为企业社会责任知识的"知识源",通过与知识源的交流互动,企业可以获取社会责任相关知识。而企业与主要城市中心的距离不同,其周边利益相关者的类型和规模也不同,因而企业可获取的社会责任知识也不同。例如,靠近主要城市中心的企业周边聚集着更多的高校、科研机构以及其他实力较强的企业,因此可以更方便地与这些利益相关者产生交流互动,从而更有效地获取企业社会责任的相关知识。而对地处城郊的企业来说,周边可提供有效知识的利益相关者则相对较少,同时由于距离较远,与城市中心利益相关者的交流互动也更加困难。

与其他知识转移相似,企业社会责任知识的空间转移同样受地理距离限制,虽然通信技术的发展有效促进了知识流动,但是面对面交流的互动方式仍是知识转移的重要渠道,特别是具有地理黏性的隐性知识[257]。同时,即使是显性知识的转移也需要当面交流等受空间邻近影响较大的沟通渠道,因为显性知识的领悟理解仍然需要隐性知识的辅助[157]。因此,企业社会责任知识转移往往更依赖于企业周边的利益相关者,而企业从距离较远利益相关者获取知识的机会则相对较小。在此情况下,相比位于其他普通城市或主要城市边缘地区的企业,靠近主要城市中心的企业则更有机会获取企业社会责任知识转移。

综上可见,企业与主要城市中心的空间邻近决定了其周边利益相关者的类型、数量和距离,进而决定了目标企业在社会责任方面获取知识转移的机会和效果。据此提出如下假设:

H5-1 企业-城市空间邻近正向影响知识转移。

### 5.1.2 企业-城市空间邻近与知识转化

在企业社会责任知识溢出过程中,由于知识的情境依赖性,目标企业获取的知识经常无法直接用于本企业的社会责任实践。在此情况下,获取知识的企业首先根据本企业的内部条件和外部环境,对企业社会责任知识进行适应性改造,使之更符合本企业的实际情况。这一过程通常不涉及知识的升级,主要是原有知识的形态变化。另一方面,在外部获取知识的基础上,通过自身实践发现效果更好的方法、诀窍等,从而使改进后的社会责任知识更具有指导价值。在企业社会责任知识溢出的过程中,知识获取方会对外部知识进行调整或改进,这种模式就是知识转化。

(1) 企业-城市空间邻近对知识转化机会的影响

知识转化是指企业在获得社会责任知识转移的同时,结合自身实际对相关知识进行调整或改进的过程。相比知识转移机制中的单纯知识流动,知识转化更强调知识内容的变更。在知识转化模式下,对于从外部获取的知识,企业并非总是全盘接受和照抄。由于外部知识的适用性问题,很多情境下知识获取企业必须结合己方条件和需要,对所获知识进行调整或改进[211]。

作为具有高度情境特定性(context-specific)的组织活动[63],企业社会责任同样与其产生情境具有紧密联系。相应地,企业社会责任知识也具有高度情境依赖性,不同情境下相同社会责任知识所能产生的价值和效果也会相应地有所不同。对于目标企业,从组织外部获取的社会责任知识往往根植于不同层面和类型的情境,例如国家制度、文化差异等国家层面的情境[72,268]、生产或服务流程差异的行业层面情境[269,270]以及规模、资源或流程差异等组织层面情境[63]等。这些不同层面和类型的情境差异共同决定了企业社会责任相关知识的适用范围,如果知识获取企业忽视情境差异而对社会责任知识全盘照搬,很可能会出现邯郸学步甚至适得其反的结果。因此除了直接复制应用的知识转移模式外,企业在从外部获取社会责任知识的同时,也时常需要根据企业自身参与社会责任活动的具体情境,对所获知识进行调整或优化。

与知识转移的来源主体相同,知识转化中企业外部利益相关者同样扮演知识供给主体的角色,其主要区别在于知识获取后的实践应用。为了获取企业社会责任的相关知识,企业必须首先与不同的外部利益相关者沟通交流,包括企业利益相关者以及政府、学术机构、NGO等非企业利益相关者。在此过程中,靠近主要城市中心的企业不仅更有机会同上述利益相关者沟通交流,同时也更容易观察到优秀的企业社会责任活动,从而吸取更多的企业社会责任知识。因此,企业-城市空间邻近将决定企业从外部接触并获取社会责任知识的机会,从而为后期的知识调整和改进提供更坚实的基础。

(2) 企业-城市空间邻近对知识转化效果的影响

在企业社会责任知识转化过程中,除了前段的知识获取外,后段的知识调整优化同样受目标企业与主要城市中心空间邻近的重要影响。囿于知识获取渠道、对象的复杂性,企业获取社会责任知识的来源主体和情境相对丰富多元,因此在实际应用时,常需要对其进行优化调整。在此过程中,企业除了结合自身实际对外来知识进行转化外,同样需要与外部的利益相关者进行沟通交流。Miles等认为,与利益相关者沟通不仅可以推动社会责任相关的信息、知识向企业流动,还可以帮助企业了解利益相关者的需求,从而不断调整或改进已有的社会责任知识[271]。以蒙牛乳业为例,通过与科研机构探讨"中国本土企业如何更好地承担社会责任",企业不仅可以获取有关企业社会责任的知识,同时还能结合自身实际对所获知识做出更有效地调整或优化,从而使其更具指导价值并增强企业的社会责任能力。

企业社会责任知识的情境差异,在操作层面往往表现为利益相关者的差异。不同企业的利益相关者通常有所差异,其利益诉求也相应地各有不同,因而对不同企业的社会责任期待也会相应有所差异。企业在转化外部知识的过程中,除了要考虑自身资源能力等内部条件和制度市场等外部环境,还必须与其利益相关者不断沟通交流,从而保证转化后的社会责任知识符合其利益相关者的期盼。而在此过程中,距离主要城市中心较近的企业通常拥有更多机会同利益相关者进行沟通交流,从而更有效地调整优化企业获取的社会责任知识。

综上分析,企业与主要城市中心的空间邻近决定了其周边利益相关者的类型和数量,进而决定当地潜在可获取社会责任相关知识的多寡,以及企业调整所获社会责任知识的效率和效果。据此提出如下假设:

H5-2 企业-城市空间邻近正向影响知识转化。

## 5.2 知识溢出对企业社会责任影响的假设

### 5.2.1 知识转移与企业社会责任

长期以来,对知识溢出与企业社会责任的研究都在各自领域独立展开,而对两者间的关联则缺乏关注[63]。随着近年来企业社会责任的知识内涵不断被发掘,学者们逐渐开始正视知识对企业社会责任实践的积极作用。例如,Stevens 等考察了财务高管在制定战略决策时使用道德规范的情况,发现接受过相关培训的财务主管更倾向于将道德规范整合进企业的战略活动,并提出如何有效执行(how to do so effectively)会促使管理者将道德规范融入企业战略[65]。

作为企业获取知识的重要途径,知识转移可以帮助企业提升效率,在其他条件不变的情况下鼓励企业进一步行动。以企业国际扩张为例,在知识转移的影响下企业效率和竞争力得到提升,从而使企业地理扩张的收益/成本进一步提高,增强企业信心的同时鼓励企业更积极地参与国际扩张[127]。与国际化等其他企业活动相似,企业社会责任同样需要耗费人、财、物等活动成本,而在相关知识指导下,企业可在单位成本的基础上获取更高的收益。在此条件下,获取相关知识将成为企业进一步履行社会责任的重要推力。

与企业其他行为相似,企业社会责任同样受知识转移的积极影响,在其他条件不变的情况下,更具行为效率的企业通常更积极地参与社会责任活动。例如,Nyuur 等发现外商直接投资会促进东道国当地企业的社会责任,对此提出外国企业在社会责任方面拥有比本国企业更丰富的知识和经验,是十分重要的知识输出源。在与外国企业的交流活动中,除了技术研发的相关知识外,企业社会责任知识同样向当地企业发生转移,并因此而促进东道国企业履行社会责任[272]。

随着企业社会责任理论与实践的不断发展,利益相关者对企业履行社会责任的要求也水涨船高[151],如何履行社会责任正在成为企业思考的问题。例如"房地产公司年会撒钱"等粗放式的社会责任活动不仅无法取得收益,甚至可能产生负面影响。在此背景下,知识转移提供的社会责任知识可以使企业知道"如何有效地"履行社会责任,因此在其他因素不变的情况下,获得效率提升的企业通常更多地参与社会责任实践。

综上可见,知识转移可以帮助企业获取完全适用的社会责任知识,通过直接应用提高其社会责任活动的成本效率,并促进企业更积极地参与社会责任活动。据此提出如下假设:

H6-1 知识转移正向影响企业社会责任。

### 5.2.2 知识转化与企业社会责任

组织知识具有情境依赖性(context dependence)特征,即组织知识的有效性建立在其根植的组织环境基础上,不同情境下组织知识所产生的结果也会有所差异[273]。就企业社会责任知识而言,由于其知识来源主体复杂多样,不仅包括了高校、政府、学术机构等非企业利益相关者,同时也包括了合作伙伴、竞争者等企业利益相关者。多元化的知识来源主体意味着其原本情境的多样性,因此有时企业从外部获取的知识并不完全适用自身实际,如果简单照搬将不仅无法取得满意效果,甚至还会适得其反。因此在缺乏知识转化的情况下,企业同样可能减少其社会责任活动的参与程度。

以资本扶贫为例,企业资本下乡以投资办厂、传授技能、救助病患、兴资助学等多种方式,通过探索长效机制帮助当地脱贫。然而在具体实践中也有部分企业以现金方式扶贫,却被《人民日报》等主流新闻媒体批评,认为其"财大气粗,给钱毫不含糊,但不愿建机制搭平台,粗放式扶贫不利于长远发展"[274]。对于被批评的企业而言,尽管其他标杆企业已经取得了成功,但由于行业、所有制、人员等诸多情境差异,因此成功企业的经验并不适用自身实际。对这些企业来说,深入开展社会责任活动不仅费时费力甚至还"吃力不讨好",所以干脆"给钱了事"。因此在知识转化对企业社会责任的影响中,除了能接触并获取社会责任知识外,对从外部获取的企业社会责任知识进行调整优化同样是知识转化促进企业社会责任的重要基础。

在组织利益、制度压力和管理者偏好等不同动因的驱动下,企业会一定程度地参与社会责任活动,然而这些动因的驱动作用通常是有限的。囿于企业社会责任活动的成本与收益问题,企业并不会无限参与社会责任实践,而是停留在特定的成本/收益均衡点。对于因知识溢出而获得行动效率的企业而言,其社会责任能力获得进一步增强,从而使其社会责任实践更有针对性,降低其社会责任活动成本或提高社会责任活动的综合收益。在此情况下,获得社会责任能力提升的企业将突破原有均衡点,在其他条件不变的情况下进一步参与社会责任活动,直至到达下一个均衡点。因此,无论知识转移或是知识转化,企业社会责任知识溢出的作用都基于"知识-效率-行为"框架,为企业提供社会责任知识并增强其社会责任能力,从而在其他条件不变的情况下促使企业进一步参与社会责任活动。

综上可见,知识转化可以帮助企业获取部分适用的社会责任知识,在改造后应用以提高其社会责任活动的成本效率,并促进企业更积极地参与社会责任活动。据此提出如下假设:

H6-2 知识转化正向影响企业社会责任。

## 5.3 知识溢出中介效应的假设

### 5.3.1 知识转移的中介效应

随着企业社会责任分布的空间差异愈发凸显,在企业社会责任研究中,来自主要城市等地理社区的积极作用逐渐引起关注。关于主要城市对企业社会责任的影响,学者们分别提出了制度环境[2,4]、社会资本[275]等不同的理论解释,然而对企业社会责任的知识属性以及相关知识对企业社会责任的推动作用仍甚少着墨。综合利益相关者理论和知识溢出理论发现，由知识转移和知识转化两种模式构成的企业社会责任知识溢出，在企业-城市空间邻近对企业社会责任的影响中具有重要的中介作用。

对企业而言，主要城市及中心起到"知识源"的作用，通过与主要城市中利益相关者的交流合作，企业可以获取知识转移，例如企业社会责任知识。而企业与主要城市中心的空间邻近则决定了周边利益相关者的规模与构成，进而影响企业可获取的社会责任知识转移。在知识转移机制的影响下，企业在获取相关知识后可以提升企业参与社会活动的效率，因而在其他条件不变的情况下更进一步参与社会责任活动。

综上分析，企业与主要城市中心的空间邻近决定了企业可获取企业社会责任知识转移的机会多寡，通过相关知识的有效推动作用，企业与主要城市中心的空间邻近进一步影响了企业社会责任表现。据此提出如下假设：

H7-1 企业-城市空间邻近通过知识转移促进企业社会责任。

### 5.3.2 知识转化的中介效应

在企业-城市空间邻近影响企业社会责任的知识溢出机制中，除了以直接复制为主的知识转移外，以调整优化为主的知识转化也具有重要作用。在获取社会责任相关知识的基础上，企业也时常需要结合其内部条件和外部环境对相关知识进行调整优化，才能保证所获知识对企业社会责任的积极作用。

在企业社会责任知识转化的中介作用下，主要城市及中心同样起到"知识源"的作用，企业与"知识源"的空间邻近程度将影响其社会责任知识转化的机会与程度。在知识获取阶段，企业与主要城市中心的距离将决定其与外部利益相关者交流机会和获取知识的多寡；而在知识调整阶段，企业与外部利益相关者的位置关系则影响其与社会责任实践对象的沟通，从而使所获知识更具适用性和可操作性，而转化后的社会责任知识将同样提升企业社会活动效率，从而推动企业更积极地参与社会责任活动[65]。

综上分析，企业与主要城市中心的空间邻近决定了企业可获取企业社会责任知识转化的机会多寡，通过相关知识的有效推动作用，企业与主要城市中心的空间邻近进一步影响了企业社会责任表现。据此提出如下假设：

H7-2 企业-城市空间邻近通过知识转化促进企业社会责任。

## 5.4 企业社会责任知识溢出中介效应的概念模型

从企业-城市空间邻近对企业社会责任的知识溢出影响机制分析可见，在企业-城市空间邻近对企业社会责任的影响中,企业社会责任知识溢出同样具有重要的中介作用。企业与主要城市中心的空间邻近决定了当地利益相关者及其对企业产生的知识溢出,通过知识溢出对企业社会责任行为的塑造作用,企业-城市空间邻近可以有效影响企业社会责任(图 5.1)。

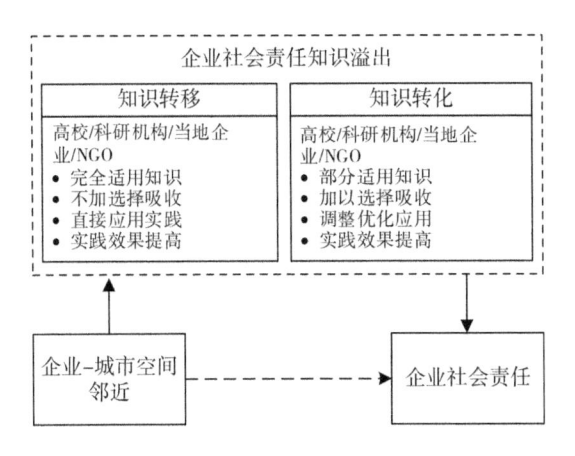

**图 5.1　企业社会责任知识溢出中介作用的概念模型**

首先,企业与主要城市中心的空间邻近决定了其周边利益相关者的规模和类型,例如当地其他企业、高校、科研机构、NGO 等,通过与这些利益相关者的交流互动,企业可以获得企业社会责任的相关知识。其中,既包括完全适用企业自身的社会责任知识,也包括部分适用企业自身的社会责任知识。

其次,当获得社会责任知识后,企业需要选择不同的知识应用方式。对于适合自身实际的知识,知识获取企业可以将其直接用于己方的社会责任实践;而对无法直接适用的知识,则需要结合自身实际进行调整或改进,而企业履行社会责任的目标利益相关者是"自身实际"的重要构成。为确保转化后的社会责任知识符合目标利益相关者的诉求,企业需要不断同其进行沟通交流,从而实现外部知识的有效转化。企业与主要城市中心利益相关者的位置关系将影响其对社会责任知识的获取和随后的调整改进,因此在企业社会责任知识溢出中,无论是知识转移还是知识转化模式,其效率和效果都会受企业与主要城市中心空间邻近的影响。距离主要城市中心较近的企业,可以更高效地获取更有效的企业社会责任知识。

最后,在知识转移或知识转化的影响下,企业可以获取企业社会责任知识并应用实践,从而提升企业参与社会责任相关活动的效率和效果。在此基础上,企业将获得更好的内外部反馈,并因此受到鼓励而更积极地履行社会责任。

综上所述,企业与主要城市中心的空间邻近决定了企业获取的知识转移和知识转化,而这两种不同模式的知识溢出通过各自方式影响企业的社会责任表现。通过"空间邻近→知识溢出→企业社会责任"的影响路径,企业-城市空间邻近对企业社会责任产生积极作用。

## 5.5 研究设计

### 5.5.1 知识溢出变量的测量

在企业社会责任知识溢出中介效应的实证研究中,除了前文3.3企业-城市空间邻近对企业社会责任直接作用研究中的解释变量(企业-城市空间邻近)、被解释变量(企业社会责任)和控制变量外,还涉及了知识转移、知识转化等知识溢出的中介变量。

作为经济地理学的核心概念,知识溢出的测量曾一度被Krugman等学者认为是徒劳的[115]。近年来,经过国内外学者的不断探索,已经有多种模型和方法来测量知识溢出的范围和程度,主要包括知识流动法、文献追踪法、知识生产函数、全要素生产率、机制边界分析和问卷调查等方法[208]。然而,以上方法大多无法用于考察知识溢出的中介作用,主要有以下几点原因:第一,以上方法多数以区域或行业层面的知识溢出为对象,无法准确测量企业层面(firm-level)的知识溢出;第二,以上方法主要针对技术创新的知识溢出的发展,对于企业社会责任知识溢出,专利数据等方法不能测量企业社会责任知识的流动。因此,使用问卷量表来测量企业社会责任知识溢出。

综合现有文献来看,国内外学者有关知识溢出量表的设计并没有形成统一标准,大多是根据研究需要和理论背景进行开发。例如Williams在考察组织间的知识溢出时,将知识溢出机制分解为知识复制和知识调整[211]。Hallin和Lind根据知识在主体间流动的意向性,将知识溢出分解为无意知识溢出和有意知识扩散[215]。陈玉娟在考察知识溢出、科技创新与区域竞争力的关系时,将知识溢出分解为知识生成、知识转化、知识转移和知识共享四个维度[208]。Perri和Peruffo考察国际企业对东道国企业的知识溢出情况,并将其分解为横向(行业内)知识溢出和纵向(行业间)知识溢出[214]。缪洋考察了海归人才的知识溢出效应,并将知识溢出分为显性知识溢出和隐性知识溢出[210]。由此可以看出,知识溢出机制存在于多层级主体之间,从个人[210,276]、组织[214,215],到区域[208]等层级均有涉及。企业社会责任知识溢出属于组织层面的知识溢出,因此在量表开发中着重借鉴了现有组织间知识溢出的成熟量表,同时也吸收了个人、区域层级的知识溢出测量题项和设计思想。

在量表开发过程中,由于缺乏可直接参考的企业社会责任知识溢出量表,因此以其他知识溢出的研究文献和测量量表为基础,设计企业社会责任知识溢出的测量量表。最终在 Williams 和陈玉娟方案的基础上[211, 208],结合理论推导部分对知识溢出机制的分析,将企业社会责任的知识溢出概念解构为知识转移和知识转化两个维度。如前文所述,知识转移和知识转化是知识溢出的不同模式,前者强调社会责任知识在不发生改变的情况下从供给方向接收方流动,后者强调接收方结合自身实际对获取的社会责任知识进行调整或优化。题项设计方面,借鉴 Ko 等[277]、Tho 和 Trang 等[276]学者,考察接收方知识基础的变化、对所获知识的利用方式和相关行为绩效的改变。最终的测量量表共包括 2 个维度 8 个题项,具体内容见表 5.1。

表 5.1 企业社会责任知识溢出的测量

| 维度 | 编号 | 题项 | 理论依据 |
| --- | --- | --- | --- |
| 知识转移 | KS11 | 我们公司从当地企业、政府、非政府组织或学术机构等获取基本适合本公司实际的社会责任知识。 | Ko 等 2005;<br>Carlino 等 2007;<br>Tho 和 Trang 2015;<br>Husted 等 2016 |
| | KS12 | 我们公司不加选择地吸收采纳获取的社会责任知识。 | |
| | KS13 | 我们公司对获取的社会责任知识不加修改,直接用于本公司的社会责任实践。 | |
| | KS14 | 直接应用的社会责任知识改善了本公司社会责任实践的效果。 | |
| 知识转化 | KS21 | 我们公司从当地企业、政府、非政府组织或学术机构等获取部分适合本公司实际的社会责任知识。 | Ko 等 2005;<br>Williams 2007;<br>陈玉娟 2013;<br>Islam 等 2017 |
| | KS22 | 我们公司选择性地吸收采纳获取的社会责任知识。 | |
| | KS23 | 我们公司对获取的社会责任知识做出调整或改进,使其更适合本公司实际。 | |
| | KS24 | 调整或改进后的社会责任知识改善了我们公司社会责任活动的效果。 | |

资料来源:研究整理

## 5.5.2 数据收集

问卷调查的主要目的是收集解释变量、被解释变量和控制变量的相关数据,主要包括基本信息部分和测量量表部分。基本信息部分包括,被调研企业的基本情况,包括企业规模、成立时间、主营业务行业、企业所有制以及企业地理信息,其中地理信息包含企业地址和区号,通过以上信息可以获知企业所在地区,并为计算解释变量(企业-城市空间邻近)的测量提供坐标数据。

测量量表部分,除了企业-城市空间邻近对企业社会责任直接作用研究中的解释变量(企业-城市空间邻近)和被解释变量(企业社会责任)外,还包括企业社会责任知识溢出等中介变量,知识溢出的测量包括2维度8题项,旨在测度企业在社会责任方面获取的知识转移和知识转化。通过政府机构、教育培训和关系网络等渠道,共收集206份有效问卷。问卷发放过程和样本有效性控制方法详见3.3.2。

### 5.5.3 实证模型

为检验上文提出的研究假设,需要构建实证模型以检验"空间邻近→知识转移→企业社会责任"和"空间邻近→知识转化→企业社会责任"的中介路径。对此,首先构建实证模型以检验企业-城市空间邻近对企业社会责任的直接影响,根据Baron和Kenny提出的三步法[259],构建公式(1)如下:

$$CSR_i = \beta_0 + \beta_1 Distance_i + \beta_2 Controls_i + \varepsilon_i, \quad (1)$$

此外,构建模型(1)以检验企业-城市空间邻近对企业社会责任的影响,模型(2)检验企业-城市空间邻近对知识转移的影响,模型(3)检验企业-城市空间邻近对知识转化的影响。符号i表示各样本企业,$Distance$代表企业-城市空间邻近,$Transfer$代表知识转移,$Conversion$代表知识转化。$Controls$代表控制变量包括企业规模、企业年龄、企业区域和企业行业,$\varepsilon$代表随机误差项,$\beta$代表待估计参数。

$$Transfer_i = \beta'_0 + \beta'_1 Distance_i + \beta'_2 Controls_i + \varepsilon_i, \quad (2)$$

$$Conversion_i = \beta''_0 + \beta''_1 Distance_i + \beta''_2 Controls_i + \varepsilon_i, \quad (3)$$

为检验知识转移和知识转化对企业社会责任的影响,构建模型(4)检验知识转移对企业社会责任的影响,模型(5)检验知识转化对企业社会责任的影响。

$$CSR_i = \beta'''_0 + \beta'''_1 Transfer_i + \beta'''_2 Controls_i + \varepsilon_i, \quad (4)$$

$$CSR_i = \beta''''_0 + \beta''''_1 Conversion_i + \beta''''_2 Controls_i + \varepsilon_i, \quad (5)$$

在结合上述模型的基础上,进一步构建模型(6)检验知识转移的中介作用,模型(7)检验知识转化的中介作用。

$$CSR_i = \beta'''''_0 + \beta'''''_1 Transfer_i + \beta'''''_2 Distance_i + \beta'''''_3 Controls_i + \varepsilon_i, \quad (6)$$

$$CSR_i = \beta''''''_0 + \beta''''''_1 Conversion_i + \beta''''''_2 Distance_i + \beta''''''_3 Controls_i + \varepsilon_i, \quad (7)$$

## 5.6 实证分析

### 5.6.1 信度和效度检验

企业社会责任知识溢出中介效应研究中的问卷数据包括企业社会责任和知识溢出,其中企业社会责任的信度和效度在上文已经检验,因此下面针对企业社会责任知识溢出量表的信度和效度进行检验。

知识溢出量表的 KMO 值和 Bartlett 球形检验的 $P$ 值分别为 0.869 和 0.000,说明适合做因子分析。按照特征根>1、最大方差和正交旋转进行因子提取后发现,量表的 8 个题项共有两个公因子,其累计方差贡献率为 79.481%,具有较强的解释力度(表 5.2)。在探索性因子分析的基础上,通过验证性因子分析(CFA,confirmatory factor analyses)检验各主要潜变量的效度。

表 5.2　知识溢出的因子分析结果

| 题项 | 公因子 1 | 公因子 2 |
| --- | --- | --- |
| KS11 |  | 0.886 |
| KS12 |  | 0.852 |
| KS13 |  | 0.868 |
| KS14 |  | 0.861 |
| KS21 | 0.889 |  |
| KS22 | 0.869 |  |
| KS23 | 0.905 |  |
| KS24 | 0.907 |  |
| 特征根 | 4.163 | 2.196 |
| 累计方差贡献率 | 40.808% | 79.481% |

表 5.3 汇报了知识溢出量表的 Cronbach's α、CR 和 AVE 信度检验结果,知识转移和知识转化 Cronbach's α 指数均大于 0.7,说明具有较好的内部一致性。知识转移和知识转化的 CR 值(Construct reliability,构念信度)均大于 0.7 且 AVE 值(Average variance extracted,平均方差提取值)均大于 0.5,表示具有良好的收敛效度(Convergent validity)。同时,在相关系数表中(表 5.5),各因子的 AVE 根号值均大于该因子与其他因子的相关系数,说明具有很好的区分效度(Discriminant validity)。

表 5.3 知识溢出量表的 Cronbach's α、CR 和 AVE

| 维度 | 因子载荷（最小值） | 因子载荷（最大值） | Cronbach's α | CR | AVE |
| --- | --- | --- | --- | --- | --- |
| 知识转移（Transfer） | 0.796 | 0.859 | 0.900 | 0.901 | 0.694 |
| 知识转化（Coversion） | 0.855 | 0.885 | 0.925 | 0.925 | 0.756 |

### 5.6.2 描述性统计

表 5.4 反映了调查问卷中知识溢出各题项的统计情况，其中知识转移的均值显著强于知识转化，说明在现阶段的企业社会责任知识溢出过程中，企业主要以学习和模仿为主，对于所获社会责任知识的调整和优化则相对较少。

表 5.4 知识溢出各题项的描述性统计

| 维度 | 题项 | 最小值 | 最大值 | 平均值 | 标准差 |
| --- | --- | --- | --- | --- | --- |
| 知识转移(Transfer) | KS11 | 2 | 5 | 3.699 | 0.930 |
|  | KS12 | 2 | 5 | 3.650 | 0.965 |
|  | KS13 | 2 | 5 | 3.665 | 0.937 |
|  | KS14 | 2 | 5 | 3.665 | 0.900 |
| 知识转化(Conversion) | KS21 | 1 | 5 | 2.641 | 1.058 |
|  | KS22 | 1 | 5 | 2.655 | 1.028 |
|  | KS23 | 1 | 5 | 2.621 | 1.069 |
|  | KS24 | 1 | 5 | 2.650 | 1.043 |

在问卷所获数据中，知识转移强于知识转化的现状可能主要出于以下两点：首先企业获取的社会责任知识相对基础和普适，因此并不需要多做调整；其次相比学习和模仿，对所获知识的适应性调整需要更强的企业能力，而多数企业无力完成。

### 5.6.3 相关分析

相关分析的目的是考察变量间相互影响的趋势和可能，虽然不代表变量间的因果关系，但是可以帮助初步判断构建模型和假设的合理性。

利用题项打包法并以题项得分均值作为维度得分[248]，对企业社会责任知识溢出中介效应研究的主要变量和控制变量进行相关分析。表 5.5 列出了所有关键变量的均值、标准差和相关系数。如表所示,以地理距离为代理变量的企业-城市空间邻近与知识转移($r=-0.309$,$p<0.01$)、知识转化($r=-0.377$,$p<0.01$)和企业社会责任($r=-0.610$,$p<0.01$)显著相关。此外,知识转移($r=0.476$,$p<0.01$)和知识转化($r=0.527$,$p<0.01$)都与企业社会责任显著相关。以上结果为研究假设的合理性提供了初步支持。

表 5.5 知识溢出中介效应各变量的相关系数

| 变量 | 1 | 2 | 3 | 4 | 5 | 6 | 7 | 8 |
| --- | --- | --- | --- | --- | --- | --- | --- | --- |
| 空间邻近 | 1 | | | | | | | |
| 社会责任 | −0.610** | 1 | | | | | | |
| 知识转移 | −0.309** | 0.476** | 0.833 | | | | | |
| 知识转化 | −0.377** | 0.527** | 0.310** | 0.869 | | | | |
| 企业规模 | −0.365** | 0.409** | 0.152* | 0.238** | 1 | | | |
| 企业年龄 | −0.425** | 0.555** | 0.334** | 0.284** | 0.225** | 1 | | |
| 所在行业 | 0.019 | 0.071 | 0.007 | −0.015 | −0.113 | 0.092 | 1 | |
| 所处地区 | 0.034 | 0.007 | 0.087 | 0.040 | −0.016 | −0.001 | −0.029 | 1 |
| Mean | 3.032 | 3.620 | 3.670 | 2.642 | 2.354 | 2.107 | 1.102 | 0.777 |
| S.D. | 0.650 | 0.483 | 0.819 | 0.948 | 1.212 | 0.718 | 0.939 | 0.417 |

注:N=206,斜对角线黑体字为 AVE 根号值,* $p<0.05$,** $p<0.01$(双尾)

### 5.6.4 结构方程模型分析

为验证前文模型和假设,依据第四章提出的"空间邻近−知识溢出−企业社会责任"框架构建相应的结构方程模型。该模型包括外生观察变量 1 个,为企业-城市空间邻近,内生潜变量 3 个,包括知识转移、知识转化和企业社会责任(其中企业社会责任为二阶因子,包括商业责任、员工责任、顾客责任和社区责任四个一阶因子),内生观察变量共 22 个。该模型共包括 23 个观察变量,总样本量为 206,达到了样本量与观察变量之比 5 到 10 倍且超过 100 的要求。

通过 AMOS 24.0 软件的迭代运算,得到了企业-城市空间邻近(空间邻近)与知识溢出、企业社会责任的相互关系。借鉴前人建议[260],选取 $\chi^2/df$、RMSEA、CFI、TLI 等指标来评估模型与数据的拟合优度。如表 5.6 所示,$\chi^2/df=1.385$、RMSEA$=0.043$、CFI$=0.957$、TLI$=0.952$,以上指标表明模型拟合情况较好[17, 260]。

从路径结构来看(表5.6),在"空间邻近—知识溢出"路径中,以地理距离为代理变量的企业-城市空间邻近对知识转移($r=-0.329,p<0.001$)和知识转化($r=-0.394,p<0.001$)均具有显著影响,因此假设 $H5-1$ 和 $H5-2$ 均获得支持,即与主要城市中心的空间邻近会显著影响企业社会责任知识溢出。在"知识溢出—企业社会责任"路径中,知识转移($r=0.315,p<0.001$)和知识转化($r=0.443,p<0.001$)对企业社会责任有显著影响,因此假设 $H6-1$ 和 $H6-2$ 均获得支持。

表5.6 知识溢出中介效应的路径系数和检验指数

| 测试路径 | 标准化估计值 | 显著性 $P$ 值 |
| --- | --- | --- |
| 空间邻近→企业社会责任 | −0.404 | *** |
| 空间邻近→知识转移 | −0.329 | *** |
| 空间邻近→知识转化 | −0.394 | *** |
| 知识转移→企业社会责任 | 0.315 | *** |
| 知识转化→企业社会责任 | 0.443 | *** |
| 拟合检验指标 | 本次拟合的统计值 | 临界参考值 |
| $\chi^2/df$ | 1.385 | <3 |
| RMSEA | 0.043 | <0.08 |
| CFI | 0.957 | >0.90 |
| TLI | 0.952 | >0.90 |

注:表中系数为标准化回归系数 $\beta$ 值,* $p<0.05$,** $p<0.01$,*** $p<0.001$

为进一步确定知识溢出的中介效应,通过 bootstrap 分析来检验知识溢出总体和各维度中企业-城市空间邻近对企业社会责任的间接效应。由于 AMOS 软件无法完成多重中介效应的检验,因此选用 SPSS 软件中的 PROCESS 模块进行计算[261]。结果如表5.7所示,"空间邻近→企业社会责任"路径的总体效应(Total effect)系数为 −0.296,置信区间为[−0.380,−0.212],取值不包括零说明显著。"空间邻近→企业社会责任"路径的直接效应(Direct effect)系数为 −0.215,置信区间为[−0.293,−0.137],取值不包括零说明显著。

表 5.7　知识溢出中介效应的 bootstrap 分析

| 测试路径 | 总体效应 | 直接效应 | 间接效应 | 置信区间(下) | 置信区间(上) |
|---|---|---|---|---|---|
| 空间邻近→企业社会责任 | −0.296 | — | — | −0.380 | −0.212 |
|  | — | −0.215 | — | −0.293 | −0.137 |
| 空间邻近→知识转移→企业社会责任 | — | — | −0.030 | −0.062 | −0.049 |
| 空间邻近→知识转化→企业社会责任 | — | — | −0.051 | −0.092 | −0.019 |

注：表中系数为标准化回归系数 β 值

同时，"空间邻近→知识转移→企业社会责任"路径中的间接效应（Indirect effect）系数为−0.030，置信区间为[−0.062，−0.049]，取值不包括零说明知识转移的中介效应显著，假设 H7-1 获得支持。"空间邻近→知识转化→企业社会责任"路径中的间接效应系数为−0.051，置信区间为[−0.092，−0.019]，取值不包括零说明知识转化的中介效应显著，假设 H7-2 获得支持。

图 5.2 为包含了知识转移和知识转化的企业社会责任知识溢出全模型中介效应分析结果，图中系数为标准化回归系数 β 值，*代表 $p<0.05$，**代表 $p<0.01$，***代表 $p<0.001$。如图所示，研究中各主要变量间的影响路径均为显著。结合知识转移和知识转化的中介效应分析结果可见，假设 H5-1 到 H7V2 均获得支持。

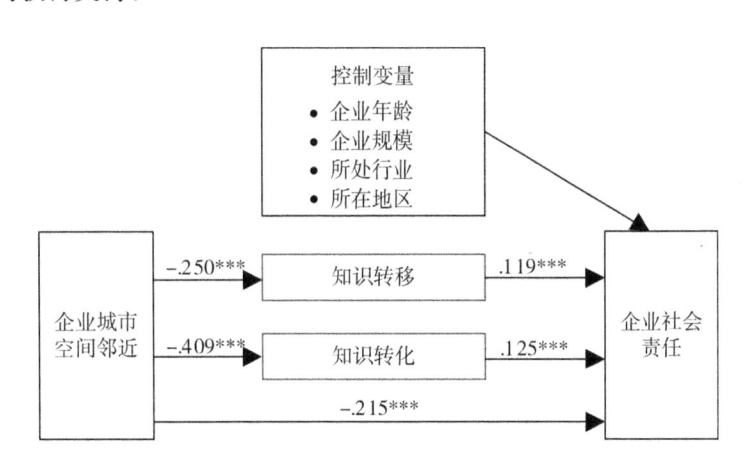

图 5.2　企业社会责任知识溢出的全模型分析结果

## 5.6.5　分析结果汇报

通过上述实证分析可见，"空间邻近影响知识溢出"的相关假设 H5-1 和

H5-2获得支持,"知识溢出影响企业社会责任"的相关假设H6-1和H6-2获得支持,"知识溢出中介作用"的相关假设H7-1和H7-2获得支持。

假设检验结果如表5.8所示,企业与主要城市中心的空间邻近会显著增强企业在社会责任方面获取的知识转移和知识转化,同时知识转移和知识转化会显著促进企业的社会责任表现。因此,企业-城市空间邻近会分别通过知识转移和知识转化的中介作用推动企业履行社会责任,也就是说,企业与主要城市中心的空间邻近可以通过知识转移和知识转化帮助企业获取社会责任相关知识,并因此而促进企业更多地履行社会责任。

表5.8 知识溢出中介效应的实证结果汇总

| 研究假设 | 检验结果 |
| --- | --- |
| H5-1:企业-城市空间邻近对知识转移具有正向影响 | 支持 |
| H5-2:企业-城市空间邻近对知识转化具有正向影响 | 支持 |
| H6-1:知识转移正向影响企业社会责任 | 支持 |
| H6-2:知识转化正向影响企业社会责任 | 支持 |
| H7-1:企业-城市空间邻近通过知识转移影响企业社会责任 | 支持 |
| H7-2:企业-城市空间邻近通过知识转化影响企业社会责任 | 支持 |

上述结果表明,在现阶段我国主要城市及中心对企业社会责任的知识溢出影响机制中,知识转移和知识转化是主要的影响媒介。通过知识转移和知识转化的中介作用,主要城市及中心对企业社会责任行为具有促进和塑造作用。同时,企业社会责任知识资源的空间分布具有以主要城市中心为核的集聚特征,并以随距离增加而衰减的方式向周边企业溢出。因此在实际影响中,表现为对靠近主要城市中心企业的社会责任表现影响较强,而对距离主要城市中心较远企业的社会责任表现影响相对较弱。

## 5.7 本章小结

本章主要内容是在获得企业-城市空间邻近显著影响企业社会责任的结论后,对企业社会责任知识溢出的中介效应进行实证分析。在提出假设和构建模型的基础上,对知识转移和知识转化等企业社会责任知识溢出的中介作用进行检验。

首先,理论分析企业-城市空间邻近对知识转移和知识转化等知识溢出的影响,以及知识溢出对企业社会责任的影响,并在理论分析基础上提出相应的研究假设。

其次，理论分析知识转移和知识转化等知识溢出在企业-城市空间邻近与企业社会责任间的中介作用，并基于研究假设构建了相应的概念模型，包括"空间邻近→知识转移→企业社会责任"和"空间邻近→知识转化→企业社会责任"两个中介机制。

最后，对知识转移和知识转化的中介作用进行了实证检验。研究结果显示，"空间邻近→知识转移→企业社会责任"和"空间邻近→知识转化→企业社会责任"两个路径均显著。企业-城市空间邻近可以通过知识转移和知识转化的部分中介作用促进企业社会责任。

# 第6章　结果讨论与管理建议

## 6.1 实证结果讨论

### 6.1.1 企业-城市空间邻近对企业社会责任直接影响的讨论

通过对我国企业社会责任分布的空间分析发现,我国企业社会责任具有围绕主要城市及中心集聚分布的现象,进而提出企业社会责任与企业-城市空间邻近(企业与主要城市及中心的空间邻近)存在关联。在此基础上,通过进一步的研究假设和回归分析,实证检验了企业-城市空间邻近对企业社会责任的直接影响。结果表明,企业-城市空间邻近对企业社会责任影响的研究假设 H1 获得了支持($\beta=-0.399, p<0.001$),即企业-城市空间邻近会显著影响企业社会责任,也就是与主要城市及中心的空间邻近对企业社会责任有显著的正向影响。此外,与主要城市中心的空间邻近对企业社会责任各维度(商业责任、员工责任、顾客责任、社区责任)也具有显著正向作用。

基于当地集聚的利益相关者,主要城市及中心构成了企业开展社会责任活动最直接的制度环境和知识资源,而与主要城市中心的空间邻近可以同时影响企业的制度环境和知识资源,进而对企业社会责任各维度产生不同程度的影响。首先,企业-城市空间邻近对企业商业责任影响较弱($\beta=-0.152, p<0.05$),即企业与主要城市中心的空间邻近会一定程度上影响其商业责任表现。商业责任也就是 Friedman 提出的"经济责任"[19],主要指企业自身的生存发展和对股东的义务等,包括"维持高水平的生产效率"、"企业可持续发展能力"和"被商业伙伴或债权人信赖"等内容。靠近主要城市中心的企业可以更容易地从当地获取商业责任的相关知识,例如共享专业劳工和知识等[231],从经济效率的角度来看,空间上邻近主要城市中心的企业显然更容易获得履行商业责任的能力。但是作为企业的"本质责任",企业履行商业责任主要出自内生驱动,受政府部门、社会公众和本地同行等外部利益相关者的关注较少,因而商业责任受企业与主要城市中心空间邻近的影响也相对较弱。

除了商业责任外,企业-城市空间邻近对企业社会责任的其他维度,包括员工责任($\beta=-0.374$,$p<0.001$)、顾客责任($\beta=-0.295$,$p<0.001$)和社区责任($\beta=-0.364$,$p<0.001$)均具有显著影响。与作为企业"本质责任"的商业责任不同,员工责任、顾客责任和社区责任均属于企业社会责任的拓展维度[13]。这三个社会责任维度通常更容易受到企业外部利益相关者的关注,相应地,其社会责任活动也更多受到外部因素的影响和驱动[278]。综合来看,企业-城市空间邻近主要通过知识溢出和制度压力对这三个社会责任维度产生推动作用。其中,知识溢出提升了企业履行社会责任的效率,使企业员工责任、顾客责任和社区责任的实践活动事半功倍;而制度压力则增强了企业寻求外部合法性的需求,为了在所处的制度环境中获取合法化地位,制度压力影响下的企业会进一步加强其员工责任、顾客责任和社区责任的相关活动。

综上可见,假设 H1 的检验结果主要证实了企业-城市空间邻近对企业社会责任的直接影响,而为了深入发掘制度压力和知识溢出的中介作用,有必要在相关检验结果的基础上,结合企业社会责任的相关理论与具体实践做出进一步探讨。

### 6.1.2 企业社会责任制度压力的中介作用的讨论

(1) 企业-城市空间邻近可以通过规制压力推动企业社会责任

对于"空间邻近→规制压力→企业社会责任"的影响路径,实证结果显示相关假设 H2-1($r=-0.294$,$p<0.001$)、H3-1($r=0.150$,$p<0.001$)和 H4-1($r=-0.044$,$C.I.=[-0.087,-0.014]$)均得到支持。实证结果表明,空间上邻近主要城市中心的企业承受更强的规范压力,并因此更多地履行社会责任,规制压力的中介作用成立。

规制压力是指通过规则设定、监督和惩罚等活动施展的强制力,其主要来源之一是政府颁布的法律法规和行政指令。在主要城市内部,规制作用力来源于当地的政策和法律法规。2015 年,深圳市在全国范围首次推出地方性企业社会责任标准,提出"社会责任评价实行政府主导、企业自愿、社会参与、评价机构独立评价的工作机制",在全国性的法律法规基础上,《标准》的出台势必对当地企业产生更大的压力。然而"有法可依"并不意味企业会感知到规制压力,与制定法规政策同等重要的还有监督执行,"有法必依、执法必严、违法必究"才会使企业真正地承受规制压力。规制压力对企业社会责任行为的影响已经成为共识,大部分情况下企业的不法行为并不是制度压力的失效,而是企业没有"承受"制度压力。以腾格里沙漠污染事件为例,涉案企业之所以肆无忌惮地排污,并非是在当地政府和环保部门监管的前提下"顶风作案",抑或是缺乏相关法律法规可以惩戒企业的社会不负责行为(corporate social irresponsibility),而是当地监管部门为了追求经济增长故意纵容,选择睁一只眼闭一只眼。因此,企业"承受"制度压力不仅需要法律法规的颁布和普及,更重要的是相关部门的监管和执行。

与此同时,主要城市中心的空间邻近之所以会影响企业承受的规制压力,主要有以下两点原因:第一,相比偏远地区企业,靠近主要城市中心的企业通常更容易通过 NGO、新闻媒体、大学等渠道获知企业社会责任政策法规的相关信息;第二,空间上靠近主要城市中心的企业更容易受到监管,不仅因为企业的社会不负责行为更容易被反馈到监管部门,同时监管机构也可以更容易地对其附近企业进行监管,因此空间邻近主要城市中心的企业通常承受更大的规制压力。而在规制压力的强制作用力下,企业也会相应地积极参与社会责任活动,以便在当地社会获得认可与支持。

(2) 企业-城市空间邻近可以通过规范压力推动企业社会责任

对于"空间邻近→规范压力→企业社会责任"的影响路径,实证结果显示相关假设 H2-2($r=-0.546, p<0.001$)、H3-2($r=0.219, p<0.001$)和 H4-2($r=-0.119, C.I.=[-0.181, -0.075]$)均得到支持。实证结果表明,空间上邻近主要城市中心的企业承受更强的规范压力,并因此更多履行社会责任,规范压力的中介作用成立。

相比规制制度的强制作用力,社会规范的作用在于为当地企业行动提供道德和评价基准,也就是"怎么做才是对的"[10],社会规范压力通常指社会公众对组织行为的道德期盼和要求。规范压力通常来源于 NGO、当地民众等利益相关者对企业社会责任的价值观和道德标准。空间上邻近主要城市中心的企业通常在社会责任方面受到更严格和频繁的监督,社会责任投资者、员工、顾客和本地社区等利益相关者通过不同形式的交流互动对企业施加压力,促使其更多地参与社会责任活动[254]。由于交通运输和信息流动的缘故,相比位置偏远的企业,地处主要城市中心附近的企业更容易引起利益相关者的关注和抗议[251]。

(3) 企业-城市空间邻近无法通过认知压力推动企业社会责任

对于"空间邻近→认知压力→企业社会责任"的影响路径,实证结果显示相关假设 H2-3($r=-0.172, p<0.05$)得到支持,而 H3-3($r=0.015, p>0.1$)和假设 H4-3($r=-0.003, C.I.=[-0.014, 0.012]$)未获支持。实证结果表明,空间上邻近主要城市中心的企业承受更强的规范压力,但并不会因此更多履行社会责任,规范压力的中介作用不成立。该结果可能出于以下三点原因:

首先,我国主要城市中地理场域的制度结构不完善。在地理场域中制度框架的结构化过程中,通常遵循"先规制,再规范,后认知"的形成顺序,学者们认为在场域初期通常规制制度起主导作用,然后是规范制度,而认知制度的作用通常要在新的组织行为被广泛认可并惯例化后才会显著[279]。与规制和规范压力相同,虽然空间上邻近主要城市中心的企业也承受了更强的认知压力,但是相比规制和规范压力,认知压力仍不足以驱动企业的社会责任行为。

其次,除了当地制度场域内尚未形成企业社会责任的文化认知制度外,主要城市中心企业自主决策能力较强也可能是重要原因。新制度主义理论认为,外部环境的不确定性是企业决策时采用模仿手段的重要原因,而主要城市中心附近企业在企业社会责任决策时通常拥有更丰富的信息来源和参考标准,因此在决策是否开展社会责任活动时受当地其他企业的影响较小。

最后,虽然主要城市中心附近企业的社会责任参与度普遍较高,但其行为可能主要是受规制和规范压力的驱动作用而产生,从而形成了看似当地企业普遍参与的"伪认知制度"。在此背景下,虽然在主要城市中心附近一定程度上形成了企业社会责任的普遍参与和表面认同,但其影响仍不足以驱动企业履行社会责任。

(4) 规制、规范和认知等制度压力受企业-城市空间邻近影响以及对企业社会责任的影响各有不同

通过比较企业-城市空间邻近与规制、规范和认知等三种制度压力的路径系数,发现企业-城市空间邻近对规范压力的影响最强($r=-0.546, p<0.001$),对规制压力的影响稍弱($r=-0.294, p<0.001$),而对认知压力的影响最弱($r=-0.172, p<0.05$),上述结论与利益相关者的分布影响模式高度耦合。

研究中规范压力的主要利益相关者是当地民众、新闻媒体和 NGO 等,通常密集分布在主要城市及中心;同时出于经济成本和利益诉求,这些社会力量通常更倾向于关注周边企业的社会责任相关举措,因此与主要城市中心地理距离对企业感知规范压力的影响最为明显。规制性利益相关者主要包括政府及监管机构,通常级别较高的政府和监管机构都会在主要城市中心分布;同时,尽管出于自身职责,政府和监管部门仍会尽量对辖区内所有企业施加压力,然而囿于时间与经济成本,位置偏远的企业通常承受的规制压力也相对较弱,因此企业-城市空间邻近对规制压力的影响相对较弱。研究中认知压力的主要利益相关者是当地其他企业,认知压力的形成源自当地企业的共同遵从和理所当然。如上文所述,在制度场域的结构化过程中,认知制度的形成相对规制制度、规范制度更为滞后,因此企业与主要城市中心的空间邻近对认知压力的影响相对最弱。

此外,在三种制度压力对企业社会责任的影响中,规制、规范和认知压力在路径系数和显著性上也有差异。规范压力($r=0.219, p<0.001$)对企业社会责任的影响强于规制压力($r=0.150, p<0.001$),而认知压力的影响不显著($r=0.015, p>0.1$)。关于规制压力对企业社会责任的影响,实证结果与 Hess 等学者的"象征性参与"[280]、Scott[62]的"权宜性应对"等观点相一致。相比规范压力在道德层面的驱动力,在规制压力的影响下企业虽然为了应对合规要求也会履行社会责任,但大多以应付交差为主。因此,虽然规制压力与规范压力同样可以显著推动企业履行社会责任,但规制压力的影响明显弱于规范压力。而认知压

力对企业社会责任的影响不显著,相比规制制度的强制驱动力和规范制度的道德驱动力,认知压力的形成与作用都需要经历较长周期,因此目前对企业社会责任仍缺乏显著影响。

### 6.1.3 企业社会责任知识溢出的中介作用的讨论

(1) 企业-城市空间邻近可以通过知识转移促进企业参与社会责任

对于"空间邻近→知识转移→企业社会责任"的影响路径,实证结果显示相关假设 H5-1($r=-0.250, p<0.001$)、H6-1($r=0.119, p<0.001$)和 H7-1($r=-0.030, C.I.=[-0.062, -0.049]$)均得到支持。实证结果表明,空间上邻近主要城市中心的企业获得更多的企业社会责任知识转移,并因此更积极履行社会责任,知识转移的中介作用成立。

随着企业社会责任实践的不断发展,企业社会责任开始从简单的慈善捐款转变为具备一定知识内涵的企业活动,因而也会受企业社会责任相关知识的影响。而就企业社会责任知识的来源而言,社会责任知识往往更多地储存在靠近主要城市中心的地理社区中,不仅因为企业社会责任活动更多地聚集在主要城市中心附近,同时也因为企业社会责任知识的提供主体——NGO、行业协会和大学等利益相关者更多地分布在主要城市及中心[230]。通过直接观察当地其他企业的社会责任行为,或者与不同知识主体的沟通交流,靠近主要城市中心的企业有更多机会可以获得企业社会责任知识。同时,无论是展示效应还是交流学习,知识转移的机会和效果都会受到地理边界性的影响,因而空间上邻近主要城市中心的企业更容易获得社会责任的知识转移。

在知识转移对企业社会责任的影响中,企业社会责任相关知识通过"知识－效率－行为"的作用逻辑促进企业参与社会责任活动。在其他动因机制作用的前提下,知识转移可提升企业社会责任的成本效率(降低成本或提高收益)因而使企业更积极地投身其中。以雀巢在印度莫加的战略性社会责任为例,在印度经济落后的莫加地区,多数农户只养得起一头奶牛并仅能自给自足。由于没有冷藏设备,新鲜牛奶也经不起长途运输。1962年,雀巢公司进入该地区经营,因为雀巢的生产高度依赖本土化、分散化的奶源,雀巢必须花钱帮助当地建设强大的奶源供应网络。为此,雀巢斥资兴建牛奶冷藏基地、组建车队到各地收购牛奶,还派遣大量兽医、营养专家、品质控制专家指导奶农生产高品质的牛奶。这样,不但当地牛奶产业获得极大发展,雀巢也从中获得了丰厚的回报。这就是雀巢热衷社会责任的秘密所在。从雀巢的案例不难看出,该公司之所以热衷社会责任,是因为其产生了极大效益,而获取收益的前提是社会责任知识的支撑。

(2) 企业-城市空间邻近可以通过知识转化促进企业参与社会责任

对于"空间邻近→知识转化→企业社会责任"的影响路径,实证结果显示相关假设 H5-2($r=-0.409, p<0.001$)、H6-2($r=0.125, p<0.001$)和 H7-2($r=-0.051, C.I.=[-0.092, -0.019]$)均得到支持。实证结果表明,空间上邻近主要城市中心的企业获得更多的企业社会责任知识转化,并因此更积极履行社会责任,知识转化的中介作用成立。

在对企业社会责任的作用机制上,知识转化与知识转移较为相似,都是通过增强企业社会责任知识从而提高行为效率,最终促使企业更多地参与社会责任实践。而两种机制的区别在于,知识转移是指知识单纯地从知识供给方向知识接收方流动,而知识转化则是知识接收方对获取的知识进行调整或优化。企业社会责任需要各行各业的共同参与,在相关实践中,很多企业都积累了一定知识,并且通过交流学习等机制扩散至其他企业。除了行业标杆外,很多企业对社会责任知识的学习也会以地区标杆企业为参考,而模仿与被模仿企业在工作体系、流程和模式等方面差异很大,如果简单套用就很容易导致"邯郸学步"。因此,知识接收企业必须在获取知识的基础上结合内部条件和外部环境进行适应性改造,从而提高知识对企业自身社会责任实践的指导价值。除知识改造外,社会责任知识和实践的取舍也十分重要,相同社会责任实践对不同企业的重要性有所差异。以社区责任为例,对于零售企业等高度依赖本地社区的企业来说,积极履行社区责任就很重要;而对互联网企业而言,社区责任的收益和优先级可能就相对较低。因此知识转化可以帮助企业获取适用己方实际的知识,提高企业社会责任活动的成本效率,进而促进企业更多地履行社会责任。

在企业社会责任知识的来源方面,企业-城市空间邻近同样对知识转移有显著影响,说明与主要城市中心的空间邻近有利于企业获取外部知识的同时,也有利于企业对所获知识进行调整优化。对企业社会责任知识而言,相关知识的改造和优化不仅需要大量社会责任知识的支撑,还需要企业与不同利益相关者进行互动。知识转化涉及不同知识的组合与调整[281],而靠近主要城市中心的企业可以接触到更丰富的知识基础,从而更容易实现社会责任知识的改造。另一方面,与主要城市中心的空间邻近有利于企业同利益相关者的沟通交流,可以使企业了解不同利益相关者在社会责任方面的需求,从而更有针对性地对从外部获取的社会责任知识进行调整改进[271]。

(3) 知识转移和知识转化受企业-城市空间邻近影响以及对企业社会责任的影响有所差异

通过比较企业-城市空间邻近与知识转移、知识转化等不同模式知识溢出的路径系数,发现知识转化所受的影响($r=-0.409, p<0.001$)明显大于知识转移($r=-0.250, p<0.001$)。可以看出,在企业社会责任情境下,知识转移比知识转化具有更强的地理位置敏感性。相比位置偏远的企业,空间邻近主要城市中心的企业有更多机会同大学、科研机构和企业同行沟通交流,并借此获取企业社

会责任相关知识。就知识转化而言,除了获取企业社会责任知识的机会外,对所获知识的调整优化同样受到企业与利益相关者地理距离的影响。位于主要城市中心周边的企业,可以更方便地同当地外部利益相关者开展交流,因而也可以更有效地对获取的社会责任知识进行调整优化。因此在企业社会责任知识的获取方面,知识转化对企业与主要城市中心的地理距离也就更加敏感。

此外,在对企业社会责任的影响中,知识转化($r=0.125, p<0.001$)的作用则略强于知识转移($r=0.119, p<0.001$)。相比知识转移,知识转化不仅涉及企业社会责任相关知识的流动转移,还涉及企业对获取知识的优化调整。因此,从对实践的指导效果来看,知识转化显然比知识转移更具针对性。该结果说明,对于企业社会责任知识,仅凭简单的"拿来主义"仍然不够,企业还需要结合自身实际,对获取的社会责任知识进行调整优化,才能更有效地提高企业社会责任的活动效果。

## 6.2 基于理论层面对实证结果的进一步讨论

### 6.2.1 企业社会责任行为空间分析的价值与理论方法探索

围绕"企业为什么履行社会责任"的问题,长期以来学者们主要从组织利益、制度因素和管理者偏好等层面入手挖掘企业社会责任行为的影响因素,然而对空间地理因素的影响则缺乏应有考察。近年来,随着企业社会责任的空间属性逐渐引起关注,部分学者开始将空间概念引入企业社会责任研究,并考察空间地理因素对企业社会责任的影响。企业-城市空间邻近这一概念在前期研究中也已经少量出现,但是如何将这个概念与企业社会责任联系起来,从而实现空间视角下的企业社会责任行为研究,仍是一个新的课题。借助这一概念的引入可以帮助企业社会责任行为的空间分析得以落地。同时,对此概念的研究也启示着未来可以继续引入具有空间地理属性的概念,从而使企业社会责任行为乃至一般企业行为的研究呈现一个崭新的局面。

(1) 拓展空间分析方法在企业社会责任研究领域中的运用

目前,来自空间社会学和经济地理学的学者,已从不同视角提出了企业社会责任与企业地理位置的关联。相关研究认为,企业有关社会责任的行为决策很大程度上与企业外部影响因素相关,而本地化的影响因素则是重要的组成之一,因而企业社会责任行为会由于本地化因素而与企业地理位置相关。然而,现有研究大多属于规范分析或宏观区域研究间接验证,缺乏在企业层面对二者关系的直接检验,因而相关研究也仅能停留在理论层面,进而限制了后续研究的深入开展。

对此,本研究利用 ArcGIS 软件和空间分析方法,在将中国上市公司样本企业地理坐标与企业社会责任数据配对的基础上,实证分析了企业社会责任与企业地理位置的相关性,并进一步发掘了主要城市在企业社会责任水平空间分布中的"核心"作用。在此基础上,研究构建了企业-城市空间邻近影响企业社会责任的理论框架,并通过层级回归分析验证了企业-城市空间邻近对企业社会责任的积极影响。研究发现,企业社会责任与企业地理位置具有直接的相关性,而在二者的关联中,主要城市及中心等社会经济水平较高区域具有重要的影响作用,靠近主要城市中心的企业会更倾向于履行社会责任。从研究结论可以看出,在考虑企业为何履行社会责任时,空间地理层面的影响同样具有不可忽视的解释作用,同时企业与影响源的位置关系则决定了企业所受影响的强弱。

(2) 空间视角的引入可以推动企业社会责任空间分析理论的研究

空间视角已经证明是一个观察传统企业研究问题的新视角,空间视角的引入有利于推动企业社会责任行为空间分析理论的拓展。在企业社会责任行为研究中,来自空间地理层面的影响将成为不可忽视的因素之一。企业社会责任很大程度上受社会经济因素的影响,例如法律监管、社会评价、同行示范等社会因素,自然资源、知识人才等经济因素。而这些社会经济因素的空间分布也不同程度地表现出集聚现象,并对当地企业的社会责任产生影响。因此,空间地理因素对企业社会责任的影响必然具有错综复杂的内部机制,而对其机制的充分挖掘将成为值得深入研究的方向。同时,在与上述影响因素相关的地理位置中,除了主要城市外,企业密集的工业园区或产业集聚,也可能成为企业地理位置影响企业社会责任的重要原因。同时,与主要城市或工业园区等地理区域的位置关系,则是解释其影响强弱的重要思考方向。在对上述问题的考察中,引入空间视角并从外生和内生两个方面进行梳理,将成为相关研究的主要着手点之一。

(3) 空间分析方法具有重要价值但其应用亟待进一步发展

在空间视角下的企业社会责任行为中,除了相关理论的逻辑推演外,基于空间分析方法与工具的实证检验同样必不可少。本研究在结合研究问题的基础上,尝试了空间分析方法在企业社会责任研究中的探索应用,从而验证了企业社会责任水平的空间特征以及空间影响因素。然而从已有研究来看,空间分析方法在这一领域的应用仍有可发掘空间。例如,在考察主要城市等地理社区对企业社会责任的影响中,包括本研究在内的相关研究,均仅考虑了单一主要城市的影响。然而在实际中,随着主要城市不断扩张,例如广州—深圳等主要城市的影响范围出现了一定交叉重叠,并对位于其间的企业产生影响。在两个或多个影响源的共同作用下,企业的社会责任行为将如何变化? 在对企业的影响中,多个影响源的作用是相互叠加还是互有替代? 对于此类问题,不仅需要相应理论分析的支撑,同时也需要空间分析方法的验证。

同时，本研究对我国企业社会责任数据采取了空间分析和回归分析相结合的研究路径，采用了可视化分析、点密度分析、空间自相关分析等空间分析方法，但是显然这些研究方法的成熟度还有待提升，因此，本研究采取了与传统回归分析相结合的方式。未来对空间分析方法运用的研究还需要进一步加强，这需要理论层面和技术层面的共同努力。但是，空间分析方法运用的价值是明显的。

通过上述理论与方法，本研究直接验证了企业社会责任与企业地理位置的相关性，同时发掘了与主要城市中心空间邻近对企业社会责任的直接影响。所获结论不仅代表了企业社会责任影响因素研究内容在空间地理层面的扩展，同时也意味着未来研究在理论与方法上可发掘的方向。在空间理论视角和分析方法上对企业社会责任行为研究的拓展，不仅可以帮助学者发现例如企业地理位置等被忽视的影响因素，同时还有助于对已有研究问题提出新的解决方案，并借此进一步启发学者在该方向上发掘更多值得研究的问题。

### 6.2.2 企业社会责任行为制度因素影响的空间属性研究与探索

作为空间社会学的重要理论工具和研究内容，空间视角下的新制度主义理论研究一直受到学者们的广泛关注。在对企业行为的制度性影响研究中，学者们提出除了行业属性相关的组织场域（organizational field）外，地理位置相关的地理场域（geographic field）也会对企业产生制度性影响，从而对企业的各种行为产生约束和塑造作用。然而在包括企业社会责任在内的企业行为研究中，相关文献多以理论分析为主，对地理场域内制度因素的空间特征缺乏系统分析与检验。

（1）影响企业社会责任行为的制度因素具有一定空间属性

现有研究通常将地理场域视作整体空间单元，忽视了场域内制度因素的空间异质性，因而难以准确解释不同地理位置企业所受制度性影响的差异。在此背景下，考察制度因素的空间地理特征既是空间视角下制度理论研究的薄弱之处，也是近年来国内外学者们的重要探索方向。

对此，本研究综合运用地理学、管理学等多学科理论与方法。通过引入空间视角，从外生和内生空间视角两个方面梳理企业地理位置对企业行为的制度性影响，并在此基础上构建了"企业城市空间邻近→制度压力→企业社会责任"的理论框架。此外，研究通过空间分析和回归分析对构建模型进行了实证检验。研究发现，企业在社会责任方面承受的规制压力、规范压力和认知压力，均随着企业地理位置与主要城市中心的空间邻近程度而增强。这就说明，企业所受的制度压力，其空间分布不仅具有围绕主要城市及中心的空间集聚性，同时对企业社会责任的影响还具有随距离增加而降低的空间衰减性。

从研究结论可以看出，在以主要城市为空间单元的地理场域内部，制度压力的分布和影响均具有明显的空间异质性。该结论意味着,在空间视角下的制度理论研究中,地理场域不应被视为以空间单元为边界的整体性制度黑箱,其内部制度压力的分布仍有空间不均衡特征。换言之,即便在同一地理场域内部,不同地理位置企业所承受的制度压力也各不相同。因此在企业社会责任研究中,不仅需要考虑企业所在地区或城市等相对宏观地理区位的影响,城市内部微观企业地理位置对企业社会责任行为的制度性影响,在相关研究中也值得注意。

(2) 制度因素分析的空间视角可以推广到其他企业行为研究

结合利益相关者理论与制度理论可以看出,企业社会责任制度压力的空间属性主要源自政府、社会公众、其他企业等制度性利益相关者的空间分布及活动规律,在此基础上,其他企业行为的制度因素也因此而具备一定空间属性。鉴于此,在考察制度因素对其他企业行为的影响中,制度因素的空间集聚性和对企业影响的空间衰减性,也都值得注意并具有一定借鉴价值。例如,在企业研发创新、国际扩张、创业投资等受制度因素影响的企业行为研究中,制度理论与空间视角的结合都将具有一定的探索价值。而在此影响过程中,企业与相关制度影响源的空间位置关系将对企业最终的行为表现产生影响,并成为不同地理位置下企业行为差异的主要成因。

本研究在制度场域研究的基础上,通过空间视角梳理出制度压力在企业地理位置与企业社会责任间的关键作用,构建并检验了企业社会责任的"空间-制度-行为"分析框架。研究结论不仅在理论层面支撑了空间地理因素与企业行为的影响关系,同时也直接验证了制度因素的中介作用。同时,研究所获结论以及使用的"空间-制度-行为"分析框架,对空间视角下企业其他行为的制度影响因素研究也具有较好的借鉴作用。

(3) 企业社会责任制度因素的空间分析方法仍可进一步改进

在对企业社会责任制度压力中介作用的实证分析中,由于相关数据难以以档案数据的方式获取,研究采用了问卷调查的方式进行搜集,因而限制了本研究发现与现有实证研究体系的进一步衔接和拓展。未来可在上市企业地理坐标的基础上,围绕国泰安、润灵环球以及其他二手数据库开发代理变量,引入包括企业社会责任制度压力在内的更多相关研究概念,并运用空间分析与回归分析对其与企业地理位置的关系进行检验。如此,不仅可以增强本研究结论的稳健性与普适性,同时将进一步丰富空间视角下企业行为的研究内容。

围绕现有研究对制度因素空间特征的分析不足,本研究以企业社会责任在主要城市中心的集聚分布为切入点,提出主要城市及中心是影响企业社会责任的制度压力源,并通过回归分析证实了企业-城市空间邻近在社会责任方面对规制压力、规范压力和认知压力的显著影响。研究结论揭示了在主要城市等地理场域内部,制度压力分布具有空间集聚性的同时,对企业的影响还具有空间衰减性。借此,企业行为制度影响因素的空间属性研究从原本的区域化和概念化,进一步向企业层面的个体化与实证化转变。所获结论不仅代表了空间视角下制度理论研究的进一步深入,同时为企业地理位置对企业其他行为的制度性影响研究提供了理论与方法参考。

### 6.2.3　知识溢出与企业社会责任的理论结合及其空间视角研究

随着我国社会经济的快速发展,企业社会责任活动的内容与形式也变得丰富多样,从相对简单的慈善捐赠逐渐转变为囊括了商业、员工、顾客、社区的综合责任,并涉及企业的业务流程、战略体系等多个环节。在此过程中,企业履行社会责任的能力以及相关知识已成为影响企业社会责任的重要因素,企业社会责任相关知识对实践活动的指导作用变得愈发重要。然而与快速发展的企业社会责任实践相比,企业社会责任知识的相关研究不仅在影响作用方面有所不足,同时在知识的来源方面也缺乏考察,因而一定程度上制约了对企业社会责任实践中存在问题的解释与指导。

(1) 知识溢出理论可以进一步推动企业社会责任等企业行为研究

本研究通过空间视角梳理了企业地理位置对企业行为的知识资源影响,并结合利益相关者理论和知识溢出理论,提出企业社会责任知识资源及其供给主体具有空间集聚分布的特征。其中,作为高校、科研机构和优秀企业等知识资源主体的主要集聚地,主要城市及中心则会对周边企业的社会责任行为产生重要影响。在此基础上,研究构建了"企业城市空间邻近→知识溢出→企业社会责任"的理论模型,并对相关假设与模型进行了实证检验。研究发现,与主要城市中心的空间邻近有利于企业通过知识转移与知识转化两种模式的知识溢出获取社会责任相关知识,并因此促进企业更积极地履行社会责任。

从研究结论可以看出,除了对研发创新等企业传统知识性活动具有促进作用外,知识溢出对企业社会责任等非传统知识性活动也具有重要影响。这不仅表明企业社会责任在实践方面的知识化转型,同时也意味着企业社会责任研究在理论层面与知识溢出逐渐产生结合。可以看出,在企业社会责任的影响因素研究中,知识视角及其相关理论的应用与解释将成为新的探索方向。在后续研究中,学者们可以从知识视角发掘相关理论,尝试引入知识溢出研究的现有理论并用以解释企业社会责任行为的发生机制。例如,在知识溢出对企业创新绩效的影响中,企业对知识的吸收能力具有重要调节作用,不同吸收能力企业在创新绩效转发方面的差异很大。相应地,在知识溢出对企业社会责任的影响中,企业对企业社会责任知识的吸收能力是否以及如何产生作用,都将成为值得考虑的问题。

（2）空间视角有助于梳理企业社会责任以及其他企业知识来源

在将企业社会责任与知识溢出理论结合的同时，未来研究可以进一步引入空间视角进行分析，从而在空间地理层面梳理企业社会责任知识的来源主体。现有的知识溢出理论研究中，知识溢出与空间地理被认为具有不可分割的天然联系。本研究通过空间视角对知识溢出主体进行梳理后发现，基于高校、科研机构和优秀企业等知识供给主体的空间分布和影响特征，知识资源也相应地具有分布的空间集聚性和影响的空间衰减性。而在企业社会责任与知识溢出理论的结合研究中，企业社会责任知识的空间属性也将呈现类似的空间特征，并具有不可忽视的影响。未来研究可以继续引入空间视角，对企业社会责任知识的来源主体进行更深入地梳理，因此空间视角在企业社会责任知识领域的应用将具有较好的研究前景。

本研究通过空间视角梳理出知识溢出在企业地理位置与企业社会责任间的关键作用，构建并检验了企业社会责任的"空间－知识－行为"分析框架。在直接检验了企业社会责任知识对企业社会责任行为影响的同时，也验证了企业社会责任知识空间集聚特征与空间衰减特征。在此基础上，研究揭示了知识因素在对企业社会责任的影响中，也存在类似制度因素的场域特征。同时，这种"知识场域"不仅可以作用于企业社会责任行为，对其他具有知识属性的企业行为也可能产生影响。因此，在对空间视角下企业其他行为的考察中，本研究构建的"空间－知识－行为"分析框架也将具有较好的借鉴意义。

（3）企业社会责任知识因素的空间分析方法仍可进一步改进

在本研究设计中，企业社会责任知识溢出的数据收集也存在难以获取的问题，因而同样采取了问卷调查的方式。从最新研究来看，已有少量研究基于二手数据尝试开发企业社会责任知识溢出的代理变量，说明对知识溢出及相关概念代理变量的开发具有一定可操作性。对此未来研究可吸收借鉴，在上市公司数据及档案数据库的基础上，结合研究情境开发企业社会责任的知识溢出、吸收能力等相关变量。在此基础上，通过空间分析与实证分析进行探索与验证，从而进一步开拓该方向的研究领域。

通过上述理论与实证分析，本研究解释了企业社会责任知识的本地化来源以及对企业社会责任的影响。在跳出传统知识溢出理论研究的旧有窠臼同时，研究探索了知识溢出对社会责任等企业研发创新以外活动的影响。所获结论不仅拓展了企业社会责任研究的理论外延，同时也丰富了知识溢出理论的应用范畴。在此基础上，本研究所引入和借助的空间视角，对企业社会责任与知识溢出理论的结合研究，将成为探索方向的重要启发和分析的着手点。

## 6.3 基于实践层面对实证结果的进一步讨论

### 6.3.1 主要城市的制度供给和知识供给双重角色

从对我国企业社会责任水平分布的空间分析可以看出,企业与主要城市的空间邻近对企业社会责任活动有重要影响,通过前面进一步的中介效应分析及结果讨论,可以发现主要城市对企业社会责任的影响主要是通过本地的制度压力与知识溢出而发挥作用。这一研究结果说明,我国主要城市对于企业社会责任行为的塑造具有关键的影响作用,担负着知识供给与制度供给的双重角色。

(1) 主要城市的制度供给角色与我国企业社会责任行为塑造

主要城市的制度建设一般比较完善,在企业社会责任行为塑造方面通过规制压力、规范压力和认知压力发挥作用。因此,企业社会责任水平的提升不仅是企业自身的行为,也依赖于主要城市上述三个方面制度供给政策和措施的完善。从前面的研究成果看,主要城市在企业社会责任行为塑造上扮演着关键的制度供给角色,发挥着重要的作用,因此,在实践中,我国企业社会责任行为的塑造需要与主要城市的制度建设联系在一起,可以从规制压力、规范压力和认知压力这三个方面开展更加细致的、贴近主要城市发展特征的制度与政策建设,从而促进我国企业的社会责任水平的提升。

首先,从样本数据来看,主要城市的企业感知规制压力测量指标的平均水平相对较高,这体现了主要城市较为完善的企业社会责任规制体系。一般来说,主要城市的地方政府有更多机会深度接触现代化城市治理理念,对企业社会责任的重要性有着更为深刻的理解认知,更重视地方法规对企业社会责任的引导作用和保障作用。例如,深圳市政府领先全国推出了企业社会责任的地方标准,通过广泛邀请社会监督和企业参与,有效地推动了当地社会责任制度体系的发展。

其次,规范压力主要来源于利益相关者通过舆论监督,基于道德支配和约束性期待对企业施加压力。其中,"对社会负责的经营理念受本地民众的高度认可"、"新闻媒体的舆论监督"以及"NGO或民间团体的影响"等相关指标,共同构成了企业所感知的社会责任规范压力。因此在主要城市较为完善的规范制度体系背后,是当地居民、NGO、新闻媒体等规范利益相关者更高的道德评价标准,以及对企业更强的施压力度。

最后,企业社会责任认知压力主要来源于当地企业对社会责任的普遍认同和参与。从我国企业社会责任水平的空间分布可以看出,客观上主要城市的企业社会责任水平更高,因而更有机会形成有关企业社会责任的认知。在"金蜜蜂"企业社会责任排行榜上,北京、上海等主要城市的得分常年位居前列,代表了当地相对领先的企业社会责任水平。在此影响下，主要城市将更容易形成对社会责任负责的共同认知。

(2) 主要城市的知识供给角色与企业社会责任行为塑造

除了制度体系外，主要城市的知识体系也同样相对完善，并通过知识转移和知识转化等方式向当地企业溢出。除了制度体系外，主要城市也提供着相对完善的知识生产和知识交流体系，扮演着重要的知识供给角色，由于主要城市功能对各种资源集聚、吸引和交流的作用，各种与社会责任相关的知识通过知识转移和知识转化等方式向当地企业溢出。企业所在的主要城市及其相关地理范围构成了企业社会责任行为的最基本的实施空间，企业与所在主要城市的关系最为密切，信息与知识的获取也最为方便，企业对所在环境的社会结构、文化因素、基础资源、技术创新等认识得越多，它的社会责任行为越可能符合社会的需求。因此，除了依赖主要城市制度供给政策的完善外，企业社会责任水平的提升同样需要完善主要城市的知识供给措施。

在企业社会责任的知识化转型背景下，高校、科研机构以及优秀企业等提供的知识资源，都可以对企业社会责任活动的效率效果具有提升作用。对于企业来说，社会责任知识的来源是多元化的，既可以来自于高校、科研机构，也可以来自优秀企业。同时，企业通过不同渠道获得的社会责任知识也存在一定差异：源自高校、科研机构的知识侧重于对企业实践一般性规律的探索，对企业社会责任具有理论指导价值；源自优秀企业的知识更为具象化，是优秀企业长期实践经验的总结与归纳。在此基础上，选择何种社会责任知识来源，吸收何种社会责任知识，完全取决于企业的实际情况并无一定之规。就短期来看，从优秀企业获取社会责任知识，具有更好的借鉴与参考价值而兼具操作性与经济性；就长期来看，从大学高校、科研机构获取社会责任知识，利于企业自身可持续的长期发展而更富有战略价值。

同时，由于大学高校、科研机构与优秀企业的空间分布现状，这些知识资源的获取对企业地理位置具有一定要求。从地理分布来看，这些优秀的企业和大学高校、科研机构等，大多位于主要城市。例如，社会责任表现优异的企业通常规模较大，因而更倾向于在主要城市落户以取得总部经济优势。与其类似，985、211等优秀高校以及科研机构，绝大部分都位于各直辖市或省会等主要城市。因此对企业而言，在社会责任知识的获取方面，主要城市扮演着知识供给源的重要角色。

因此，主要城市在企业社会责任知识供给方面角色的发挥主要依赖于其中的大学、科研机构、优秀企业的分布与集聚状态，同时也依赖于主要城市对这些关键知识供给组织的激励和调节，如何有效促进主要城市的社会责任行为知识供给是提升企业社会责任水平的另一个重要问题。

(3) 主要城市中心与边缘在制度供给和知识供给方面的空间差异及其影响

现阶段,通过制度的压力驱动以及知识的效率促进,主要城市的制度供给角色与知识供给角色分别对企业社会责任行为产生塑造作用。然而在主要城市制度体系和知识体系相对完善的同时,其制度与知识供给在城市中心与边缘区域仍存在空间差异,并在实践中对企业社会责任行为产生影响。

从实证结果来看,在制度供给方面,靠近主要城市中心的企业普遍感知到更强的规制、规范和认知压力。首先,这体现了主要城市中心相对边缘外围更为完善的规制体系。除了政府部门和监管机构本身在城市中心的集聚外,还有当地政府对"环境保护、劳工权益、生产安全等法规政策的宣传普及",以及政府"通过各种形式鼓励企业参与社会责任活动"。其次,规范压力主要来自当地居民、NGO、新闻媒体等规范利益相关者。在主要城市中心,当地居民有着更高的教育层次,更高层次的生活追求和工作理想;同时,当地 NGO 和新闻媒体更为发达,拥有更强的社会责任意识和主动的监督意识,这无疑会使当地企业在社会责任方面感知更强的压力。最后,主要城市内的认知制度体系大多来自当地企业对社会责任的普遍认同和参与。在主要城市中心附近,当地企业社会责任行为相比城市边缘外围更加集聚,因而更有机会形成完善的认知制度。

在企业社会责任知识供给方面,主要城市中心的知识体系同样比城市边缘外围更加完善,而靠近城市中心的企业也更有机会获取相关知识。研究结果表明,靠近主要城市中心的企业可以在社会责任方面获取更多的知识溢出,说明主要城市内部的知识体系分布也具有以城市中心为核的集聚特征。凭借大学高校、科研机构以及优秀企业的集聚,主要城市中心成为企业社会责任知识的重要集聚地。在主要城市内部,985、211 等优秀高校历史悠久,其校址也天然地位于城市中心区域。虽然近年来各高校纷纷在城市外围设立新校区,但是其位于城市中心的本部校区仍在科研合作、教育培训等方面发挥重要作用。与其类似,社会责任表现优异的企业通常也更多地集聚在城市中心附近。因此相比城市外围,主要城市中心在企业社会责任知识的供给方面同样具有显著优势。

### 6.3.2 我国主要城市在企业社会责任制度建设中的内容与重点

(1) 现阶段各类企业社会责任制度体系的建设短板与改进

除了所能影响的地理范围存在局限外,主要城市内不同类型制度体系的建设进程也存在落差。相比规制制度体系,规范制度和认知制度的建设仍存在短板,需要在未来进一步加强。

从样本数据的描述性统计结果来看,规制压力四个题项的平均值全部在 3.6 以上(依次为 3.646、3.777、3.791 和 3.607),而规范压力四个题项的平均值全部低于 3.3(依次为 3.223、3.175、3.117 和 3.053)。由此可见,在实践中,规制体系建设比规范体系建设更为完善与到位。一方面,我国社会治理由政府主导,近年来,伴随着治理理念的进步,政府越来越重视企业社会责任,加强了相关治理体系建设,完善了相应的治理措施;另一方面,我国民众与非政府组织的参与刚刚起步,没有足够的资源支持,也缺乏相关的治理经验,存在一定的不足,这也属于正常现象。因此,未来不仅需要进一步完善规制体系建设,也需要加强规范体系建设。完善的规范体系也是现代社会治理的重要标志。

同时,尽管认知压力四个题项的均值普遍比规范压力要高(依次为 3.379、3.549、3.490 和 3.340),但企业社会责任行为仍缺乏实质性影响。这就说明,现阶段下我国制度体系对企业社会责任的影响,主要是出于规制制度和规范制度的驱动作用。虽然被测企业普遍感知到了其周边企业对社会责任的普遍参与,但是这种普遍参与并非真正固化、内化成为企业内部决策的基本行为准则,而多半是出于政策法规和社会舆论的"表面繁荣"。对此,未来可在继续巩固规制和规范制度的基础上,进一步推动企业内部对于社会责任的认同,引导企业将"对社会负责的经营理念"内化成为行为决策的基本守则之一。

(2) 城市中心制度体系对距离较远企业的影响仍有不足

从研究发现可以看出,虽然我国主要城市及中心的企业社会责任制度体系已经具有较高的发展水平,但是城市内部的制度体系尚未达到"共同进步"的状态,远离主要城市中心的企业社会责任制度体系仍有待进一步发展。不仅如此,城市中心制度体系所能影响的地理范围相对有限,对距离较远的企业影响力不足。

首先,从企业-城市空间邻近影响企业社会责任规制压力的实证结果来看,距离主要城市中心较远的企业对相关指标的感知程度也较低。相关测量指标不仅包括政府和监管机构对企业违反社会责任行为"能够迅速反应",同时也需要"有严厉的惩罚措施"。这就说明,不同地区的政府和监管机构对企业社会责任的重视程度也存在差异,进而导致了监管执行力度的差异。同时,政府和监管机构在监管执法的能力上也存在局限性,因而才更倾向于将注意力投放至城市中心及周边的企业。从屡见报端的环境污染事件来看,除了因行政资源不足而流于形式的监管和执法外,部分政府为了追求 GDP 绩效甚至会对纳税大户的污染行为"睁一只眼闭一只眼"。对此,应在推动相关部门及执法人员深入认知"科学发展观"的基础上,进一步加强其执法能力,做到辖区内全覆盖、不留政策死角。

其次,从企业-城市空间邻近对规范压力的影响结果来看,对规范压力相关测量指标感知较强的企业普遍距离主要城市中心较近。相关指标包括"本地民众十分关注公益事业"、"新闻媒体密切关注企业社会责任活动"和"第三方组织对企业影响很大"。可以看出,由于自身利益相关,居民更倾向于关注周边企业的社会责任活动,对距离较远企业则关注较少。同时,居民、NGO 和新闻媒体等对企业的监督范围也受地理距离限制。例如,监督企业的社会责任活动往往需要亲至现场,因而对于距离较远企业的监督则需要花费更多的时间精力和交通成本,客观上增加了难度。

最后,与规制、规范压力相似,感知认知压力较强的企业也普遍集聚在主要城市中心附近,从测量指标来看,不仅需要当地企业"认同对社会负责的经验理念"、"较好地履行社会责任"并"因履行社会责任而获得了回报",同时也需要目标企业"关注当地其他企业的社会责任表现"。这一结果与我国企业社会责任水平的空间分析结果相符,现阶段,主要城市中心是我国企业社会责任活动的主要集聚地,因而客观上相比其他地区更容易形成"当地企业普遍参与社会责任"的局面,相应地靠近主要城市中心的企业也就感知更强的认知压力。

### 6.3.3 我国主要城市的企业社会责任知识溢出机制建设

研究结果表明,知识溢出对我国企业的社会责任实践具有影响,与此同时,知识溢出的方式仍以较为简单的知识转移为主。这就说明,虽然对知识的获取及应用方式仍有待改善,但我国企业已经认识到知识对社会责任活动的重要性。

(1) 知识获取对现阶段我国企业社会责任行为塑造的重要性

实证结果显示,知识溢出对我国企业社会责任行为具有显著促进作用。从测量指标和样本数据来看,不少被试企业都会一定程度上"吸收采纳相关知识并用于本公司的社会责任实践"。这一结果说明,现阶段我国企业已经开始重视社会责任活动的成本效率,意识到相关知识对企业社会责任实践的重要性,并推动企业社会责任实践从"粗放式"向"知识化"转型。香港社会服务联会就倡导"不用太多资源就可帮到人",提倡企业履行社会责任不应只知道捐钱,而是要"真正提供被需要的社会服务"。然而社会责任实践的知识化转型并不是一蹴而就的,需要一个渐进的过程。传统形式的社会责任是知识化社会责任的前提与基础。与"物资捐赠"等传统形式相比,知识化的社会责任对企业管理者提出了更高的要求,其实践难度也更大。知识化社会责任不仅需要企业管理者有高贵的品质,更需要企业管理者具有卓越的战略能力。在此背景下,企业管理者纷纷开始思考,如何将知识的作用最大化用于社会责任实践。

同时,样本企业对社会责任知识的应用也确实"改善了企业社会责任活动的效果"。这就说明,企业社会责任除了更"要做"更要"会做",在正确知识的指导下企业的社会责任活动可以取得事半功倍的效果。在2020年"新冠肺炎事件"中,马云公益基金会就曾指出:"做公益需要善心,更需要善能……我们相信,光有善意是远远不够的,公益机构还要追求结果、效率和执行力"。现阶段,企业社会责任实践已从早期的"搞搞捐款、做做慈善"逐渐向更加丰富多元的内容与形式转变,而相关知识也将在企业社会责任实践中发挥更大的作用。

(2) 我国企业对社会责任知识的获取能力提升与获取方式优化

企业社会责任知识溢出的描述性统计显示,知识转移四个题项的平均值全部在 3.6 以上(依次为 3.699、3.650、3.665 和 3.665),而知识转化四个题项的平均值全部低于 2.7(依次为 2.641、2.655、2.621 和 2.650)。由此可见,在对企业社会责任知识的获取及应用中,我国企业更多地采用以"完全吸收、直接应用"为特征的知识转移方式,而不是"选择性吸收采纳并做出调整改进"的知识转化方式。这说明,虽然有不少企业能够在充分思考的基础上吸收应用外部社会责任知识,但多数企业仍以简单照搬、全盘吸收的方式获取企业社会责任知识,这说明目前我国多数企业对于企业社会责任知识的获取吸收仍处于相对初级的阶段。

从对企业社会责任的影响实证结果来看,知识转化对企业社会责任的促进作用显然比知识转移更为明显,但是在实践中,多数企业对知识转化的利用程度与其重要价值并不匹配。一方面,虽然目前大部分企业开始逐步认识到社会责任知识的重要性,但是这种认知依然比较初级,并没有意识到这些行为背后所存在的知识体系,特别是知识转化对企业社会责任的价值;另一方面,知识转化需要企业投入大量的配套资源,这对于很多企业来说,是一笔不小的支出。在激烈的市场竞争中,大部分企业既无心也无力承受如此巨大的投入。因此从长期来看,应在保障企业获取社会责任知识转移的基础上,进一步加强企业对知识转化作用的认识,并同时帮助企业精简知识转化所需的资源和成本。

(3) 我国主要城市社会责任知识供给体系的建设与优化

可以看出,在我国企业社会责任水平的提升与建设中,主要城市的社会责任知识供给体系是重要的助力之一。然而在现阶段,我国主要城市社会责任知识的供给体系尚存在内部分布不均衡和知识质量较低的问题,因此须从这两个方面着手进行完善和优化,从而进一步发挥主要城市知识供给体系对我国企业社会责任水平的推动作用。

在主要城市知识体系的内部分布不均衡方面,由于供给企业社会责任知识的高校、科研机构以及优秀企业等大多聚集在主要城市的中心区域,这也就意味着主要城市的知识供给体系绝大部分都集聚在城市中心。在此背景下,主要城市的知识供给体系事实上仅仅服务了城市中心区域的少数企业,而更多距离较远的企业则难以从中获取知识。对此,一方面需要加强主要城市边缘外围的知识体系建设,发掘当地高校特别是 985、211 等优秀大学分校区的知识供给作用;另一方面,需要鼓励城市中心的知识供给主体"走出去",加强与城市边缘乃至周边中心企业的合作,推动主要城市的知识供给体系,服务更多企业。

另一方,从主要城市获取企业社会责任相关知识后,企业对所获知识进行调整优化的情况普遍较少,以简单照搬、直接应用为主的知识转移占据了主要地位。这说明在现阶段,多数企业改造外部社会责任知识的能力和意愿较弱,因而也对主要城市供给知识的质量提出了更高要求。为了避免企业对所获社会责任知识的"消化不良",需要加强主要城市供给知识的内容匹配性和指导针对性。对此政府应充分发挥产学研协同优势,推动高校和科研机构扎根企业、深入调研,并在此基础上与企业开展相关的教育、培训与科研合作,为企业提供真正需要的社会责任知识,从而提升主要城市知识体系对企业社会责任实践的指导功能。

## 6.4 政府层面的政策建议

### 6.4.1 基于主要城市的成功经验完善本地社会责任制度体系

目前,在主要城市(比如深圳、上海等),各地方政府在完善社会责任制度体系方面进行了一些有益的尝试,取得了一些值得其他地方借鉴的成功经验:一是出台一系列相关文件,确立符合当地实际的社会责任标准,形成必要的政策基础;二是依法建立长效的激励约束机制,对遵守相关法律法规、积极履行社会责任的企业,予以必要的奖励;三是邀请优秀企业的代表分享其履行社会责任方面的经验。对企业社会责任水平相对落后的地区来说,这些经验无疑是有重要参考意义的。当地政府及有关部门应在重视法规政策、社会公众和标杆企业对企业社会责任推动作用的同时,进一步加强企业社会责任水平落后地区的制度体系建设,补齐当地企业社会责任制度体系短板。具体政策建议如下:

(1) 加强对当地企业的普法和执法工作

长期以来,受到时间成本和经济成本等多种因素的限制,各地区的社会责任水平呈现出不均衡性,尤其是在社会责任水平比较落后的地区,政府对企业社会责任的宣传力度仍不到位,对企业社会责任的相关政策执行力也较为薄弱,这无疑削弱了各地区对企业的规制压力。在许多地区发生的"企业社会责任"负面事件中,当地政府及有关部门普遍存在"以文件落实整改、以会议推进工作、以批示代替检查"的现象,是"以人治代替法治""以运动式治理代替制度化治理"的典型体现。

因此,在主要城市外围和其他普通城市,首先,地方人大应制定涉及企业社会责任的地方性法规,为同级政府以及相关执行部门采取必要的行动与措施奠定法律基础,这是规制压力产生的法律保障。2015年4月,深圳市参考ISO26000《社会责任指南》,推出企业社会责任的深圳标准,这是中国第一个以地方标准的形式发布的社会责任评价标准。其次,针对企业社会责任,政府及有关部门应依法加强对当地企业的普法工作,进一步强化他们的法律意识和社会责任意识,这是规制压力产生的精神保障。再次,政府及有关部门应依法建立长效的激励约束机制,这是规制压力产生的行政保障。对遵守相关法律法规、积极履行社会责任的企业,予以物质性或非物质性的奖励,比如减税减费、颁发荣誉等等,进而增加企业履行社会责任的主动性;反之,对违反相关法律法规的企业,及时予以严厉的制裁,比如建立"黑名单"、限期整顿、按最高金额实行罚款等等,旨在打消当地企业"天高皇帝远"的侥幸心理,力争不留政策死角。2017年以来,深圳市福田区相继出台《福田区关于打造社会影响力投资高地的意见》和《福田区关于打造社会影响力投资高地的扶持办法》,从政策上鼓励企业承担社会责任,并给予模范责任企业5万到10万不等的资金支持,实现从社会组织到企业积极参与公益慈善事业。

(2) 鼓励引导当地社会力量对企业开展监督

在规制、规范和认知压力中,规范压力不仅对企业社会责任的影响最强,同时其影响范围也最为局限。也就是说,社会公众不仅是强化企业社会责任意识、监督企业履行社会责任的重要力量,也是对规制力量的重要补充,尤其是在一定范围内,其所发挥的作用更为明显。

因此,政府应该重视社会公众促进当地企业履行社会责任的积极作用,实行"一揽子规划",利用多元化手段和措施来鼓励引导当地社会力量督促企业参与社会责任活动。

第一,政府及有关部门应与当地新闻媒体、NGO等开展合作,多元化、立体式地强化社会公众对"企业社会负责"的认知,增加社会公众对企业社会责任活动的监督意识,尤其是在规制力量比较薄弱的偏远地区,这是一种见效较快、治理成本较低的手段。

第二,政府及有关部门应为偏远地区群众监督当地企业履行社会责任提供较为便利的条件与渠道。一方面,可以充分运用现代科技,开发"企业社会责任监督"网站和手机APP,使社会公众可以随时随地通过"一键拍"的方式上传相关企业在履行社会责任的一手信息,降低社会公众的监督成本;另一方面,可以依托基层治理力量,在各居委会和村委会设立"企业社会责任监督站",全域无死角、密集式布控,使社会公众可以就近举报、投诉,降低社会公众履职的时间成本和交通成本。

第三,政府及有关部门应为群众监督当地企业履行社会责任提供必要的奖励,以有效维持公众监督的积极性与主动性。一方面,可以根据群众所提供的举报线索价值以及其所产生的经济与社会价值,按一定比例,给予举报群众物质性奖励;另一方面,在征得举报群众本人同意的前提下,对其进行宣传,树立公众标杆,对发挥重大作用的群众,授予其"荣誉市民"称号,由政府或相关社会团体聘为"荣誉监督员",推选其为人大代表或政协委员。以上三大措施相互支撑,既能够增强社会公众的监督意识,也为社会公众履行监督职责提供了必要的条件与渠道,使公众监督企业履行社会责任机制化、长效化。

(3) 加强各地标杆企业的示范作用

受到企业外部环境条件和企业主个人意愿的影响,各企业对社会责任的认知水平和重视程度会存在一定的区别,这就导致各企业对其自身社会责任的实践和履行也会存在比较大的差异。积极履行社会责任的企业不仅能够为其他企业树立可供仿效的榜样与范例,也会获得广大人民群众的肯定与好评。

因此,各地政府应高度重视区域内部治理,选取先进典型,树立标杆企业,引导这些企业发挥示范作用,鼓励它们积极扮演"头雁"的角色,带领其他企业积极履行社会责任,进而形成"头雁带领群雁、群雁循序前进"的良性共生体系。一方面,根据各地实际情况,各地政府可以建立公开、透明、合理的企业社会责任评价体系,定期发布由第三方审计的社会责任报告,并配套相应奖惩政策,优者奖,劣者罚,以期引导更多企业深度履行社会责任。比如,对进入前十名的企业,通过多种新闻媒介对其企业主和优秀员工,给予官方报道,形成专题,滚动式宣传,增加企业的知名度和荣誉感;对连续多年进入前十名的企业,不仅予以税费上的优惠,也可以推荐其企业主担任相应企业协会的领导成员,进入前十名的时间越久,相应的扶持力度越大。2017年,深圳市邀请深圳市华加日幕墙科技有限公司高级经理吴恒现场讲解如何更好并高效地开展企业社会责任自我评价,以及就如何获取高星级的经验和做法进行了分享。

另一方面,各地政府要充分发挥地方国有企业的"定海神针"作用。国有企业是国家力量的象征,包括石化、通信、水电等等国家命脉行业,关系到整个社会的正常运转,是民营企业和广大公众重点关注对象。正是基于国有企业的重大作用和特殊地位,各地政府更应该引导国有企业积极履行社会责任,成为各地的标杆企业,这样就能够给其他民营企业和公众带来更好的示范作用。

### 6.4.2 构建共享机制和平台以推广主要城市的社会责任知识

目前,在主要城市(比如深圳、上海等),各地方政府在构建社会责任知识共享机制和平台方面进行了一些有益的尝试,取得了一些值得其他地方借鉴的成功经验:一是派出宣讲组,深入一线企业,为企业解惑答疑,使企业对社会责任和相关标准有更为深刻的认识;二是邀请权威学者就社会责任的必要性与重要性以及未来发展趋势等课题开展深入研究,为企业实践提供理论指导。对企业社会责任水平相对落后的地区来说,这些经验无疑是有重要参考意义的。综合对知识溢出在企业-城市空间邻近与企业社会责任间的中介作用可以看出,知识溢出所提供的相关知识是主要城市及中心影响企业社会责任的重要媒介,对此,各地政府应充分重视知识资源对企业社会责任的促进作用,从不同角度构建企业社会责任知识的共享机制与平台,帮助企业获取社会责任知识。具体政策建议如下：

(1) 引导和鼓励企业寻求相关科学研究与教育合作

政府应高度重视企业社会责任，积极推动校企合作，引导和鼓励企业与高校、非政府组织（NGO）等社会力量联合开展社会责任领域的学术研究与知识培训，为企业构建持续获得社会责任相关知识的长效化动态机制，形成"产学研"一体化运行链条。首先，政府应设立专项基金，为企业与高校、非政府组织开展双边或者三方联合研究提供必要的启动资金和相应配套政策，增加企业与相关社会力量的参与积极性。

其次，政府可以从知名大学和大型企业聘任具有专业知识和职业经验的导师派驻到主要企业指导社会责任领域相关活动。在派驻导师的专业指导和地方政府的宏观引导下，相关企业可以根据其自身条件以及其所在的外部环境，制定相应的社会责任活动体系、流程及工作模式，力求精准化、个性化、实战化，为企业履行社会责任提供更为明确的方向性指导。

再次，政府应积极与高校合作，为相关企业设置"商业伦理"或"社会责任"课程。如果当地有知名大学，政府可以就近与其开展合作，举办企业社会责任的培训班，并鼓励企业高层和骨干就读 MBA 和 EMBA，将社会责任理念融入其日常业务和战略规划中；如果当地没有知名大学，政府可以选择高水平大学，开设远程教学，或者定期邀请权威教授亲临讲授"商业伦理"或"社会责任"课程。比如，北京市委社会工委举办第二届北京新经济组织发展高峰论坛，邀请相关专家学者分别做了"从企业社会责任到社会企业""以社会化改革推动企业转型升级"等主题演讲。

最后，政府可以倡导成立企业社会责任的研究与实践联盟。社会责任教育和培训费用必然是一笔不小的开支，尤其对于中小企业来说更是一笔"能省就省"的费用。因此，政府可以设立专项基金并调拨资金，倡导各企业承担一部分费用，用于企业社会责任研究与实践联盟的日常开支，就社会责任实践中存在的共性问题寻求科研合作，既可以以较低成本的方式推动企业社会责任知识下沉到中小企业，也能够分摊政府和大企业的资金压力。

(2) 为企业构建经验交流的长效共享机制与共享平台

在企业社会责任知识溢出过程中，除了高校、智库、科研机构等非企业利益相关者以外，企业才是最为重要的参与主体。与技术研发知识相比，企业社会责任的相关知识具有更高的资产通用性，各企业因而可以从不同行业和地区的其他企业获得广泛的借鉴经验，并结合企业自身的实际情况加以调整、优化，进而形成符合自身定位的社会责任知识。因此，政府可以为企业间经验交流打造长效的共享机制与共享平台，以促进企业间社会责任实践经验与知识的通畅交流与良性共享。

首先,由当地政府牵头,定期举办以社会责任知识为主题的交流会,号召优秀企业主动分享社会责任实践的成功经验,并有序组织有兴趣的企业参观学习当地优秀企业社会责任的工作流程和知识体系。比如,2017年,在深圳市委政法委的指导下,龙岗区委政法委主办了2017年龙岗企业社会责任园区行系列活动,派出精干力量,为一些企业深入解读相关政策。其次,在当地政府的指导与监督下,相关企业协会和行业协会可以创办以社会责任知识为主题的网站,积极报道优秀企业主,动态更新企业社会责任实践的成功实践经验与现实案例,全面展现当地优秀企业履行社会责任的整体性风貌。再次,在当地政府的指导与监督下,优秀企业可以设立以社会责任知识为主题的交流站,定期邀请有兴趣的企业参观,并将成功经验印刷成册,以供其他企业参考。最后,当地政府可以充分利用新闻媒体的舆论宣传作用,精编、汇总社会责任的特定知识,对相关社会责任知识加以宣传与推广,向当地企业普及一般性社会责任知识,以帮助更多当地企业获取社会责任实践经验和知识。

### 6.4.3 调整优化主要城市内部的产业空间布局

在对企业社会责任的影响中,无论是制度压力还是知识溢出,其影响作用均具有一定的地理局限性。同时,由于城市空间扩张固有的"中心—外围"规律,政府、居民、NGO、新闻媒体、优秀企业等利益相关者大多围绕城市中心集聚。在此背景下,许多位于城市外围边缘的企业在社会责任方面受到的影响也就相对较弱。为了充分发掘主要城市在社会责任方面对企业的积极作用,政府可以结合城市内现有空间格局,引导鼓励企业在城市内适合区域选址落户。

目前,伴随着主要城市的快速发展,不少高校、科研机构和大型企业逐步在城市相对外围的区域建立分支机构,形成了以大学城为代表的企业社会责任知识次级中心。这种高校外扩的方式,在缓解主城区资源拥挤问题的同时,也客观上扩大了主要城市的辐射范围。对此,当地政府可以调整产业政策,引导新的产业向靠近高校聚集的城市次级中心转移,形成更为良性的产业布局。

当地政府可以出台相关政策,鼓励新创企业落户城市次级中心,不仅可以充分利用当地高校和科研机构的知识资源,也可以进一步缓解主城区的资源压力。对愿意主动迁往城市次级中心的企业或者愿意在当地设立分支机构的企业,当地政府可以予以税收减免优惠等,并承诺给予相应的政策支持,以促进企业搬迁的积极性。

另一方面,当地政府可以定期为这些企业提供专业的社会责任课程和讲座,全面提升管理者和普通员工的社会责任意识,减少他们获取企业社会责任相关知识的成本。当地政府可以积极引导企业与次级中心高校、科研机构开展教育、培训与科研合作,为其开展合作牵线搭桥,促使构建长期稳定的产学研合作关系,更为有效地挖掘这些高校和科研机构所具有的知识资源,让这些知识可以更好地在企业内部生根发芽。

## 6.5 企业层面的管理建议

### 6.5.1 积极响应主要城市本地性的企业社会责任制度性要求

目前,在主要城市(比如深圳、上海等),企业在响应本地制度性要求方面进行了一些有益的尝试,取得了一些值得其他地方借鉴的成功经验:一是积极关注并响应当地政府和监管机构的规制性要求;二是积极关注并响应 NGO、新闻媒体和社会公众的规范性要求。对企业社会责任水平相对落后的地区来说,这些经验无疑是有重要参考意义的。具体政策建议如下:

(1) 积极关注并响应当地政府和监管机构的规制性要求

伴随我国经济发展进入新时期,经济发展已经从"量的增长"向"质的增长"转变,党和政府对企业的发展要求逐渐从早期的"缴纳赋税""获取利润"等单纯经济性要求转向"致富思源,义利兼顾""绿水青山就是金山银山"等更高层次的社会性要求。这种对企业要求的转变不仅体现在日臻完善的法规政策,也体现在各级地方政府日趋严格的执法监督。可见,当地政府和监管机构的规制性要求已经构成了各企业不可忽视的本地化制度环境要素。企业必须予以高度重视,从更新的视角和更高的层次来重新审视这些规制性要求。

因此,企业应积极响应当地政府和监管机构对社会责任的规制要求,以企业公民的身份主动考虑规制性利益相关者的各项诉求。首先,企业应严格遵守当地政府和监管机构对社会责任的规制要求,要有"底线思维"与"红线思维",这是后续积极履行社会责任的底线与基础。其次,企业应主动学习研究当地政府有关企业社会责任的政策法规和奖惩措施,并结合企业自身条件开展相应的社会责任实践活动,从而最大限度地获取当地政府的政策奖励,并为企业后续的生产经营活动提供坚实的合法性基础。最后,企业可以设立以社会责任知识为主题的交流站,定期邀请相关政府官员和专家学者解读当地政府有关企业社会责任的政策法规,以求精准了解政府意图和预期,为企业后续的社会责任活动提供明确的政策方向,避免因政策风险而造成的负面影响和经济损失。

(2) 积极关注并响应 NGO、新闻媒体和社会公众的规范性要求

除了政府和相关监管机构外,当地 NGO、新闻媒体和社会公众等规制性利益相关者对企业的认可、支持也同样是不可忽视的,是企业生存与发展的重要动力。如果说政府和相关监管机构对企业的规制性要求决定了企业存在的"底线",那么当地 NGO、新闻媒体和社会公众等利益相关者对企业的规范性要求则

决定了企业发展的"天花板"。因此,为了获得当地 NGO、新闻媒体和社会公众等规范性利益相关者对企业的认可、支持,企业应主动加强沟通,并积极响应他们的规范性诉求。

首先,企业可以通过"社会责任"交流站,定期召集当地 NGO、新闻媒体和社会公众,举行以社会责任知识为主题的联合研讨会,积极听取他们对企业的规范性要求,形成"负面清单",逐一对照,加以纠偏改错,以获取他们对企业的认可和支持。其次,可以在企业网站或者企业协会网站设置相关举报版块,随时随地接受当地 NGO、新闻媒体和社会公众的意见和批评,为当地 NGO、新闻媒体和社会公众提供监督平台,形成"线上监督批评—线下改进反馈"联动机制,更好地了解他们对企业的规范性要求。再次,企业可以与当地 NGO、新闻媒体和社会公众代表建立长期的沟通反馈机制,通过定期问卷调查、不定期访谈等方式,强化他们的沟通交流,及时了解他们对企业的规范性要求,以便更好地开展相应的社会责任活动。最典型的例子,2020 年 1 月,新冠疫情暴发后,大批上海企业响应政府、媒体、民众的号召,积极向武汉捐款捐物,据不完全统计,截至 1 月 26 日晚,上海民企为防控疫情已捐赠资金超过 4 720 万元,另外还有大量防控急需物资。

### 6.5.2 企业与所在主要城市中利益相关者的知识互动学习

目前,在主要城市(比如深圳、上海等),企业在获取社会责任知识方面进行了一些有益的尝试,取得了一些值得其他地方借鉴的成功经验:一是积极与高校开展合作,实现资源共享与优势互补;二是重视社会责任知识的"活学活用",避免简单的"拿来主义"。具体政策建议如下:

(1) 主动与高校、科研机构及优秀企业等开展合作交流

随着企业社会责任理论与实践的不断发展,如何履行社会责任已成为企业管理者亟须解决的问题,而企业社会责任相关知识的获取则成为社会责任工作的重点之一。在此背景下,企业应主动与高校和科研机构开展教育科研合作,帮助企业管理者及骨干员工获取社会责任相关知识。例如,同当地高校开展教育合作,通过在 MBA、EMBA 开设企业社会责任相关课程和企业社会责任专项培训等以加强对企业高管、部门领导及骨干员工的社会责任教育,从而更有效地将社会责任融入企业的日常业务和长期战略中。此外,企业还可以与科研团队就如何提高企业社会责任实践效率效果开展学术研究,结合企业自身实际,开发社会责任相关知识,并打造相应的工作流程、体系和模式等,在企业内部加以推广,形成行动守则与行为标准。2019 年,浙江万里学院商学院与宁波亲清政商文化传播有限公司联合成立宁波企业社会责任研究院,充分挖掘高校的学科专业基础和优势,顺应政府营商环境等政策导向,回应社会发展对企业社会责任普及创

新发展的诉求。

(2) 企业增强与主要城市中优秀社会责任企业的互动学习

除了同高校广泛开展教育科研合作外,企业还应注意学习模仿其他优秀企业的社会责任实践,通过正式、非正式的方式总结并吸收其中的成功经验。例如,企业可以主动与优秀企业沟通交流,申请参观学习其社会责任的相关工作流程、经验等,如果条件允许,甚至可以邀请优秀企业的负责人前来作专题报告。另外,企业还可以主动参与优秀企业的社会责任实践活动,特别是社区活动、环境责任活动等。通过派驻专人跟踪参与的方式,观察记录优秀企业的具体操作和利益相关者的评价反馈,总结学习其中的成功经验,继而加以模仿,将这些经验运用到自身企业社会责任实践之中。

(3) 结合利益相关者诉求与企业实际对所获知识调整改进

在积极地从当地获取企业社会责任知识的同时,企业也应注意组织知识的情境依赖性问题。即便是相同地区企业,在行业、规模、所有制等诸多方面仍存在差异,因而从当地获取的社会责任知识不能简单套用,否则不仅效果大打折扣,甚至还可能适得其反。因此,企业需要在了解利益相关者诉求的基础上,结合企业实际对获取的企业社会责任知识调整和改进,避免"拿来主义"导致获取知识的消化不良。

首先,企业应主动加强与利益相关者的沟通交流,通过问卷调查、定期会议、现场座谈等不同形式,深入了解政府、民众、员工和消费者等内外部利益相关者的诉求。在具体操作中,企业可利用前面所提的社会责任交流站和"线上监督批评—线下改进反馈"联动机制,更好地了解当地利益相关者对企业的期盼和要求,从而明晰企业"该如何履行社会责任"以及"履行哪些社会责任"。在了解利益相关者诉求的基础上,对所获企业社会责任知识有针对性地调整改进,从而更有效地将社会责任理念融入企业的日常业务和战略规划。比如,链家考虑到边远山区学生的实际困难,利用本企业闲置的电脑资源,进行重新配置,为边远山区的孩子建立电脑教室,利用互联网在线教育平台,让城市里的老师通过网络给山区学生们上课。

其次,在调整转化获取的社会责任知识时,企业还应注意结合自身实际,特别是社会责任知识对本企业的适用性和可行性。在实际操作中,企业可开展定期内部讨论会,除公司高层外,还要求相关业务部门领导和骨干员工参与讨论。在讨论会中,由各部门骨干员工反映企业在社会责任活动中存在的具体问题,并对企业所获社会责任知识的可操作性提出建议。在此基础上,由业务部门领导和公司高层领导结合企业的业务流程和战略规划,对获取的社会责任知识进行取舍、调整。同时,在将社会责任知识应用于企业实践后,企业要继续鼓励一线员工积极反馈并及时调整,通过反复迭代实现企业社会责任知识的优化吸收。

## 6.6 本章小结

本章的主要内容是对实证结果进行深入讨论,并在此基础上提出管理建议。从实证结果来看,与主要城市中心的空间邻近对企业社会责任有显著的正向影响。而在此影响背后,制度压力与知识溢出分别具有不同程度的中介作用,对此政府与企业应采取相应的措施以促进社会责任实践。

对于制度压力在企业-城市空间邻近与企业社会责任间的中介作用,不仅在理论层面意味着空间视角下制度理论研究的进一步拓展,同时在实践层面也意味着企业社会责任制度体系因其利益相关者而具有本地化特征。对此,政府应进一步完善社会水平落后地区的制度体系,补齐当地制度体系的短板;同时,企业应积极响应当地利益相关者的制度性要求,从而获得支持与认可。

对于知识溢出在企业-城市空间邻近与企业社会责任间的中介作用,不仅在理论层面意味着知识溢出理论与企业社会责任研究的延展与转变,同时在实践层面也意味着知识资源对企业社会责任知识化转型的支撑作用。对此,政府应构建企业社会责任知识共享的机制与平台,帮助当地企业获取社会责任相关知识;同时,企业应积极同高校、科研机构以及优秀企业开展交流合作,获取并吸收企业社会责任的相关知识。

# 参考文献

[1] MARQUIS C, BATTILANA J. Acting globally but thinking locally? The enduring influence of local communities on organizations [J]. Research in Organizational Behavior, 2009, 29: 283-302.

[2] MARQUIS C, TILCSIK A. Institutional Equivalence: How Industry and Community Peers Influence Corporate Philanthropy[J]. Organization Science, 2016, 27(5): 1325-1341.

[3] DIMAGGIO P J, POWELL W W. The iron cage revisited: Institutional isomorphism and collective rationality in organizational fields [J]. American Sociological Review, 1983, 48(2): 147-160.

[4] ATTIG N, BROCKMAN P. The local roots of corporate social responsibility[J]. Journal of Business Ethics, 2017, 142(3): 479-496.

[5] MARQUIS C, DAVIS G F, GLYNN M A. Golfing Alone? Corporations, Elites, and Nonprofit Growth in 100 American Communities[J]. Organization Science, 2013, 24(1): 39-57.

[6] HUSTED B W, MONTIEL I, CHRISTMANN P. Effects of local legitimacy on certification decisions to global and national CSR standards by multinational subsidiaries and domestic firms [J]. Journal of International Business Studies, 2016, 47(3): 382-397.

[7] HUSTED B W, JAMALI D, SAFFAR W. Near and dear? The role of location in CSR engagement[J]. Strategic Management Journal, 2016, 37(10): 2050-2070.

[8] Jacobs J. The Life of Cities[M]. New York: Random House, 1969.

[9] SORENSON O, BAUM J A C. Editors' Introduction: Geography and Strategy: The Strategic Management of Space and Place[J]. Advances in Strategic Management, 2013: 1-19.

[10] MARQUIS C, GLYNN M A, DAVIS G F. Community isomorphism and corporate social action[J]. The Academy of management review, 2007, 32(3): 925-945.

[11] NING L, WANG F. Does FDI Bring Environmental Knowledge Spillovers to Developing Countries? The Role of the Local Industrial Structure[J]. Environmental and Resource Economics, 2017, 71(2): 1-25.

[12] ZHANG Y, SHANG Q, LIU C. FDI Spillovers on Corporate Social Responsibility: The Channel of Labor Mobility[J]. Sustainability, 2018, 10(11): 42-65.

[13] CARROL A B. Corporate social responsibility: Evolution of a definitional construct[J]. Business & society, 1999, 38(3): 268-295.

[14] SETHI S P. Dimensions of corporate social performance: An analytical framework[J]. California management review, 1975, 17(3): 58-64.

[15] AGUILERA R V, RUPP D E, WILLIAMS C A, et al. Putting the S back in corporate social responsibility: A multilevel theory of social change in organizations[J]. The Academy of management review, 2007, 32(3): 836-863.

[16] MULLER A, KOLK A. Extrinsic and Intrinsic Drivers of Corporate Social Performance: Evidence from Foreign and Domestic Firms in Mexico[J]. Journal of Management Studies, 2010, 47(1): 1-26.

[17] 沈奇泰松. 组织合法性视角下制度压力对企业社会绩效的影响机制研究[D]. 杭州：浙江大学，2010.

[18] 薛天山. 企业社会责任的动力机制研究——经济驱动抑或制度推进[J]. 软科学. 2016, 30(8): 88-91.

[19] FRIEDMAN M. The social responsibility of business is to increase its profits[J]. New York Times Magazine, 2007, 13(33): 173-178.

[20] BURT R S. Corporate philanthropy as a cooptive relation[J]. Social Forces, 1983, 62(2): 419-449.

[21] WEBB N J, FARMER A. Corporate Goodwill: A game theoretic approach to the effect of corporate charitable expenditures on firm behaviour[J]. Annals of Public and Cooperative Economics, 1996, 67(1): 29-50.

[22] MCWILLIAMS A. Corporate social responsibility: A theory of the firm perspective[J]. Academy of management review, 2001, 26(1): 117.

[23] BARNETT M L, SALOMON R M. Beyond dichotomy: The curvilinear relationship between social responsibility and financial performance[J]. Strategic Management Journal, 2006, 27(11): 1101-1122.

[24] BROWN W O, HELLAND E, SMITH J K. Corporate philanthropic

practices[J]. Journal of Corporate Finance, 2006, 12(5): 855-877.

[25] LEV B, PETROVITS C, RADHAKRISHNAN S. Is doing good good for you? How corporate charitable contributions enhance revenue growth [J]. Strategic Management Journal, 2010, 31(2): 182-200.

[26] SERVAES H, TAMAYO A. The Impact of Corporate Social Responsibility on Firm Value: The Role of Customer Awareness[J]. Management Science, 2013, 59(5): 1045-1061.

[27] HOMBURRG C, STIERL M, BORNEMANN T. Corporate social responsibility in business-to-business markets: how organizational customers account for supplier corporate social responsibility engagement [J]. Journal of Marketing, 2013, 77(6): 54-72.

[28] HENISZ W J, DOROBANTU S, NARTEY L J. Spinning gold: The financial returns to stakeholder engagement[J]. Strategic Management Journal, 2014, 35(12): 1727-1748.

[29] CHERNEV A, BLAIR S. Doing Well by Doing Good: The Benevolent Halo of Corporate Social Responsibility [J]. Journal of Consumer Research, 2015, 41(6): 1412-1425.

[30] SAEIDI S P, SOFIAN S, SAEIDI P, et al. How does corporate social responsibility contribute to firm financial performance? The mediating role of competitive advantage, reputation, and customer satisfaction[J]. Journal of Business Research, 2015, 68(2): 341-350.

[31] KANG C, GERMANN F, GREWAL R. Washing away your sins? Corporate social responsibility, corporate social irresponsibility, and firm performance[J]. Journal of Marketing, 2016, 80(2): 59-79.

[32] MARÍNL, CUESTAS P J, ROMÁN S. Determinants of Consumer Attributions of Corporate Social Responsibility[J]. Journal of Business Ethics, 2016, 138(2): 247-260.

[33] XIE X M, JIA Y Y, MENG X H, et al. Corporate social responsibility, customer satisfaction, and financial performance: The moderating effect of the institutional environment in two transition economies[J]. Journal of Cleaner Production, 2017, 150: 26-39.

[34] HILDEBRAND D, DEMOTTA Y, SEN S, et al. Consumer Responses to Corporate Social Responsibility (CSR) Contribution Type[J]. Journal of Consumer Research, 2017, 44(4): 738-758.

[35] TURBAN D B, GREENING D W. Corporate social performance and

organizational attractiveness to prospective employees[J]. The Academy of Management Journal, 1997, 40(3): 658-672.

[36] ALBINGER H S, FREEMAN S J. Corporate social performance and attractiveness as an employer to different job seeking populations[J]. Journal of Business Ethics, 2000, 28(3): 243-253.

[37] BRAMMER S, MILLINGTON A. Does it pay to be different? An analysis of the relationship between corporate social and financial performance[J]. Strategic Management Journal, 2008, 29(12): 1325-1343.

[38] SURROCA J, TRIBO J A, WADDOCK S. Corporate Responsibility and Financial Performance: The Role of Intangible Resources[J]. Strategic Management Journal, 2010, 31(5): 463-490.

[39] GLAVAS A, GODWIN L N. Is the Perception of 'Goodness' Good Enough? Exploring the Relationship Between Perceived Corporate Social Responsibility and Employee Organizational Identification[J]. Journal of Business Ethics, 2012, 114(1): 15-27.

[40] KORSCHUN D, BHATTACHARYA C B, SWAIN S D. Corporate social responsibility, customer orientation, and the job performance of frontline employees[J]. Journal of Marketing, 2014, 78(3): 20-37.

[41] GLAVAS A, KELLEY K. The Effects of Perceived Corporate Social Responsibility on Employee Attitudes[J]. Business Ethics Quarterly, 2015, 24(2): 165-202.

[42] FLAMMER C, LUO J. Corporate social responsibility as an employee governance tool: Evidence from a quasi-experiment[J]. Strategic Management Journal, 2017, 38(2): 163-183.

[43] FAROOQ O, RUPP D E, FAROOQ M. The multiple pathways through which internal and external corporate social responsibility influence organizational identification and multifoci outcomes: The moderating role of cultural and social orientations[J]. Academy of Management Journal, 2017, 60(3): 954-985.

[44] CARNAHAN S, KRYSCYNSKI D, OLSON D. When does corporate social responsibility reduce employee turnover? Evidence from attorneys before and after 9/11[J]. Academy of Management Journal, 2017, 60(5): 1932-1962.

[45] VLACHOS P A, PANAGOPOULOS N G, BACHRACH D G, et al. The effects of managerial and employee attributions for corporate social

responsibility initiatives[J]. Journal of Organizational Behavior, 2017, 38(7): 1111-1129.

[46] UZZI B. Social structure and competition in interfirm networks: The paradox of embeddedness[J]. Administrative science quarterly, 1997, 42(1): 35-67.

[47] PARK J, LEE H, KIM C. Corporate social responsibilities, consumer trust and corporate reputation: South Korean consumers' perspectives[J]. Journal of Business Research, 2014, 67(3): 295-302.

[48] Den HOND F, REHBEIN K A, De BAKKER F G A, et al. Playing on Two Chessboards: Reputation Effects between Corporate Social Responsibility (CSR) and Corporate Political Activity (CPA)[J]. Journal of Management Studies, 2014, 51(5): 790-813.

[49] SHIM K, YANG S-U. The effect of bad reputation: The occurrence of crisis, corporate social responsibility, and perceptions of hypocrisy and attitudes toward a company[J]. Public Relations Review, 2016, 42(1): 68-78.

[50] SU W, PENG M W, TAN W, et al. The Signaling Effect of Corporate Social Responsibility in Emerging Economies[J]. Journal of Business Ethics, 2014, 134(3): 479-491.

[51] LINS K V, SERVAES H, TAMAYO A N E. Social Capital, Trust, and Firm Performance: The Value of Corporate Social Responsibility during the Financial Crisis[J]. The Journal of Finance, 2017, 72(4): 1785-1824.

[52] 齐丽云, 李腾飞, 尚可. 企业社会责任的维度厘定与量表开发——基于中国企业的实证研究[J]. 管理评论, 2017, 29(5): 143-152.

[53] BARON D P. Private politics, corporate social responsibility, and integrated strategy[J]. Journal of Economics and Management Strategy, 2001, 10(1): 7-45.

[54] MCWILLIAMS A, SIEGEL D S, WRIGHT P M. Corporate social responsibility: Strategic implications[J]. Journal of Management Studies, 2006, 43(1): 1-18.

[55] PORTER M E, KRAMER M R. Strategy and society: The link between competitive advantage and corporate social responsibility[J]. Harvard business review, 2007, 84(12): 78-92.

[56] MCWILLIAMS A, BARNEY J B, KETCHEN D J, et al. Creating and Capturing Value[J]. Journal of Management, 2010, 37(5): 1480-1495.

[57] PARK C S, LEE Y. The Effect of Local Stakeholders Pressures on Responsive and Strategic CSR Activities: Evidence from Korean MNEs[J]. Academy of Management Annual Meeting Proceedings, 2017(1): 1.

[58] MARGOLIS J D, WALSH J P. Misery loves companies: Rethinking social initiatives by business[J]. Administrative science quarterly, 2003, 48(2): 268-305.

[59] ORLITZKY M, SCHMIDT F L, RYNES S L. Corporate social and financial performance: A meta-analysis[J]. Organization studies, 2003, 24(3): 403-441.

[60] CAMPBELL J L. Why would corporations behave in socially responsible ways? An institutional theory of corporate social responsibility[J]. Academy of management review, 2007, 32(3): 946-967.

[61] DOH J P, GUAY T R. Corporate social responsibility, public policy, and NGO activism in Europe and the United States: an institutional-stakeholder perspective[J]. Journal of Management Studies, 2006, 43(1): 47-74.

[62] SCOTT W R. Institutions and organizations: Ideas, interests, and identities[M]. London: Sage Publications, 2013.

[63] AGUINIS H, GLAVAS A. What We Know and Don't Know About Corporate Social Responsibility[J]. Journal of Management, 2012, 38(4): 932-968.

[64] SHARMA S, HENRIQUES I. Stakeholder influences on sustainability practices in the Canadian forest products industry[J]. Strategic Management Journal, 2005, 26(2): 159-180.

[65] STEVENS J M, STEENSMA H K, HARRISON D A, et al. Symbolic or substantive document? The influence of ethics codes on financial executives' decisions[J]. Strategic Management Journal, 2005, 26(2): 181-195.

[66] CHRISTMANN P, TAYLOR G. Firm self-regulation through international certifiable standards: determinants of symbolic versus substantive implementation[J]. Journal of International Business Studies, 2006, 37(6): 863-878.

[67] DAVID P, BLOOM M, HILLMAN A J. Investor activism, managerial responsiveness, and corporate social performance[J]. Strategic

Management Journal, 2007, 28(1): 91-100.

[68] YANG X H, RIVERS C. Antecedents of CSR Practices in MNCs' Subsidiaries: A Stakeholder and Institutional Perspective[J]. Journal of Business Ethics, 2009, 86(2): 155-169.

[69] YOUNG S L, MAKHIJA M V. Firms' corporate social responsibility behavior: An integration of institutional and profit maximization approaches[J]. Journal of International Business Studies, 2014, 45(6): 670-698.

[70] HALKOS G, SKOULOUDIS A. National CSR and institutional conditions: An exploratory study[J]. Journal of Cleaner Production, 2016, 139: 1150-1156.

[71] YIN J L, ZHANG Y L. Institutional Dynamics and Corporate Social Responsibility (CSR) in an Emerging Country Context: Evidence from China[J]. Journal of Business Ethics, 2012, 111(2): 301-316.

[72] KIM C H, AMAESHI K, HARRIS S, et al. CSR and the national institutional context: The case of South Korea[J]. Journal of Business Research, 2013, 66(12): 2581-2591.

[73] ZHAO M, TAN J, PARK S H. From Voids to Sophistication: Institutional Environment and MNC CSR Crisis in Emerging Markets [J]. Journal of Business Ethics, 2014, 122(4): 655-674.

[74] KHAN Z, LEW Y K, PARK B. Institutional legitimacy and norms-based CSR marketing practices[J]. International Marketing Review, 2015, 32(5): 463-491.

[75] BEDDEWELA E, FAIRBRASS J. Seeking Legitimacy Through CSR: Institutional Pressures and Corporate Responses of Multinationals in Sri Lanka[J]. Journal of Business Ethics, 2015, 136(3): 503-522.

[76] AGLE B R, MITCHELL R K, SONNENFELD J A. Who matters to Ceos? An investigation of stakeholder attributes and salience, corpate performance, and Ceo values[J]. Academy of Management Journal, 1999, 42(5): 507-525.

[77] FREEMAN R E. Strategic management: A stakeholder approach[M]. Cambridge: Cambridge university press, 2010.

[78] 陈宏辉. 企业的利益相关者理论与实证研究[D]. 杭州: 浙江大学, 2003.

[79] THORNTON P H, OCASIO W. Institutional logics and the historical contingency of power in organizations: Executive succession in the higher

education publishing industry, 1958-1990[J]. American Journal of Sociology, 1999, 105(3): 801-843.

[80] PEDERSEN E R G, GWOZDZ W. From Resistance to Opportunity-Seeking: Strategic Responses to Institutional Pressures for Corporate Social Responsibility in the Nordic Fashion Industry[J]. Journal of Business Ethics, 2014, 119(2): 245-264.

[81] DURAND R, JACQUEMINET A. Peer conformity, attention, and heterogeneous implementation of practices in MNEs[J]. Journal of International Business Studies, 2015, 46(8): 917-937.

[82] CHEUNG Y L, KONG D M, TAN W Q, et al. Being Good When Being International in an Emerging Economy: The Case of China[J]. Journal of Business Ethics, 2014, 130(4): 805-817.

[83] MARANO V, KOSTOVA T. Unpacking the Institutional Complexity in Adoption of CSR Practices in Multinational Enterprises[J]. Journal of Management Studies, 2016, 53(1): 28-54.

[84] SHNAYDER L, VAN RIJNSOEVER F J, HEKKERT M P. Motivations for Corporate Social Responsibility in the packaged food industry: an institutional and stakeholder management perspective[J]. Journal of Cleaner Production, 2016, 122: 212-227.

[85] LUO X R, WANG D, ZHANG J. Whose Call to Answer: Institutional Complexity and Firms' CSR Reporting[J]. Academy of Management Journal, 2017, 60(1): 321-344.

[86] 李彬,谷慧敏,高伟. 制度压力如何影响企业社会责任:基于旅游企业的实证研究[J]. 南开管理评论, 2011, (6): 67-75.

[87] 晁罡,申传泉,张树旺,等. 伦理制度、企业社会责任行为与组织绩效关系研究[J]. 中国人口(资源与环境), 2013, 23(9): 143-148.

[88] 冯臻. 从众还是合规:制度压力下的企业社会责任抉择[J]. 财经科学, 2014(4): 82-90.

[89] 肖红军. 相关制度距离会影响跨国公司在东道国的社会责任表现吗?[J]. 数量经济技术经济研究, 2014(4): 50-67.

[90] 沈奇泰松,葛笑春,宋程成. 合法性视角下制度压力对CSR的影响机制研究[J]. 科研管理, 2014(1): 123-130.

[91] 杨汉明,吴丹红. 企业社会责任信息披露的制度动因及路径选择——基于"制度同形"的分析框架[J]. 中南财经政法大学学报, 2015(1): 55-62.

[92] 阮丽旸,王良,刘益. 外部环境因素对小型企业履行社会责任的影响研究

[J]. 软科学，2016，30(5)：69-73.

[93] 李东红，王文龙，金占明，等. 多重制度逻辑下企业社会责任对海外运营的支撑效应——以聚龙公司在印尼的实践为例[J]. 国际经济合作，2016(12)：24-28.

[94] 包英群，张慧玉，眭文娟. 新创企业的制度嵌入与企业社会责任前移[J]. 科研管理，2017，38(6)：100-107.

[95] GUPTA A, BRISCOE F, HAMBRICK D C. Red, blue, and purple firms: Organizational political ideology and corporate social responsibility [J]. Strategic ManagementJournal, 2017, 38(5)：1018-1040.

[96] GRAAFLAND J, Van De Ven B. Strategic and moral motivation for corporate social responsibility[J]. The Journal of Corporate Citizenship, 2006 (22)：111-123.

[97] PETRENKO O V, AIME F, RIDGE J, et al. Corporate social responsibility or CEO narcissism? CSR motivations and organizational performance[J]. Strategic Management Journal, 2016, 37(2)：262-279.

[98] CHIN M K, HAMBRICK D C, TREVIÑO L K. Political ideologies of CEOs: The influnce of Executives' Values Corporate Social responsibility [J]. Administrative science quarterly, 2013, 58(2)：197-232.

[99] LORENZ C, GENTILE G-C, WEHNER T. Exploring Corporate Community Engagement in Switzerland: activities, motivations and Processes[J]. Business & society, 2013, 55(4)：594-631.

[100] GALBREATH J. Is Board Gender Diversity Linked to Financial Performance? The Mediating Mechanism of CSR [J]. Business & society, 2018, 57(5)：863-889.

[101] AMAESHI K, ADEGBITE E, OGBCHIE C, et al. Corporate Social Responsibility in SMEs: a shift from philanthropy to institutional works? [J]. Journal of Business Ethics, 2016, 138(2)：385-400.

[102] HAFENBRÄDL S, WAEGER D. Ideology and the Micro-foundations of CSR: Why Executives Believe in the Business Case for CSR and how this Affects their CSR Engagements[J]. Academy of Management Journal, 2017, 60(4)：1582-1606.

[103] LETEN B, LANDONI P, VAN LOOY B. Science or graduates: How do firms benefit from the proximity of universities? [J]. Research Policy, 2014, 43(8)：1398-1412.

[104] OWOO N S, NAUDÉ W. Spatial proximity and firm performance：

evidence from non-farm rural enterprises in Ethiopia and Nigeria[J]. Regional Studies, 2016, 51(5): 688-700.

[105] GEERTS A, LETEN B, BELDERBOS R, et al. Does Spatial Ambidexterity Pay Off? On the Benefits of Geographic Proximity Between Technology Exploitation and Exploration[J]. Journal of Product Innovation Management, 2017, 35(2): 151-163.

[106] GANESAN S, MALTER A J, RINDFLEISCH A. Does distance still matter? Geographic proximity and new product development[J]. Journal of Marketing, 2005, 69(4): 44-60.

[107] BENLETAIFA S, RABEAU Y. Too close to collaborate? How geographic proximity could impede entrepreneurship and innovation[J]. Journal of Business Research, 2013, 66(10): 2071-2078.

[108] AGRAWAL A, KAPUR D, MCHALE J. How do spatial and social proximity influence knowledge flows? Evidence from patent data[J]. Journal of Urban Economics, 2008, 64(2): 258-269.

[109] HANSEN T. Substitution or overlap? The relations between geographical and non-spatial proximity dimensions in collaborative innovation projects[J]. Regional Studies, 2015, 49(10): 1672-1684.

[110] BRONNENBERG B J, MELA C F. Market roll-out and retailer adoption for new brands[J]. Marketing Science, 2004, 23(4): 500-518.

[111] BARROT C, RANGASWAMY A, ALBERS S, et al. The role of spatial proximity in the adoption of a digital product[J]. Social Science Electronic Publishing, 2008.

[112] LUTZ E, BENDER M, ACHLEITNER A-K, et al. Importance of spatial proximity between venture capital investors and investees in Germany[J]. Journal of Business Research, 2013, 66(11): 2346-2354.

[113] Hiatt S R, Kim J H. Firm geographic proximity and state agency decisions: An analysis of US Defense Contract Awards[J]. Academy of Management Annual Meeting Proceedings, 2016(1): 12064.

[114] 刘良华. 教育研究方法：专题与案例[M]. 上海：华东师范大学出版社，2007.

[115] KRUGMAN P. Increasing returns and economic geography[J]. Journal of political economy, 1991, 99(3): 483-499.

[116] KONO C, PALMER D, FRIEDLAND R, et al. Lost in space: The geography of corporate interlocking directorates[J]. American Journal

of Sociology, 1998, 103(4): 863-911.

[117] SINGH J. Distributed R&D, cross-regional knowledge integration and quality of innovative output[J]. Research Policy, 2008, 37(1): 77-96.

[118] ZAHEER S, NACHUM L. Sense of Place: From Location Resources to Mne Locational Capital[J]. Global Strategy Journal, 2011. 1(1-2): 96-108.

[119] TETHER B S, LI Q C, MINA A. Knowledge-bases, places, spatial configurations and the performance of knowledge-intensive professional service firms[J]. Journal of Economic Geography, 2012, 12(5): 969-1001.

[120] AUDRETSCH D B. Everything in its place: Entrepreneurship and the strategic management of cities, regions, and states [M]. Oxford: Oxford University Press, 2015.

[121] FURMAN J L. Location and organizing strategy: Exploring the influence of location on the organization of pharmaceutical research[J]. Advances in Strategic Management, 2003, 20(1): 49-87.

[122] WALLSTEN S J. An empirical test of geographic knowledge spillovers using geographic information systems and firm-level data[J]. Regional Science and Urban Economics, 2001, 31(5): 571-599.

[123] BALDWIN J R, BROWN W M, RIGBY D L. Agglomeration economies: Microdata panel estimates from Canadian manufacturing[J]. Journal of Regional Science, 2010, 50(5): 915-934.

[124] PORTER M E, STERN S. Innovation: location matters[J]. MIT Sloan management review, 2001, 42(4): 28-36.

[125] ZUCKER L G, DARBY M R, Brewer M B. Intellectual capital and the birth of US biotechnology enterprises[J]. American Economic Review, 1999: 88.

[126] CHACAR A S, LIBERMAN M B. Organizing for Technological Innovation in the U. S. Pharmaceutical Industry [J] Advances in Strategic Management, 2003: 20.

[127] LEJPRAS A. Knowledge, location, and internationalization: empirical evidence for manufacturing SMEs[J]. Economics of Innovation and New Technology, 2015, 24(8): 734-754.

[128] SUZUKI S, BELDERBOS R, KWON H U. The Location of Multinational Firms' R&D Activities Abroad: Host Country University Research, University-Industry Collaboration, and R&D Heterogeneity [M] // Geography, Location, and Strategy. 2017.

[129] DAHL M S, SORENSON O. Home sweet home: Entrepreneurs' location choices and the performance of their ventures[J]. Management Science, 2012, 58(6): 1059-1071.

[130] CHAKRABARTI A, MITCHELL W. The Persistent Effect of Geographic Distance in Acquisition Target Selection[J]. Organization Science, 2013, 24(6): 1805-1826.

[131] HERNANDEZ E. Finding a Home away from Home [J]. Administrative science quarterly, 2014, 59(1): 73-108.

[132] FILATOTCHEV I, JACKSON G, NAKAJIMA C. Corporate governance and national institutions: A review and emerging research agenda[J]. Asia Pacific Journal of Management, 2012, 30(4): 965-986.

[133] NORTH D C. A transaction cost theory of politics[J]. Journal of theoretical politics, 1990, 2(4): 355-367.

[134] FRANSEN L. The embeddedness of responsible business practice: Exploring the interaction between national-institutional environments and corporate social responsibility[J]. Journal of Business Ethics, 2013, 115(2): 213-227.

[135] DAVIS G F, GREVE H R. Corporate elite networks and governance changes in the 1980s[J]. American Journal of Sociology, 1997, 103(1): 1-37.

[136] SAXENIAN A L. Inside-Out: Regional Networks and Industrial Adaptation in Silicon Valley and Route 128[J]. Cityscape, 1996, 2(2): 41-60.

[137] GAO W, NG L, WANG Q. Does corporate headquarters location matter for firm capital structure? [J]. Financial Management, 2011, 40(1): 113-138.

[138] ALMANDOZ J. Arriving at the Starting Line: The Impact of Community and Financial Logics on New Banking Ventures [J]. Academy of Management Journal, 2012, 55(6): 1381-1406.

[139] VERMENULEN F, LAMÉRIS J, MINKOFF D. Welcome to the neighbourhood: The spatial dimensions of legitimacy for voluntary leisure organisations[J]. Urban studies, 2015, 53(11): 2253-2272.

[140] CATTANI G, PENNINGS J M, WEZEL F C. Spatial and Temporal Heterogeneity in Founding Patterns[J]. Organization Science, 2003, 14(6): 670-685.

[141] HANNAN M T, FREEMAN J. Organizational ecology[M]. Harvard: Harvard university press, 1993.

[142] LIARTE S, FORGUES B. Location strategies of multiunit service businesses: spatial differentiation and agglomeration among hamburger restaurants in Paris, 1984—2004[J]. Service Business, 2008, 2(3): 233-248.

[143] BAE J, WEZEL F C, KOO J. Cross-cutting ties, organizational density, and new firm formation in the US biotech industry, 1994-98 [J]. Academy of Management Journal, 2011, 54(2): 295-311.

[144] FOLTA T B, COOPER A C, BAIK Y. Geographic cluster size and firm performance[J]. Journal of Business Venturing, 2006, 21(2): 217-242.

[145] Mccann B T, Folta T B. Demand- and Supply-Side Agglomerations: Distinguishing between Fundamentally Different Manifestations of Geographic Concentration[J]. Journal of Management Studies, 2009. 46(3): 362-392.

[146] WANG L, MADHOK A, LI S X. Agglomeration and clustering over the industry life cycle: Toward a dynamic model of geographic concentration[J]. Strategic Management Journal, 2014, 35(7): 995-1012.

[147] LOUNSBURY M. A tale of two cities: Competing logics and practice variation in the professionalizing of mutual funds[J]. Academy of Management Journal, 2007, 50(2): 289-307.

[148] OLIVER C. Sustainable competitive advantage: Combining institutional and resource-based views[J]. Strategic Management Journal, 1997, 18 (9): 697-713.

[149] SIMONS T, VERMEULEN P, KNOBEN J. There's No Beer without a Smoke: Community Cohesion and Neighboring Communities' Effects on Organizational Resistance to Antismoking Regulations in the Dutch Hospitality Industry[J]. Academy of Management Journal, 2016, 59 (2): 545-578.

[150] STEFANO G D, KING A A, VERONA G. Too Many Cooks Spoil the Broth? Geographic Concentration, Social Norms, and Knowledge Transfer[J]. Geography, Location, and Strategy. 2017, 36: 267-308.

[151] AUDIA P G, YAO F K. The Spatial Diffusion of an Invisible Corporate Practice: Revisiting Stock Backdating, 1981—2005[J]. Geography, Location, and Strategy. 2017, 36: 309-339.

[152] HUSTED B W, JAMALI D, SAFFAR W. Location, clusters, and

CSR engagement: The role of information asymmetry and knowledge spillovers[J]. Academy of Management Annual Meeting Proceedings, 2012, 1: 1.

[153] HOI C K, WU Q, ZHANG H. Community Social Capital and Corporate Social Responsibility[J]. Journal of Business Ethics, 2018, 152(3): 647-665.

[154] DEBOER J, PAMWAR R, RIVERA J. Toward A Place-Based Understanding of Business Sustainability: The Role of Green Competitors and Green Locales in Firms' Voluntary Environmental Engagement[J]. Business Strategy and the Environment, 2017, 26(7): 940-955.

[155] FLORIDA R. Bohemia and economic geography[J]. Journal of Economic Geography, 2002, 2(1): 55-71.

[156] SPELDEKAMP D, SAKA-HELMHOUT A, KNOBEN J. Reconciling Perspectives on Clusters: An Integrative Review and Research Agenda[J]. International Journal of Management Reviews, 2020, 22(1): 75-98.

[157] BOSCHMA R A. Proximity and innovation: A critical assessment[J]. Regional Studies, 2005, 39(1): 61-74.

[158] TOBLER W R. A computer movie simulating urban growth in the Detroit region[J]. Economic geography, 1970, 46(2): 234-240.

[159] LONGLEY P A, GOODCHILD M F, MAGUIRE D J, et al. Geographic information systems and science[M]. New York: John Wiley & Sons, 2005.

[160] TURKER D. Measuring corporate social responsibility: A scale development study[J]. Journal of Business Ethics, 2009, 85(4): 411-427.

[161] TORUGAS N A, O'DONOHUE W, HECKER R. Proactive CSR: An Empirical Analysis of the Role of its Economic, Social and Environmental Dimensions on the Association between Capabilities and Performance[J]. Journal of Business Ethics, 2013, 115(2): 383-402.

[162] HOU M J, LIU H, FAN P H, et al. Does CSR practice pay off in East Asian firms? A meta-analytic investigation[J]. Asia Pacific Journal of Management, 2015, 33(1): 195-228.

[163] BUCHANAN S, MARQUES J C. How home country industry associations influence MNE international CSR practices: Evidence from the Canadian mining industry[J]. Journal of World Business, 2018, 53

(1): 63-74.

[164] FEHRE K, WEBER F. Challenging corporate commitment to CSR[J]. Management Research Review, 2016, 39(11): 1410.

[165] CARROLL A B. A three-dimensional conceptual model of corporate performance[J]. Academy of management review, 1979, 4(4): 497-505.

[166] BOAL K B, PEERY N. The cognitive structure of corporate social responsibility[J]. Journal of Management, 1985, 11(3): 71-82.

[167] LAI C S, CHIU C J, YANG C F, et al. The Effects of Corporate Social Responsibility on Brand Performance: The Mediating Effect of Industrial Brand Equity and Corporate Reputation[J]. Journal of Business Ethics, 2010, 95(3): 457-469.

[168] 熊国保. 旅游企业社会责任对员工绩效影响研究[D]. 济南:山东大学, 2015.

[169] FREDERICK W C. From CSR1 to CSR2: The maturing of business-and-society thought[J]. Business & society, 1994, 33(2): 150-164.

[170] 尹珏林. 企业社会责任前置因素及其作用机制研究[D]. 天津:南开大学, 2010.

[171] BOULOUTA I, PITELIS C N. Who needs CSR? The impact of corporate social responsibility on national competitiveness[J]. Journal of Business Ethics, 2014, 119(3): 349-364.

[172] MEYER J W, ROWAN B. Institutionalized organizations: Formal structure as myth and ceremony[J]. American Journal of Sociology, 1977, 83(2): 340-363.

[173] GRONOW A. Not by rules or choice alone: a pragmatist critique of institution theories in economics and sociology[J]. Journal of Institutional Economics, 2008, 4(3): 351-373.

[174] AHLSTROM D, BRUTON G D. An institutional perspective on the role of culture in shaping strategic actions by technology-focused entrepreneurial firms in China[J]. Entrepreneurship Theory and Practice, 2002, 26(4): 53-68.

[175] AHLSTROM D, BRUTON G D. Rapid Institutional Shifts and the Co-evolution of Entrepreneurial Firms in Transition Economies[J]. Entrepreneurship Theory and Practice, 2010, 34(3): 531-554.

[176] BOYD B K, DESS G G, RASHEED A M. Divergence between archival and perceptual measures of the environment: Causes and consequences

[J]. Academy of management review, 1993, 18(2): 204-226.

[177] DAVIS J C, HENDERSON J V. The agglomeration of headquarters [J]. Regional Science and Urban Economics, 2008, 38(5): 445-460.

[178] BARNEY J. Firm resources and sustained competitive advantage[J]. Journal of Management, 1991, 17(1): 99-120.

[179] PRAHALAD C K, HAMEL G. The core competence of the corporation [J]. Harvard business review, 1990, 68(3): 79-91.

[180] COHEN W M, LEVINTHAL D A. Innovation and learning: the two faces of R & D[J]. The Economic Journal, 1989, 99(397): 569-596.

[181] HAVEMAN H A. Follow the leader: Mimetic isomorphism and entry into new markets[J]. Administrative science quarterly, 1993, 38(4): 593-627.

[182] KOSTOVA T, ZAHEER S. Organizational legitimacy under conditions of complexity: The case of the multinational enterprise[J]. Academy of management review, 1999, 24(1): 64-81.

[183] YIU D, MAKINO S. The choice between joint venture and wholly owned subsidiary: An institutional perspective [J]. Organization Science, 2002, 13(6): 667-683.

[184] MENGUC B, AUH S, OZANNE L. The Interactive Effect of Internal and External Factors on a Proactive Environmental Strategy and its Influence on a Firm's Performance[J]. Journal of Business Ethics, 2009, 94(2): 279-298.

[185] 涂智苹, 宋铁波. 制度理论在经济组织管理研究中的应用综述——基于Web of Science (1996—2015) 的文献计量[J]. 经济管理, 2016, 38(10): 184-199.

[186] SUCHMAN M C. Managing legitimacy: Strategic and institutional approaches[J]. Academy of management review, 1995, 20(3): 571-610.

[187] KOSTOVA T, ROTH K, DACIN M T. Institutional Theory in the Study of Multinational Corporations: A Critique and New Directions [J]. Academy of management review, 2008, 33(4): 994-1006.

[188] DAVIDSSON P, HUNTER E, KLOFSTEN M. Institutional Forces: The Invisible Hand that Shapes Venture Ideas? [J]. International Small Business Journal, 2006, 24(2): 115-131.

[189] LIANG H G, SARAF N, HU Q, et al. Assimilation of enterprise systems: the effect of institutional pressures and the mediating role of

top management[J]. MIS quarterly, 2007, 31(1): 59-87.

[190] PENG M W, WANG Y L, JIANG Y. An institution-based view of international business strategy: A focus on emerging economies[J]. Journal of International Business Studies, 2008, 39(5): 920-936.

[191] MACDOUGALL G D A. The benefits and costs of private investment from abroad: A theoretical approach[J]. Oxford Bulletin of Economics and Statistics, 1960, 22(3): 189-211.

[192] STONEMAN P. Handbook of the economics of innovation and technological change[M]. UK: Blackwell, 1995.

[193] FALLAH M, HOWE W J, IBRAHIM S. Knowledge spillover and innovation in technological clusters[C]//Proceedings, IAMOT 2004 13th International Conference on Managemant of Technology, Washington, D C, 2004.

[194] BRANSTETTER L. Is foreign direct investment a channel of knowledge spillovers? Evidence from Japan's FDI in the United States [J]. Journal of International Economics, 2006, 68(2): 325-344.

[195] AGARWAL R, GANCO M, ZIEDONIS R H. Reputations for Toughness in Patent Enforcement: Implications for Knowledge Spillovers Via Inventor Mobility[J]. Strategic Management Journal, 2009, 30(13): 1349-1374.

[196] AGARWAL R, AUDRETSCH D, SARKAR M B. Knowledge Spillovers and Strategic Entrepreneurship [J]. Strategic Entrepreneurship Journal, 2010, 4(4): 271-283.

[197] EAPEN A. Social structure and technology spillovers from foreign to domestic firms[J]. Journal of International Business Studies, 2012, 43 (3): 244-263.

[198] KO W W, LIU G. Understanding the process of knowledge spillovers: Learning to become social enterprises[J]. Strategic Entrepreneurship Journal, 2015, 9(3): 263-285.

[199] 姚耀军, 施丹燕. 互联网金融区域差异化发展的逻辑与检验——路径依赖与政府干预视角[J]. 金融研究, 2017(5): 127-142.

[200] 许萧迪, 王子龙, 谭清美. 知识溢出效应测度的实证研究[J]. 科研管理, 2007, 28(5): 76-86.

[201] 赵勇, 白永秀. 知识溢出: 一个文献综述[J]. 经济研究, 2009, 44(1): 144-156.

[202] FUKUGAWA N. University spillover before the national innovation system reform in Japan[J]. International Journal of Technology Management, 2017, 73(4): 206-234.

[203] STANKO M A, OLLEROS X. Industry growth and the knowledge spillover regime: Does outsourcing harm innovativeness but help profit? [J]. Journal of Business Research, 2013, 66(10): 2007-2016.

[204] YANG H, STEENSMA H K. When do firms rely on their knowledge spillover recipients for guidance in exploring unfamiliar knowledge? [J]. Research Policy, 2014, 43(9): 1496-1507.

[205] BATTKE B, SCHMIDT T S, STOOLLENWERK S, et al. Internal or external spillovers—Which kind of knowledge is more likely to flow within or across technologies[J]. Research Policy, 2016, 45(1): 27-41.

[206] WANG C C, WU A. Geographical FDI knowledge spillover and innovation of indigenous firms in China[J]. International Business Review, 2016, 25(4): 895-906.

[207] QIU S M, LIU X L, Gao T S. Do emerging countries prefer local knowledge or distant knowledge? Spillover effect of university collaborations on local firms[J]. Research Policy, 2017, 46(7): 1299-1311.

[208] 陈玉娟. 知识溢出、科技创新与区域竞争力关系的统计研究[D]. 杭州：浙江工商大学, 2013.

[209] 解涛. 高校对农村知识溢出机理及溢出绩效研究[D]. 镇江：江苏大学, 2016.

[210] 缪洋. HRD策略、海归国际知识溢出与企业创新绩效——基于三角高新技术企业的实证研究[D]. 上海：华东师范大学, 2017.

[211] WILLIAMS C. Transfer in context: Replication and adaptation in knowledge transfer relationships[J]. Strategic Management Journal, 2007, 28(9): 867-889.

[212] MARSHALL A. From Principles of Economics[M]// Readings In The Economics of the Division of Labor: The Classical Tradition. Singapore: World Scientific, 2005.

[213] WENNBERG K, WIKLUND J, WRIGHT M. The effectiveness of university knowledge spillovers: Performance differences between university spinoffs and corporate spinoffs[J]. Research Policy, 2011, 40(8): 1128-1143.

[214] PERRI A, PERUFFO E. Knowledge spillovers from FDI: a critical review from the international business perspective[J]. International Journal of Management Reviews, 2016, 18(1): 3-27.

[215] HALLIN C, HOLMSTRM LIND C. Revisiting the external impact of MNCs: An empirical study of the mechanisms behind knowledge spillovers from MNC subsidiaries[J]. International Business Review, 2012, 21(2): 167-179.

[216] NONAKA I, VON KROGH G. Perspective Tacit Knowledge and Knowledge Conversion: Controversy and Advancement in Organizational Knowledge Creation Theory[J]. Organization Science, 2009, 20(3): 635-652.

[217] BUCKLEY P J, CLEGG L J, CROSS A R, et al. The determinants of Chinese outward foreign direct investment[J]. Journal of International Business Studies, 2007, 38(4): 499-518.

[218] PORTER M E. Competitive advantage of nations: creating and sustaining superior performance [M]. New York: Simon and Schuster, 2011.

[219] GOVIND M, KÜTTIM. International Knowledge Transfer from University to Industry: A Systematic Literature Review[J]. Research in Economics and Business: Central and Eastern Europe, 2016, 8(2): 5-25.

[220] AUDRETSCH D B, LEHMANN E E, WARNING S. University spillovers and new firm location[J]. Research Policy, 2005, 34(7): 1113-1122.

[221] HOWELLS J R. Tacit knowledge, innovation and economic geography [J]. Urban studies, 2002, 39(5-6): 871-884.

[222] GLAESSER E L, KALLAL H D, SCHEINKMAN J A, et al. Growth in cities[J]. Journal of political economy, 1992, 100(6): 1126-1152.

[223] CARLINO G A. Knowledge Spillovers: Cities' Role in the New Economy[J]. Business Review(Federal Reserve Bank of philadelphia), 2001: 17-24.

[224] GAMERSCHLAG R, MÖLLER K, VERBEETEN F. Determinants of voluntary CSR disclosure: empirical evidence from Germany[J]. Review of Managerial Science, 2011, 5(2-3): 233-262.

[225] ALI W, FRYNAS J G, MAHMOOD Z. Determinants of corporate social responsibility (CSR) disclosure in developed and developing countries: A literature review[J]. Corporate Social Responsibility and

Environmental Management, 2017, 24(4): 273-294.

[226] LIAO P C, LIAO J Q, WU G, et al. Comparing international contractors' CSR communication patterns: A semantic analysis[J]. Journal of Cleaner Production, 2018, 203: 353-366.

[227] 王法辉. 基于GIS的数量方法与应用[M]. 北京: 商务印书馆, 2009.

[228] COVAL J D, MOSKOWITZ T J. The geography of investment: Informed trading and asset prices[J]. Journal of political economy, 2001, 109(4): 811-841.

[229] MALLOY C J. The geography of equity analysis[J]. The Journal of Finance, 2005, 60(2): 719-755.

[230] TAYLOR P J. Leading World Cities: Empirical Evaluations of Urban Nodes in Multiple Networks[J]. Urban Studies, 2005, 42(9): 1593-1608.

[231] MALMBERG A, MASKELL P. The elusive concept of localization economies: towards a knowledge-based theory of spatial clustering[J]. Environment and planning A, 2002, 34(3): 429-449.

[232] Hopkins M. Measurement of corporate social responsibility[J]. International Journal of Management and Decision Making, 2005, 6(3): 213-231.

[233] MAIGNAN I, FERRELL O. Corporate social responsibility and marketing: An integrative framework[J]. Journal of the Academy of Marketing science, 2004, 32(1): 3-19.

[234] IVKOVI-Z, WEISBENNER S. Local does as local is: Information content of the geography of individual investors' common stock investments[J]. The Journal of Finance, 2005, 60(1): 267-306.

[235] BROEKEL T, BOSCHMA R. Knowledge networks in the Dutch aviation industry: the proximity paradox[J]. Journal of Economic Geography, 2011, 12(2): 409-433.

[236] MAHAFZA Z B, STOUTENBOROUGH J W, VEDLITZ A. The role of proximity in problem identification: risk of water scarcity in Texas [J]. Water Policy, 2017 19(1): 86-98.

[237] BERNERTH J B, AGUINIS H. A critical review and best-practice recommendations for control variable usage[J]. Personnel Psychology, 2016, 69(1): 229-283.

[238] HUSTED B W, ALLEN D B. Corporate social strategy in multinational

enterprises: Antecedents and value creation[J]. Journal of Business Ethics, 2007, 74(4): 345-361.

[239] CHEN J C, PATTEN D M, ROBERTS R W. Corporate charitable contributions: A corporate social performance or legitimacy strategy? [J]. Journal of Business Ethics, 2008, 82(1): 131-144.

[240] MULLER A, WHITENMAN G. Exploring the geography of corporate philanthropic disaster response: A study of Fortune Global 500 firms[J]. Journal of Business Ethics, 2009, 84(4): 589-603.

[241] PENG M W, ZHANG S, LI X. CEO duality and firm performance during China's institutional transitions [J]. Management and Organization Review, 2007, 3(2): 205-225.

[242] IGALENS J, GOND J-P. Measuring corporate social performance in France: A critical and empirical analysis of ARESE data[J]. Journal of Business Ethics, 2005, 56(2): 131-148.

[243] CHURCHILL G A. A paradigm for developing better measures of marketing constructs[J]. Journal of marketing Research, 1979, 16(1): 64-73.

[244] 陈晓萍. 组织与管理研究的实证方法[M]. 北京：北京大学出版社.

[245] JOHNSON R A, GREENING D W. The effects of corporate governance and institutional ownership types on corporate social performance[J]. Academy of Management Journal, 1999, 42(5): 564-576.

[246] QU R. Effects of government regulations, market orientation and ownership structure on corporate social responsibility in China: An empirical study[J]. International Journal of Management, 2007, 24(3): 582.

[247] 周浩, 龙立荣. 共同方法偏差的统计检验与控制方法[J]. 心理科学进展, 2004, 12(6): 942-950.

[248] 吴艳, 温忠麟. 结构方程建模中的题目打包策略[J]. 心理科学进展, 2011, 19(12): 1859-1867.

[249] KUTNER M H, NACHTSHEIM C J, NETER J, et al. Applied linear statistical models[M]. New York: McGraw-Hill Irwin, 2005.

[250] 中办、国办就甘肃祁连山国家级自然保护区生态环境问题发出通报[N]. 人民日报, 2017-07-21(6).

[251] STRADLING D, TARR J A. Environmental activism, locomotive

smoke, and the corporate response: The case of the Pennsylvania railroad and Chicago smoke control[J]. Business History Review, 1999, 73(4): 677-704.

[252] CARLINO G A, CHATTERJEE S, HUNT R M. Urban density and the rate of invention[J]. Journal of Urban Economics, 2007, 61(3): 389-419.

[253] SAIIA D H, CARROLL A B, BUCHHOLTZ A K. Philanthropy as strategy: When corporate charity "begins at home"[J]. Business & society, 2003 42(2): 169-201.

[254] BERTELS S, PELOZA J. Running just to stand still? Managing CSR reputation in an era of ratcheting expectations[J]. Corporate Reputation Review, 2008, 11(1): 56-72.

[255] WANG T, LIU Z, ZHOU L. Toward a Spatial Perspective on Business Sustainability: The Role of Central Urban and Environmentally Sensitive Areas in Energy Corporates' Green Behaviours[C]//IOP Conference Series: Earth and Environmental Science. IOP Publishing, 2018, 113: 012116.

[256] COCHRAN P L. The evolution of corporate social responsibility[J]. Business Horizons, 2007, 50(6): 449-454.

[257] STORPER M, VENABLES A J. Buzz: face-to-face contact and the urban economy[J]. Journal of Economic Geography, 2004, 4(4): 351-370.

[258] HAUNSCHILD P R, MINER A S. Modes of interorganizational imitation: The effects of outcome salience and uncertainty[J]. Administrative science quarterly, 1997, 42(3): 472-500.

[259] BARON R M, KENNY D A. The moderator – mediator variable distinction in social psychological research: Conceptual, strategic, and statistical considerations[J]. Journal of personality and social psychology, 1986, 51(6): 1173.

[260] WU L-Z, KWAN H K, YIM F H-K, et al. CEO ethical leadership and corporate social responsibility: A moderated mediation model[J]. Journal of Business Ethics, 2015, 130(4): 819-831.

[261] HAYES A F. Introduction to mediation, moderation, and conditional process analysis: A regression-based approach[M]. New York: Guilford publications, 2017.

[262] PREUSS L, LENSSEN G, CÓRDOBA-PACHON J R. A knowledge management perspective of corporate social responsibility[J]. Corporate Governance: The international journal of business in society, 2009, 9(4): 517-527.

[263] QUINN J B. Strategic outsourcing: leveraging knowledge capabilities[J]. Sloan management review, 1999, 40(4): 9.

[264] APPLEYARD M M. How does knowledge flow? Interfirm patterns in the semiconductor industry[J]. Strategic Management Journal, 1996, 17(S2): 137-154.

[265] GREVE H R. Managerial cognition and the mimetic adoption of market positions: What you see is what you do[J]. Strategic Management Journal, 1998: 967-988.

[266] FISHER D. The demonstration effect revisited[J]. Annals of Tourism Research, 2004, 31(2): 428-446.

[267] SCHONS L M, CADOGAN J, TSAKONA R. Should Charity Begin at Home? An Empirical Investigation of Consumers' Responses to Companies' Varying Geographic Allocations of Donation Budgets[J]. Journal of Business Ethics, 2015, 144(3): 559-576.

[268] MATTEN D, MOON J. "Implicit" and "explicit" CSR: A conceptual framework for a comparative understanding of corporate social responsibility[J]. Academy of management review, 2008, 33(2): 404-424.

[269] WANDERLEY L S O, LICIAN R, FARACHE F, et al. CSR Information Disclosure on the Web: A Context-Based Approach Analysing the Influence of Country of Origin and Industry Sector[J]. Journal of Business Ethics, 2008, 82(2): 369-378.

[270] CORDEIRO J J, TEWARI M. Firm Characteristics, Industry Context, and Investor Reactions to Environmental CSR: A Stakeholder Theory Approach[J]. Journal of Business Ethics, 2015, 130(4): 833-849.

[271] MILES M P, MUNILLA L S, DARROCH J. The role of strategic conversations with stakeholders in the formation of corporate social responsibility strategy[J]. Journal of Business Ethics, 2006, 69(2): 195-205.

[272] NYUUR R B, OFORI D F, DEBRAH Y A. The impact of FDI inflow on domestic firms' uptake of CSR activities: The moderating effects of

[272] host institutions[J]. Thunderbird International Business Review,2016,58(2):147-159.

[273] ARGOTE L,INGRAM P. Knowledge Transfer:A Basis for Competitive Advantage in Firms[J]. Organizational Behavior and Human Decision Processes,2000,82(1):150-169.

[274] 常钦.资本扶贫,关键在"可持续"[N].人民日报,2018-02-12(05).

[275] HOI C K,WU Q,ZHANG H. Community social capital and corporate social responsibility[J]. Journal of Business Ethics,2018,152(3):647-665.

[276] THO N D,TRANG N T M. Can knowledge be transferred from business schools to business organizations through in-service training students? SEM and fsQCA findings[J]. Journal of Business Research,2015,68(6):1332-1340.

[277] KO D-G,KIRSCH L J,KING W R. Antecedents of knowledge transfer from consultants to clients in enterprise system implementations[J]. MIS quarterly,2005:59-85.

[278] FRYNAS J G,YAMAHAKI C. Corporate social responsibility:review and roadmap oftheoretical perspectives[J]. Business Ethics:A European Review,2016,25(3):258-285.

[279] MILSTEIN M B,HART S L,YORK A S. Coercion breeds variation:the differential impact of isomorphic pressures on environmental strategies[M]. STANFORD:Stanford University Press,2002.

[280] HESS D,ROGOVSKY N,DUNFEE T W. The next wave of corporate community involvement:Corporate social initiatives[J]. California management review,2002,44(2):110-125.

[281] NONAKA I. A dynamic theory of organizational knowledge creation[J]. Organization Science,1994,5(1):14-37.

[282] ZHOU K Z,GAO G Y,ZHAO H. State ownership and firm innovation in China:An integrated view of institutional and efficiency logics[J]. Administrative science quarterly,2017,62(2):375-404.

# 附录：调查问卷

尊敬的女士/先生：

非常感谢您对本研究的大力支持！本问卷旨在探索中国企业的社会责任实践情况，答案无对错之分，<u>个人或企业信息将绝对保密</u>，恳请您根据所在企业的实际情况作答。不完整的回答将极大降低问卷的整体价值，所以请勿遗漏任何一项。祝您事业顺利、身体健康、家庭幸福！

请结合您的实际经历，将下表中每项描述与您认为的实际情况进行比对，并逐一勾选打分，题项答案无好坏对错之分。题项中1—5的分值表示从完全不符合向完全符合依次渐进，请在相应的框内打√（1＝非常不符合，2＝不符合，3＝一般，4＝符合，5＝非常符合）

## 企业社会责任

| 请您根据贵公司近三年的实际情况，对下列陈述做出判断，并选择合适的数字 | | 非常不符合——非常符合 | | | | |
|---|---|---|---|---|---|---|
| CSR11 | 我们公司维持高水平的生产效率。 | 1 | 2 | 3 | 4 | 5 |
| CSR12 | 我们公司促进企业的可持续发展能力。 | 1 | 2 | 3 | 4 | 5 |
| CSR13 | 我们公司被商业伙伴或债权人认为是值得信赖的。 | 1 | 2 | 3 | 4 | 5 |
| CSR21 | 我们公司拥有柔性的政策使员工能协调生活与工作的关系。 | 1 | 2 | 3 | 4 | 5 |
| CSR22 | 我们公司的政策鼓励员工发展技能和职业生涯。 | 1 | 2 | 3 | 4 | 5 |
| CSR23 | 我们公司关心员工的需求和需要。 | 1 | 2 | 3 | 4 | 5 |
| CSR24 | 我们公司有关员工的管理决策通常是公平的。 | 1 | 2 | 3 | 4 | 5 |
| CSR31 | 我们公司对销售的产品向顾客提供了全面和准确的信息。 | 1 | 2 | 3 | 4 | 5 |
| CSR32 | 我们公司对消费者权利的尊重超越法律规定。 | 1 | 2 | 3 | 4 | 5 |
| CSR33 | 消费者满意度对我们公司非常重要。 | 1 | 2 | 3 | 4 | 5 |
| CSR41 | 我们公司积极参与自然环境的治理和保护。 | 1 | 2 | 3 | 4 | 5 |
| CSR42 | 我们公司实施特殊项目以使其对自然环境的负面影响最小化。 | 1 | 2 | 3 | 4 | 5 |

(续表)

| 请您根据贵公司近三年的实际情况,对下列陈述做出判断,并选择合适的数字 | | 非常不符合——非常符合 | | | | |
|---|---|---|---|---|---|---|
| CSR43 | 我们公司对旨在促进社会福祉的活动或项目做出贡献。 | 1 | 2 | 3 | 4 | 5 |
| CSR44 | 我们公司的目标是考虑未来后代的可持续增长。 | 1 | 2 | 3 | 4 | 5 |

**企业社会责任制度压力**

| 请您根据贵公司近三年的实际情况,对下列陈述做出判断,并选择合适的数字 | | 非常不符合——非常符合 | | | | |
|---|---|---|---|---|---|---|
| IP11 | 政府通过各种形式宣传环境保护、劳工权益、生产安全等方面的法律法规。 | 1 | 2 | 3 | 4 | 5 |
| IP12 | 政府和监管机构对企业违反社会责任行为具有严厉的惩罚措施。 | 1 | 2 | 3 | 4 | 5 |
| IP13 | 政府和监管机构对企业违反社会责任行为能够做出迅速反应。 | 1 | 2 | 3 | 4 | 5 |
| IP14 | 政府通过各种形式鼓励企业参与社会责任活动。 | 1 | 2 | 3 | 4 | 5 |
| IP21 | 新闻媒体密切关注企业的社会责任活动。 | 1 | 2 | 3 | 4 | 5 |
| IP22 | 对社会负责的经营理念受本地民众的高度认可。 | 1 | 2 | 3 | 4 | 5 |
| IP23 | 本地民众十分关注公益事业。 | 1 | 2 | 3 | 4 | 5 |
| IP24 | 非政府组织、民间团体等第三方组织对企业影响很大。 | 1 | 2 | 3 | 4 | 5 |
| IP31 | 当地其他企业因履行社会责任而获得了回报。 | 1 | 2 | 3 | 4 | 5 |
| IP32 | 对社会负责的经营理念受到当地多数企业的认同。 | 1 | 2 | 3 | 4 | 5 |
| IP33 | 本地标杆企业能够较好地履行社会责任。 | 1 | 2 | 3 | 4 | 5 |
| IP34 | 我们公司密切关注当地其他企业的社会责任表现。 | 1 | 2 | 3 | 4 | 5 |

**企业社会责任知识溢出**

| 请您根据贵公司近三年的实际情况,对下列陈述做出判断,并选择合适的数字 | | 非常不符合——非常符合 | | | | |
|---|---|---|---|---|---|---|
| KS11 | 我们公司从当地企业、政府、非政府组织或学术机构等获取基本适合本公司实际的社会责任知识。 | 1 | 2 | 3 | 4 | 5 |
| KS12 | 我们公司不加选择地吸收采纳获取的社会责任知识。 | 1 | 2 | 3 | 4 | 5 |
| KS13 | 我们公司对获取的社会责任知识不加修改,直接用于本公司的社会责任实践。 | 1 | 2 | 3 | 4 | 5 |

(续表)

| 请您根据贵公司近三年的实际情况,对下列陈述做出判断,并选择合适的数字 | | 非常不符合——非常符合 | | | | |
|---|---|---|---|---|---|---|
| KS14 | 直接应用的社会责任知识改善了本公司社会责任实践的效果。 | 1 | 2 | 3 | 4 | 5 |
| KS21 | 我们公司从当地企业、政府、非政府组织或学术机构等获取部分适合本公司实际的社会责任知识。 | 1 | 2 | 3 | 4 | 5 |
| KS22 | 我们公司选择性地吸收采纳获取的社会责任知识。 | 1 | 2 | 3 | 4 | 5 |
| KS23 | 我们公司对获取的社会责任知识做出调整或改进,使其更适合本公司实际。 | 1 | 2 | 3 | 4 | 5 |
| KS24 | 调整或改进后的社会责任知识改善了我们公司社会责任活动的效果。 | 1 | 2 | 3 | 4 | 5 |

## 基本信息

个人信息

1. 您的性别为　　　□男性　　　□女性;年龄＿＿＿＿＿＿＿岁
2. 您的教育程度为
   □初中或以下　　□中专或高中　　□大专或本科　　□研究生及以上
3. 您的管理职级为
   □一般员工　　□基层管理者　　□中层管理者　　□高层管理者
4. 您在目前企业的工作时间为＿＿＿＿＿＿＿
   □3年及以下　　□4～6年　　□7～9年　　□10年及以上

### 企业信息

5. 您所在企业的名称为(可简称)＿＿＿＿＿＿＿＿＿＿＿＿＿＿＿＿＿＿＿＿＿＿＿＿＿
6. 您所在企业的总部位于＿＿＿＿＿＿＿省(自治区、直辖市)＿＿＿＿＿＿＿市(县)邮编＿＿＿＿＿＿＿
7. 您所在企业成立至今已经有＿＿＿＿＿＿＿年
   □3年及以下　　□4～7年　　□8～15年　　□16年及以上
8. 您所在企业的员工人数大约为＿＿＿＿＿＿＿人
   □20及以下　　□20～300　　□301～1000　　□1000及以上
9. 您所在企业是否位于工业园区或高新园区
   □是　　　　□否

10. 您所在企业是否为上市公司或其下属子公司
　　□是　　　　　　□否

11. 您所在企业的类型为
　　□国有　　　　　□集体　　　　　□私有　　　　　□外资

12. 您所在企业主营业务所属行业
　　□农林牧渔业　　□采矿业　　　　□制造业　　　　□建筑业
　　□批发和零售业　□住宿和餐饮业　□金融业　　　　□房地产业
　　□居民服务、修理和其他服务业　　□文化、体育和娱乐业
　　□其他行业（请注明）_____

13. 您所在企业近三年的财务状况
　　□明显较差　　　□较差　　　　　□一般　　　　　□较好　□明显较好

问卷到此结束，衷心感谢您对本研究的支持和参与！